카인드

KIND

도나 캐머런 지음 | 허선영 옮김

아 주 작 은 친 절 의 힘

카인드

포레스트북스

도나 캐머런의 '전염성 있는' 따스함, 강렬한 이야기, 설득력 있는 논리와 유용한 조언이 이 주옥같은 책을 즐겁게 읽게 해준다. 사랑스러운 글들을 읽을 때마다 친절로 가는 길을 더 잘 이해했고, 그 길을 계속 따라가겠다는 의지가 고무되었다. 또한 불친절의 길로 빠질 때도 나 자신과 남들을 용서하겠다는 결심이 더 강해졌다.

로버트 서튼Robert Sutton, 스탠퍼드대학교 교수, 『또라이 제로 조직The No Asshole Rule』과
『참아주는 건 그만하겠습니다The Asshole Survival Guide』의 저자

착하기만 해서는 오늘날의 세상에서 정중함을 구해낼 수 없다. 정중한 태도를 유지하려면 인내심이 필요하고, 진실하고 다정한 친절에 초점을 맞춰야 한다. 도나 캐머런의 『카인드』를 읽기 전에는 무엇이 필요하고 어떻게 해야 하는지 추측하지 마라. 이 책을 읽어야 삶의 모든 경험과 계절을 위한 영감을 찾을 수 있을 것이다.

존 크랠릭John Kralik, 『감사를 표현하는 간단한 행동A Simple Act of Gratitude』의 저자

『카인드』는 틀림없이 당신의 가슴에 친절을 향한 불을 지필 것이다. 도나 캐머런은 우리에게 방관자적 입장을 버리고 주변에서 일어나는 일을 온전히 받아들이라고 격려한다. 그녀는 여러 연구 결과와 현명함이 돈보이

는 관찰을 통해 어떻게 친절로 더 충만한 삶을 영위할 수 있는지 우리에게 확실히 보여준다.

『카인드』는 아름답게 쓰인 체험기이자 통찰력 있고 영감을 주는 가이드 북이며, 지혜의 분수이자 세상을 위한 시기적절한 선물이다. 비열함과 분노의 시대, 걷잡을 수 없는 대립의 시대에 도나 캐머런은 의학과 사회과학 분야의 광범위한 연구뿐 아니라 자신이 살아온 경험을 기반으로, 친절은 도전인 동시에 우리의 본성이라는 것을 입증한다. 게다가 친절은 세상을 정말로 바꿀 수 있을뿐더러 그 과정에서 우리 자신의 건강과 행복도 증진할 수 있다. 강력히 추천한다.

친절해지면 건강과 행복이 개선된다는 사실에 반박의 여지는 없다. 52편의 아주 맛있는, 한 입 크기의 글들은 독자들이 친절을 자신의 일상생활에 엮어 넣을 수 있도록 실천 가능한 지침들을 담고 있다. 『카인드』는 내가 고객들에게 처방해주고 싶은 책이다. 이 책을 읽으면 당신도 나에게 동감하게 될 것이다.

친절함이 착함과 많이 비슷하게 들릴지라도 이 두 개념은 매우 다르다. 도나 캐머런은 『카인드』를 통해 그 차이를 잘 보여준다. 또한 놀라운 통찰력으로, 친절을 당신의 일상적인 만남에 더하는 일이 어떻게 행복의 양을 늘려주는지 알려준다. 대부분의 상황에서 친절은 비용이 한 푼도 들지 않지만, 당신의 기분을 어느 때보다도 좋게 만들어줄 것이다. 깊은 영감을 주는 책이다.

린다 애트웰Linda Atwell, 『사랑스러운 린지: 특수 장애가 있는 딸을 키우며
Loving Lindsey: Raising a Daughter with Special Needs』의 저자

동정심과 친절이라는 정교한 씨실과 날실이 처음부터 끝까지 촘촘하게 엮여 있는 책이다. 이 책은 아름다운 지혜, 매우 분명한 예시를 통해 어떻게 우리가 모두에게 더 나은 세상을 만들 수 있는지 새롭게 이해하도록 해준다. 어디를 가든 이 책을 추천할 것이다.

대나 빌Danna Beal, 교육학 석사, 강연자, 코치, 『멋진 직장: 두려움을 신뢰와 동정심으로 바꾸기
The Extraordinary Workplace: Replacing Fear with Trust and Compassion』의 저자

친절이 사라진 세상이다. 고속도로에서, 붐비는 공공장소에서, 우리가 나누는 대화에서, 소셜 미디어와 상업 매체에서도 그 사실을 명백히 알 수 있다. 일상적인 정중함이 있어야 할 자리에서 우리는 이글거리는 경멸과 맞닥뜨리고, 공손한 감사의 말 대신 무시가 자리 잡은 것을 목격한다. 한때 예의 바른 대화나 정중한 토론이 지배하던 곳에서 우리는 욕설과 모욕과 조롱의 기습을 당한다. 다른 사람보다 소리 높여 고함을 지르는 것이 오늘날의 전략이 되어버렸다. 그건 결코 기분 좋은 일도, 옳은 일도 아니다.

우리를 둘러싼 불친절과 무례함은 그냥 기분이 좋지 않은 것에 그치지 않는다. 우리의 건강과 인간관계, 행복, 심지어 직업적 성공에도 해로우며, 이를 뒷받침하는 증거도 많다. 그리고 점점 더 많은 연구가 친절함이 건강을 개선하고, 수명을 연장하고, 인간관계를 강화하고, 사업의 성공을 증진하며, 우리의 전반적인 행복에 크게 기여한다는 사실을 입증하고 있다. 친절을 약점으로 여겨 친절한 행동을 비웃는 무뢰배들과 폭군들이 있겠지만, 사실은 정반대다. 친절은 장점이며, 삶을 변화시키고 세상을 바꿀 수 있는 슈퍼파워다.

변화가 일어날 가능성이 조금이라도 있다면, 그것을 실현하는 것은 우리의 몫이다. 더 친절한 세상을 만드는 것은 우리 모두 할 수 있는 일이다. 사람들이나 단체가 집결할 필요가 없고, 돈이 들지도 않으며, 언제든지 어디서건 할 수 있다. 친절한 세상을 만들기 위해 우리는 똑똑하거나 부자일 필요가 없고, 조리 있게 말하는 언변을 갖추거나 사교적인 기술을 쓸 필요도 없다. 그저 주의를 기울이다가, 우리의 반응을 선택해야 하는 순간에 친절을 택하기만 하면 된다.

꽤 간단하게 들리고 사실 간단하지만, 그렇게 쉽지만은 않다. 우리는 자신의 삶에 늘 주의를 기울이지는 않아서, 자주 습관적으로 행동한다. 또한 모욕이나 도발이라고 느껴지는 행동에는 즉각 반응한다. 우리는 누구나 불안정한 면이 있기 때문에 늘 자비롭거나 논리적일 수만은 없다. 우리는 싫증을 내고, 참을성 없이 짜증을 내며, 두려움에 떨기도 하고, 상대의 반응에서 무시를 알아차린다. 가끔은 무시가 아닐 때도 그렇게 느낀다. 현실을 직시하자. 우리는 그저 인간일 뿐이다.

나는 항상 친절한 사람들을 존경해 마지않았고, 그들처럼 되고 싶었다. 내 눈에 그들에게는 일종의 품위 같은 것이 있어서, 지나는 곳마다 즐거움과 평온함을 남기며 하루하루를 순탄하게 살아가는 듯 보인다. 친절한 사람 옆에서는 그냥 기분이 좋아진다. 여러 해 동안 나는 친절해지겠다는 약속을 되풀이했고, 어느 해는 그것이 새해 결심이었던 적도 있었다. 그래서 나는 친절이 어려워지거나 불편해질 때까지는 친절했다. 누군가 혹은 무엇인가가 내 심기를 건드리기 전까지는, 또 위협을 감지하거나 불안하거나 무력하다고 느끼기 전까지는 말이다. 그러다 결국 거칠게 또는 비꼬듯 말을 내뱉거나, 그냥 등을 돌려버렸다. 내가 누군가의 하루를 풍요롭게 하고 세상을 개선할 기회를 헛되이 흘려보내고 있음을 모르는 척하면서 그저 착한 것에 만족했다.

그러다가 마침내 나는 말한 대로 실천하겠다고 선언했다. 2015년을 '친절하게 살아보는 해'로 이름 붙이고, 그 약속이 빛바래지 않도록 사람들에게 내 블로그 https://ayearoflivingkindly.com 를 팔로우해달라고 부탁했다. 친절하게 살아본 1년 동안 매일 친절한 사람이 되자고 다짐했고, 하루하루 친절과 나 자신에 관해 더 많이 배웠다. 마음대로 껐다 켜는 '친절 버튼'이 있는 것도 아니고, 여차하면 수십 년간 몸에 밴 '자기중심적 착함'으로 빠져들 것이 뻔하므로, 성공할 확률만큼 실패할 확률도 높다는 사실을 알고 있었다. 하지만 그해가 끝날 무렵 내가 더 친절한 사람이 되어 있다면, 시작한 일을 이룬 것이리라 스스로 되뇌었다.

그해가 끝날 때, 나는 자신이 더 친절한 사람이 되었음을 깨달았다. 아직은 친절이 모든 상황에서 본능적으로 튀어나오는 반응은 아니지만, 내가 매일 친절을 생각하고 꾸준히 염원했다는 사실에 기뻤다. 삶에 친절을 들여오자, 내 삶이 미묘하면서도 한편으로 현저히 바뀌었다. 친절한 사람이 되는 것은 평생의 노력이 필요하며, 딱 한 해에 성취할 수 있는 일이 아니라는 사실도 알게 되었다. 그래서 친절하게 1년을 살아본 데 그치지 않고 숨을 거두는 날까지 친절하게 살겠다고 마음먹었다.

이 책에서 나는 친절하게 살아본 1년 동안 내가 배운 것들과 그 뒤로도 계속 배우고 있는 것들에 관해 이야기할 것이다. 나는 삶에 접근하는 방식(나 자신을 심각하게 여기지 않으면서 내 삶을 심각하게 여기는)대로 친절에 접근하려 애쓰고 있다. 그 결과 친절이 영구적으로 몸에 배어 내가 늘 친절한 사람이 되었다고 말할 수 있다면 좋겠지만, 사실 그렇지는 못하다. 확실히 전보다 더 친절해졌고 더 행복하며, 더 친절에 전념하기는 한다. 하지만 여전히 남에게 쏘아붙이고 싶을 때가 있고 짜증을 내는 순간이 있으며, 주변을 의식하지 못하는 경우도 있다. 언행에 있어 내가 달라이 라마Dalai Lama나 테레사 수녀Mother Teresa의 수준은 못 되지만, 내 세상은 좋은 쪽으로 아주 많이 바뀌었다. 내가 한결같이 친절한 사람이 되었든 아니든, 세상에는 더 많은 친절이 절실히 필요하기 때문에 나는 이 노력을 계속할 생각이다. 내가 확실히 배운 한 가지는 더 낫고, 더 안전하고, 더 공정한 세상을 만들기를 원한다면 친절을 활용해야 한다는 사실이다.

공손함과 배려심이 실종된 오늘날의 세상 때문에 낙담할 때가 있는가? 사람들이 서로에게서 좋은 점을 찾아내고, 모든 사람이 다 똑같이 중요하다는 태도로 서로를 대하기를 바라는가? 삶과 더 깊은 유대관계를 맺고, 사람들 사이에 긍정적이고 건설적인 소통이 오가기를 바라는가? 친절이 변화를 일으켜 궁극적으로 세상을 바꿀 수 있다는 믿음에 공감한다면, 당신도 자신만의 '친절하게 1년 살아보기'를 시도해보길 권한다.

이 책은 12개의 주제를 담아내는 52개의 짧은 글이 4계절로 나뉘어 구성되어 있다. 친절함에 대해 생각하며 매주 하나의 글을 읽어도 좋고, 한 번에 이 책을 독파해도 좋고, 그냥 아무 페이지나 펴서 마음에 와닿는 구절들을 읽어도 좋다. 각각의 글에는 '실천하는 친절'이라는 코너가 딸려 있어, 그 글이 전하는 주제를 어떻게 생활에 적용할지 생각하게 해준다. 각 파트가 끝날 때 등장하는 '갈무리 글'은 당신의 세상에서 어떻게, 어디서 친절이 모습을 드러내는지(그리고 어디서 드러내지 않는지) 평가하는 데 도움을 줄 것이다. 이 책을 읽는 모든 사람이 자신이 옳다고 여기는 어떤 방법으로든 응답하길 바란다. 마음을 다해 친절해지는 데 잘못된 방법이란 없다.

친절한 사회에 온 것을 환영한다.

| Contents |

PART I 발견의 계절

CHAPTER 1. 친절이란 무엇인가?

CHAPTER 2. 친절의 힘

CHAPTER 3. 친절한 삶을 여는 전략

PART II 이해의 계절

PART III 선택의 계절

PART IV 변화의 계절

CHAPTER 10. 친절이 쉽지 않은 이유

CHAPTER 11. 더 친절한 세상 만들기

CHAPTER 12. 매일 친절하게 살기

PART I

발견의 계절

친절이란 무엇인가?

착한 것과
친절한 것은 다르다

인간의 삶에는 세 가지가 중요하다. 첫 번째가 친절이요, 두 번째도 친절이요, 세 번째도 친절이다.

헨리 제임스Henry James

우리가 찾아보려 마음만 먹으면 친절함이 돋보이는 일화는 어디에든 있다.

미국 플로리다 주의 소방대원들은 신고를 받고 한 남자에게 출동했다. 남자는 혹서기에 잔디를 깎다가 심장발작으로 쓰러졌다. 구급대원들이 응급처치를 하고 남자를 병원으로 급히 후송한 후에도, 소방대원 몇 명은 남자의 집에 남아 잔디를 마저 깎고 정원을 청소했다.

켄터키 주 루이빌에 사는 13세 소녀는 어린 남자아이가 낡은 신발 때문에 다른 아이들에게 놀림받고 괴롭힘당하는 장면을 목격했다. 소녀는 신발장에서 새로 산 나이키 운동화를 꺼내 그 남자아이에게 주었다.

영국 맨체스터 시의 경찰관들은 관할 지역의 한 노부인에게서 자신이 넘어져서 다친 것 같다며 도움을 요청하는 전화를 받고 출동했다. 그러나 알고 보니 그 노부인은 외로워서 전화를 한 것이었다. 경찰관들은 주전자에 물을 끓인 후 그녀와 함께 앉아 차를 마셨다.

친절한 사람들은 남들의 기대를 넘어선다. 그들은 쉬운 반응을 넘어 할 수 있는 최선을 다해 손을 내민다. 그리고 아무런 대가를 기대하지 않고 친절을 베푼다. 그들은 자신이 친절한 사람이고, 친절을 베풀어야 하는 직업을 가지고 있어서, 또 그들이 살고 싶은 세상에 대한 비전 때문에 친절을 베푼다.

대부분의 사람은 나를 착한 사람이라 평가할 것이다. 나는 착하게 살도록 훈육받으며 자랐다. "착하게 굴어라"라는 말은 엄마에게 자주 듣던 잔소리다. 절대 이웃에게 흠잡힐 짓을 하면 안 되고, 절대 지나친 관심(좋은 쪽이든 나쁜 쪽이든)을 받을 만한 행동을 해서는 안 된다는 말도 늘 함께였다. 어린 시절 나는 "똑바로 앉아라", "손톱 물어뜯지 마라", "예의 바르게 굴어라" 같은 말들을 귀에 딱지가 앉도록 들었다.

우리 엄마는 대체로 착했지만 특별히 친절하지는 않았다. 그 착함으로 엄마는 대부분의 사람으로부터 거리를 유지하면서, 표면적인 수준 이상으로 관계를 맺고 소통하는 것을 피할 수 있었다. 엄마는 거의 항상 정중했지만, 친한 친구나 친척을 제외한 모두에게 대체로 친절해지려는 노력이나 따뜻함을 보이지는 않았다. 게다가 가끔은 친구나 친척에게도 친절함을 억눌렀다. 엄마가 어린 시절부터 가졌던 수차례의 상실의 경험이 사람들을 믿지 말고 너무 많이 기대하지 말라고, 혹은 너무 높은 곳을 보지 말라고 가르쳤던 것 같다. 엄마는 늘 안전을 깊이 염려했고, 더 잃을까 봐 계속 두려워했다. 그런 엄마를 보고 자란 나는 신중하고 내성적인 성격이 되었고 착하게 행동하는 법을 배웠다.

하지만 여러 해 전에, 그걸로 충분치 않다는 것을 깨달았다. 나는 착한 사람 이상이 되고 싶었다. 늘 내게 남아 있는 두려움을 버리고 높은 곳을 보고 싶었고, 친절해지고 싶었다. 친절한 사람들에게는 무엇인가가 있다. 그들의 친절한 행동 때문에, 가끔은 그들의 존재 자체만으로 우리는 기분이 좋아진다. 그들은 우리에게 세상에 대한 희망을 준다. 친절해진다는 것은 하루가 끝날 무렵 내가 도움이 되었음을, 내 최선의 모습을 세상에 내놓았음을, 변화를 일으키는 데 내가 일조했음을 알게 된다는 의미였다. 그뿐만 아니라 내가 위협이나 결함을 찾는 데 더 적은 시간을 쓰고, 풍요로움과 동정심을 깨닫는 데 더 많은 시간을 쓴다는 뜻이기도 했다. 내가 세상을 떠날 때 사람들이 나를 두고 "그녀는 친절한 사람이었어"라고 말한다면 내 삶은 의미가 있으리라 생각했다. 이보다 좋은 찬사는 생각할 수 없었기에 나는 친절해지기를 열망했고, 가끔은 친절했다. 하지만 자주 인내심이 바닥나 짜증을 냈고, 퉁명스레 쏘아붙였고, 비난을 했고, 무관심한 태도를 보였으며, 때로는 주위를 의식하지 못했다.

친절해지기, 그것도 진심으로 친절해지기란 어렵다. 착함은 노력이 거의 필요치 않다. 무관심하고, 비판적이며, 심지어 빈정대면서도 착할 수 있다. 하지만 무관심하거나 비판적이거나 빈정대면서도 친절할 수는 없다. 친절한 것은 남을 배려한다는 뜻이고, 그러려면 노력을 기울여야 한다. 친절은 누군가와 소통을 하면서 미치게 될 영향을 생각한다는 뜻이고, 그 소통을 풍부하고 의미 있게 만들려고 노력한다는 뜻이다. 친절은 대가를 받을 수 있을지 걱정하지 않고 상대가 필요한 것을 적절한 순간에 내주는 것이다. 친절은 옳고 그름에 대한 판단을 놓아버리고 사람들을 있는 그대로 받아들이는 것이다. 친절은 어린 시절 내게 엄마가 하지 못하게 했던 일, 즉 손을 내밀고 위험을 감수하는 일을 하라고 요구한다.

착함은 우리에게 많은 것을 요구하지 않는다. 착해지는 것은 그다지 힘들지 않고, 사실 쉬운 편이다. 착함은 상냥하지만 수동적이고 안전하다. 우리는 너무 많은 에너지를 쓰지 않고도, 또 남들에게 너무 많이 헌신하지 않고도 착해질 수 있다. 위험을 무릅쓰지 않고도 착해질 수 있다. 착함은 문을 잡아주고 계산원에게 미소를 지어 보이는 것이다. 심지어 노숙자의 눈을 마주 보지 않은 채, 따뜻한 말 한마디 없이 그의 손에 몇 달러를 떨어뜨리는 행동도 착하다고 할 수 있다. 그러나 친절은 손을 내밀며 우리가 어떻게 도울 수 있는지 묻는 일이고, 요청받지 않고도 뛰어드는 일이며, 겉만 번지르르한 대화를 넘어 진솔한 대화를 나누는 일이다. 이러한 모든 행동에는 위험 요소가 있어서, 도움의 손길을 거부당할 수 있고, 무시당할 수 있으며, 무례한 대답을 들을 수도 있다.

수년 전에 나는 영광스럽게도 작가 겸 연설가이자 신학자이며, 대단히 친절한 사람인 데일 터너Dale Turner 박사를 알게 되었다. 터너는 단 두 마디 '전력을 다하라'가 인쇄된 작은 녹색 카드를 가지고 다니며 사람들에게 나눠주었다. 나는 그 카드를 지갑 속에 늘 지니고 다닌다. 그리고 그 두 마디를 쓴 종이를 거의 30년간 내 책상 옆에 핀으로 꽂아두기도 했다. '전력을 다하라'라는 어구는 친절의 본질을 잘 드러내며, 더욱이 착함과 친절함의 차이를 강조하기도 한다.

친절한 삶이란 내가 편리할 때만 실천하는 것이 아니다. 쉽고 편리할 때만 친절하다면 친절한 사람이라 할 수 없다. 친절한 삶은 편리하지 않고 쉽지 않을 때, 가끔은 몹시 어렵거나 굉장히 불편할 때도 친절을 베푸는 생활을 의미한다. 그때가 친절이 가장 중요한 시점이다. 그때야말로 친절해지려는 욕구가 가장 크고, 변화의 조짐이 꿈틀거릴 때이며, 깊이 심호흡을 하고 친절이 그 모습을 보이게 할 때다.

친절하게 1년 살아보기 프로젝트를 시작하자마자, 가끔 나 자신이 얼마나 주변을 의식하지 못하는지 알아차리게 되었다. 온통 일과 관련된 문제에 집중하며 다음 회의나 마감 기한을 계획하는 데 정신을 팔고 있을 때, 나는 너무나 쉽게 직장 동료들에게 건네는 인사를 소홀히 했다. 또 마트 직원에게 다정한 말을 건네지 못했으며, 남편에게조차 자동차 연료를 채워놓아 고맙다는 말을 하지 못했다. 그래서 나는 작은 친절에 더 주의를 기울이려 노력했다. 누군가를 위해 문을 잡아주며 눈인사를 건네기, 나를 위해 문을 잡아주는 이에게 진심으로 고맙다고 말하기, 동료가 기진 맥진해 있을 때 선뜻 도와주겠다고 나서기, 마주치는 사람들에게 먼저 인사 건네기 등을 실천한 것이다.

처음부터 예전에는 착하게 했던 일들을 친절하게 하려고 의식적으로 노력했다. 표면적으로는 큰 차이가 없었을지 모른다. 과거에는 돈을 구걸하는 사람에게 1~2달러를 줄 때 재빨리 돈을 주고 서둘러 발길을 재촉했다. 가끔은 그 사람이 정말로 도움이 필요할까 의심했고, 그가 그냥 게으른 사람이거나 내가 쉬운 표적인지도 모른다고 생각했다. 하지만 이제는 잠깐 멈추어 몇 마디 말을 나누고, 눈을 마주 보며 그의 행복을 기원한다. 처음에는 어색하고 서툴렀지만, 왠지 모르게 그와 교감하는 느낌을 받았다. 아주 짧은 순간, 우리의 삶이 교차함을 느끼자 그렇게 기분이 좋을 수가 없었다. 나는 이제 그들이 정말 돈이 필요한지 혹은 내가 어리숙한지 걱정하지 않고, 그저 어떤 면에서든 내가 도움이 되기를 바란다.

친절해지겠다는 약속은 장애를 극복하고 마음을 갈고닦기를 요구한다. 그것은 새로운 방식으로 내 삶뿐 아니라 모든 생명의 삶에 집중하라고 말한다.

친절해지려는 노력을 알아주는 사람이 나 자신뿐이라 해도 상관없다. 중요한 것은 나의 의도다. 틀림없이 친절해지려는 노력에서 이탈해 남에게 날카롭게 쏘아붙이거나 친절함을 베풀 기회를 알아차리지 못할 때도 있을 것이다. 하지만 작고 꾸준한 친절 하나하나가 우리가 나아갈 길을 매끄럽게 하고, 세상에 희망의 빛 한 줄기를 더할 것이다. 그런 친절 하나하나가, 친절이 우리가 줄 수 있는 가장 중요한 선물이라는 헨리 제임스[1]의 주장을 입증할 것이다.

> ## 🫱 실천하는 친절
>
> 하루 동안 당신이 사람들과 어떻게 소통하는지 생각해보라. 당신은 대체로 친절한가, 아니면 그냥 착한가? 보통은 착하게 했던 일을 친절하게 하려고 시도해보자. 차이가 느껴지는가? 당신이 어린 시절 받았던 메시지를 떠올려보라. 마음을 다해 무언가를 공유하라고 배웠는가? 아니면, 물자 부족에 대해 잔소리를 들으며 가진 것을 꼭 움켜쥔 채 더 많이 비축하라고 배웠는가? 당신은 지금 어떤 메시지에 따르고 있으며, 살면서 아이들과 어떤 메시지를 공유하고 싶은가? '전력을 다하라' 같은 간단한 메모를 자주 볼 수 있는 곳에 붙여보기를 권한다.

---

1   소설가이자 문학평론가로, 19세기 최고의 미국 작가 중 하나로 꼽힌다.

친절은
끊임없는 노력의 산물

우리가 좋아하는 일을 계속 반복하면, 우리 삶에는 그 일의 향기가 배어들게 된다.

웨인 멀러Wayne Muller

인정하기 싫지만 나는 선천적으로 친절한 사람은 아니다. 친절은 내가 가장 가치 있게 여기는 자질이지만, 나는 아직도 친절과 씨름하고 있다. 친구들과 지인들은 나더러 자주 '친절하다'고 하는데, 나는 그보다 바라는 바가 없으므로 그 말이 사실이기를 진심으로 바란다. 하지만 솔직히 친절해지기 어려울 때가 많다. 나는 여전히 무뚝뚝할 때가 있고, 비난하듯 말할 때가 있다. 수줍어하거나 퉁명스럽거나 주변을 의식하지 못하거나 짜증을 부릴 때도 있다. 여러 해 동안, 짜증이 본능처럼 몸에 배어 있다고 말할 정도였다. 아마 그래서 친절하게 1년 살아보기 프로젝트가 내게 더 중요했는지도 모른다.

나는 항상 친절한 사람들을 존경했고, 그들처럼 되고 싶었다. 하지만 원한다고 해서 모두 그렇게 되는 것은 아니다. 몇 년 전, 특별히 기념하고 싶은 생일을 맞아 일주일간 비전 퀘스트[2]를 떠났다. 새로운 경험을 쌓고 신체적인 한계에 도전해보고 싶었기 때문이다. 이런 생각 외에 특별한 의도는 없었다. 사실 일부러 그 모험에 대해 어떤 기대를 하거나 목표를 세우지는 않았다. 이번만은 결과를 통제하려 시도하지 않고(생존에 관한 문제는 제외하고), 일단 벌어진 일이 자연스럽게 흘러가게 내버려 두기로 한 것이다. 나는 그다지 '미신적인' 사람이 아니라서 영계의 메신저와 신비한 경험이라는 개념에 코웃음을 쳤다. 그저 뱀이나 엄청나게 큰 거미 따위와 마주치지 않기만을 바랐다.

데스밸리[3]에서 일주일 중 절반을 홀로 단식하며 지낸 후 돌아오는 길에, 나는 자신에게 내민 신체적인 도전을 완수한 데 자랑스러움을 느꼈다. 한편으로는 이전에는 적극적으로 추구하지 않았던 새로운 목표를 가지고 돌아가고 있음을 깨달았다. 친절은 이미 오랫동안 생각하고 열망했던 가치였지만, 나는 친절해지기에 그다지 열정적으로 헌신하지 않았다. 그런데 돌아보니 사막에서는 친절이 나의 동반자였다. 한 번도 캠핑이나 배낭여행을 해본 적 없고 편안한 침대 외에는 어디서도 자본 적 없으며, 심지어 야외에서 볼일조차 본 적이 없는 사람으로서 내가 거기서 경험한 모든 것은 오직 친절 그 자체였다. 나를 위해 여행을 준비해준 가이드들에게서, 또한 비전 퀘스트에 참여하겠다는 내 생각에 완전히 당황했지만 곧 전폭적으로 지지해준 남편에게서 친절을 경험했다. 게다가 숨 막힐 듯 아름다운 경관과 온화한 날씨를 제공해준(더구나 뱀도 큰 거미도 없었다!) 자

---

2   고립된 곳에서 단식하며 영계와의 교류를 시도하는 미국 원주민들의 성년 통과의례. 현대에는 이를 차용한 캠프 등을 일컫기도 한다.
3   미국 캘리포니아 주 남동부의 건조한 분지

연에게서, 아무런 비난 없이 경험 부족을 감내해준 나 자신에게서 친절을 경험했다. 사막의 임시 숙소였던 고요한 협곡에서 일기를 쓰고 협곡을 향해 말하면서, 나는 진정한 깨달음을 얻었다. 친절한 삶을 사는 것이야말로 내게 가장 중요하고, 그 방법을 배우는 것이야말로 그날 이후 내가 지속적으로 추구해야 할 가장 큰 목표라는 깨달음이었다.

친절해지기 위해서는 마음만 다잡으면 된다고 말할 수 있다면 얼마나 좋겠냐마는, 이는 사실이 아니다. 나는 너무나 빨리 짜증을 부리던 습관으로 돌아가, 털털거리는 엔진처럼 친절을 멈췄다가 다시 시작하기를 반복했다. 때로 아예 친절함의 경로에서 이탈할 때도 있었고, 대개는 자주 주변을 의식하지 못하거나 버럭 화를 내거나 게으르거나 너무 바빴다. 우리 회사는 빠르게 성장하고 있어서, 주간 근무시간이 보통 65~75시간에 달했다. 그런 와중에 누가 친절해질 시간이 있겠는가? 몇 년이 흐르는 동안 친절은 자주 내 생각 속에 있었지만, 우선순위가 되지 못했다. 또 내가 친절을 우선순위로 삼았더라도 친절해지기 어렵거나 불편한 상황에 직면하면 그 다짐이 시들해졌다.

내가 아주 못된 사람이었을까? 아니다. 보통은 그런 사람이 아니었다. 나는 그저 친절함을 베풀 준비가 되어 있지 않았을 뿐이다.

그래서 마침내 친절하게 1년 살아보기 프로젝트를 시작하고 그 내용을 블로그에 올리기로 했다. 굳은 다짐을 써서 올리고 친구들과 낯선 이들을 초대해 읽게 해놓고서 친절함을 무시하거나 내팽개친다면, 그런 행동이 나 자신에게는 물론이고 내 발전을 지켜보며 응원하던 사람들에게도 고스란히 드러날 것이다. 나 자신을 비롯한 남들의 이목이 작업 마감이나 개인적인 어려움에 직면했을 때도 초점을 잃지 않게 도와주었다. 무엇보다도 나는 친절이 내 결심을 굳건히 해주는 것을 알게 되었다. 친절이 더 많은 친절을 낳자, 나는 일상생활에서 거의 항상 실천할 수 있을 만큼 친절함이라는 자질을 갖추게 되었다.

정말 뿌듯했다. 하지만 이대로 끝일까?

그렇지 않다. 친절은 최종 목적지가 아닌 데다, 한번 성취하면 그 이후로 언제든 저절로 준비되는 것이 결코 아니기 때문이다. 나는 그 1년을 보내면서 친절함이란 매일 아침 약속해야 하고, 늘 의식해야 하며, 발을 헛디뎌 그 길에서 벗어날 때마다(여전히 그러고 있고 앞으로도 그럴 것이다) 다시 다짐해야 하는 것임을 깨달았다. 하지만 이것은 즐거운 과제이기도 하다. 나는 친절을 실천하면서 가장 진솔하고 선한 자아와 연결되는 느낌을 받았다. 블로그에 글쓰기는 일단 시작한 일에서 쉽사리 발을 빼지 못하게 하려는 나름의 전략이었다. 하지만 한편으로는 일기를 쓰거나, 명상하거나, 친한 친구에게 나 자신과의 약속을 털어놓거나, 자연을 가까이하는 것만큼 쉽고 즐거운 일이기도 했다. 또한 나 스스로가 만족스럽지 못한 때가 있었고 앞으로도 있을 것임을 인정하는 데 도움이 되었다. 우리는 기술을 익히든, 습관을 바꾸든, 새로운 행동을 취하든, 각자 변화하겠다는 약속을 지키기 위해 자기만의 방식을 찾아야 한다.

그렇다면 당신만의 방법은 무엇인가?

내가 선천적으로 친절한 사람이라면 아주 자연스럽고 쉽게 친절이 우러나올 테니, 친절에 관해 따로 생각할 필요도 없을 것이다. 하지만 아직도 입 밖으로 어떤 말을 내뱉자마자, 그 말이 특별히 친절하지도 않고 아무 가치가 없음을 깨달을 때가 있다. 친절에 주의를 기울이고 자신의 반응과 응답에 주의를 기울일수록 스스로 더 친절해지는 내 모습을 보면 흐

뭇하다. 입 밖으로 소리 내기로 선택한 말과 그렇게 하지 않기로 한 말은, 우리가 어떤 사람인지를 여실히 보여준다.

 실천하는 친절

삶에서 가졌으면 하는 것들, 예를 들어 자질, 재능, 능력, 심지어 물건 같은 것들이 있는가? 그것을 얻기 위해 얼마나 헌신하는가? 늘 생각은 하지만 얻으려 노력하는 데는 거의 관심 없는 것들이 있는가? 또한 발전시키고 성취하기 위해 에너지와 시간을 기꺼이 바치는 것들이 있는가? 살면서 매력적이라고 느끼는 모든 일을 추구하며 살 수는 없지만, 우리에게 가장 분명하고 깊은 울림을 주는 일들에 집중할 수는 있다. 무엇이 중요한지 아는 것은 만족스러운 삶을 위한 비결 중 하나다. 당신에게는 무엇이 중요한가? 만약 친절이 당신에게 중요한 것 중 하나라면, 매일 친절한 사람이 되기 위해 계획을 세워라. 그리고 삶이 어떻게 변하는지 살펴보라. 친절함을 강화하는 활동을 찾는 것도 도움이 된다. 블로그에 글을 쓰든, 친구와 자신의 다짐을 공유하든, 명상을 하든, 일기를 쓰든, 당신의 열정을 부채질할 수 있는 것은 무엇이든 좋다.

친절과
불친절의 간극

친절은 베풀기도 쉽고, 베풀지 않기도 쉽다. 친절을 베풀지 않아도 아무도 알아차리지 못하지만 베풀면 삶이 바뀔 수 있다.

줄리언 바워즈 브라운Julian Bowers Brown

우리 대부분이 아마 그러하겠지만, 나는 보통 불친절하게 행동하지 않는다. 그런데 최근 몇 년간을 돌아보니, 생각만 해도 민망하기 그지없는 몇 번의 사례가 떠오른다. 어떤 직원에게 버럭 화를 내거나 텔레마케터에게 비꼬는 말투로 대꾸했던 적이 있었던 것이다. 그런 행동이 자랑스럽지도 않은 데다 나중에 떠올려보면 자신에게 실망스러운 마음이 들기 때문에, 할 수만 있다면 시간을 되돌리고 싶다. 나는 그런 일이 드물기를 그리고 점점 드물어지고 있기를 바란다. 하지만 골프채를 한 세트 가지고 있다고 해서 골프 선수가 되지는 않는 것과 마찬가지로, 대체로 불친절하지 않다고 해서 저절로 친절해지는 것은 아니다.

친절을 성품으로 만들기 위해 노력하기로 한 이상, 누군가가 나를 향해 짜증스럽게 쏘아붙인다 해도 참을 수 있고, 누군가의 행동이 나를 불편하게 한다 해도 관대하게 미소 지을 수 있을 것 같았다. 그러나 아무런 비난도 하지 않고 누군가 내게 쏘아붙이는 말을 지나치는 것이나, 분노의 가시를 세우지 않은 채 진심으로 너그러운 미소를 지으며 불편함을 감수하는 것은 완전히 다른 일이었다. 그리고 그것이 바로 '친절함'과 '불친절하지 않음'의 차이며, 둘 사이에는 아주 먼 거리가 있다는 사실을 깨달았다.

다행히도 내 주변에는 불친절하다고 묘사할 만한 사람은 별로 없고, 매우 친절한 사람들은 많다. 그들은 내게 세상에 대한 희망을 준다.

몇 년 전, 디트로이트에서 집으로 오는 길에 직접 친절의 힘을 경험한 적이 있다. 내가 이용하려던 항공사는 아무런 설명 없이 계속 비행 지연을 공지했다. 나는 승객들의 화가 점차 치솟는 광경을 지켜보았다. 사람들은 소리를 지르거나, 윽박지르거나, 욕을 퍼부으며 항공사의 무능함에 분통을 터트렸다. 그들은 그 상황에 대한 통제권이 전혀 없는 탑승구 담당 승무원을 괴롭히고 질책했다. 그 여자 승무원은 확성기에 대고 사과하며 차분한 목소리로 추가 소식이 들어오는 대로 바로 알려드리겠다고 승객들을 안심시켰다. 대합실에서는 참을성 없이 투덜거리는 소리가 커졌고, 사람들은 점점 소리 높여 분노와 불만을 토로했다.

비행기를 자주 타는 덕분에 나는 비행 지연에 대해 꽤 체념하는 편이었고, 그래서 대기 시간에 정신을 딴 데로 돌릴 수 있도록 늘 책을 가지고 다닌다. 그럴 때 화를 내고 짜증을 내어 상황이 개선되는 경우를 한 번도 보지 못했다. 탑승구 담당 승무원이 승객 한 사람 한 사람을 인내심 있고 정중하게 대하는 모습을 보면서, 나라면 비슷한 상황에서 그녀와 똑같이 프로다운 직업의식과 공손함을 보일 수 있을까 생각했다. 아마 그렇게 하지 못했을 것이다. 마침내 그 승무원이 휴식을 취할 때 나는 그녀에게 무슨 말이라도 하고 싶은 충동을 느꼈다. 나 자신을 다른 승객들과 구분 짓고 싶었을지도 모른다. 아니면, 압박을 받는 상황에서도 돋보인 그녀의 친절함에 누군가는 고마워하고 있음을 알려주고 싶었던 것인지도 모르겠다. 나는 그녀에게 다가가서 이렇게 말했다. "프로답게 이 상황에 대처하는 모습이 너무 존경스럽네요. 승객들이 무례하게 대하는 와중에 어떻게 모든 사람에 대해 정중함과 인내심을 유지하시는지 모르겠어요. 승객의 한 사람으로서 미안하고 감사해요."

그녀는 내가 다른 승객들처럼 화를 내지 않자 안심하는 표정으로 나를 보았다. 그리고 그런 말을 해주어 고맙고, 자신의 스트레스를 덜어주어 고맙다고 인사했다. 나는 내가 한 말에 만족하며 자리에 앉았고, 그걸로 끝인 줄 알았다.

몇 분 후, 그 승무원은 발권 데스크에서 전화를 받았다. 그녀는 몇 분간 수화기에 대고 뭐라 말을 하더니 여러 차례 키보드를 두드린 다음 전화를 끊었다. 그녀는 고개를 들고 대합실을 둘러보았다. 그리고 나와 눈이 마주치자 나를 향해 데스크로 와달라고 보일 듯 말 듯 손짓했다. 내가 데스크로 가자 그녀가 낮은 목소리로, 우리 비행편이 취소되어 모든 승객이 다시 예약을 해야 한다는 소식을 전했다. 그녀는 내게 시애틀이 최종 목적지인지 물었고, 나는 그렇다고 대답했다. 그녀는 티켓을 보여달라고 하더니, 몇 분간 키보드를 친 다음 말했다. "17번 게이트에서 25분 후에 출발하는 아메리칸 항공사의 비행기가 있네요. 방금 제가 손님을 예약해드렸어요. 운 좋게도 통로 쪽 좌석이 있더라고요."

프린터에서 내 예약권이 나올 때, 나는 침이 마르게 고맙다고 인사를 했다. 그녀는 미소를 지으며 17번 게이트 방향을 가리켰다. 나는 그쪽으로 걸어가면서 그녀가 비행편 취소를 안내하는 소리를 들었고, 많은 승객이 비행기 티켓을 다시 예약하려고 앞다투어 몰려드는 모습을 보았다.

통로 쪽 좌석에 앉으며 나는 비행편 문제가 무난히 해결되었을 뿐만 아니라, 친절의 힘에 관해 놀라운 교훈을 배웠다는 사실에 경이로워했다.

다른 사람의 스트레스를 덜어주기 위해 친절한 말을 건넸던 내 선택이 예상치 못했던 결과를 낳았고, 적대적인 군중이나 그저 조용히 있던 무리에 합류했더라면 얻지 못했을 혜택을 불러온 것이다.

불친절하게 행동하지 않는다 해도 그리고 불친절한 생각을 떨쳐버린다 해도, 그것만으로 친절해지지는 않는다. 친절은 불친절하지 않은 것보다 훨씬 많은 것을 의미한다. 친절과 불친절 사이에는 어마어마한 간극이 있고, 그곳은 우리의 친절에 방해가 되는 요인들로 가득 차 있다.

그 요인들은 다음과 같다.

· 두려움
· 게으름
· 성급함
· 무관심
· 무력감
· 주변을 의식하지 못함
· 수줍음
· 습관

때때로 이러한 것들 하나하나가 친절해지는 것과 남들의 친절을 받아들이는 것 모두에 장애가 될 수 있다. 나에게는 가끔 수줍음이 장애가 됐다. 어린 시절 들었던 "절대 남들의 관심을 끌지 마라"라는 훈계를 완전히 떨쳐버릴 수 없었다. 친절을 베푸는 것은 낯선 영역으로 발을 내딛는 것, 다시 말해 나 자신을 더 넓은 세상에 내놓는 것을 의미한다. 낯선 이에게 도움의 손길을 내밀고, 그를 지지하는 발언을 하며, 그의 일에 발 벗고 나서는 것은 늘 내게 간단하고 자연스러운 문제일 수 없었다. 우리는 앞으로 이 모든 문제를 비롯해 더 많은 것들에 대해 이야기할 것이다.

당신이 친절함 쪽에서 더 많은 시간을 쓰고 싶다면, 자신을 제한하는 반응로부터 벗어나야 한다. 그러려면 자각과 행동이 필요하고, 자신의 부족함을 인정하는 태도가 필요하며, 기꺼이 상처받을 준비가 되어야 한다. 친절의 협곡으로 오르는 일이 가치가 있다는 데 당신도 동의하기 바란다.

> ### ♥ 실천하는 친절
>
> 불친절한 태도를 보인 경험이나, 기회가 있었는데도 친절을 베풀지 못했던 경험이 있는가? 아니면, 누군가를 지지하는 마음속의 발언을 하지 않았던 적이 있는가? 그런 일을 떠올리면 기분이 어떤가? 자각은 친절의 핵심 요소다. 자신의 친절을 제한하는 행동이나 친절에 장애가 되는 믿음이 무엇인지 알아보자. 또한 자신이 더 친절한 삶을 사는 데 전념하고 있음을 입증하기 위해 오늘 할 수 있는 친절한 행동이 무엇인지 생각해보자.

타인에게
관심 갖기

사람들은 철학자와 현자에게 무관심하다고 말하지만, 사실은 그렇지 않다. 무관심은 영혼이
마비되어 요절한 것이나 마찬가지기 때문이다.

· **안톤 체호프**Anton Chekhov

논리적으로는 친절의 반대가 불친절이지만, 나는 친절의 정반대는 사실 무관심이라고 생각한다. 방관자적 자세를 버리고 삶으로 뛰어들지 않는다면, 비교적 편안한 무관심의 상태에 빠지게 된다. 그런데 관심이 부족하면 친절할 수 없다. 무관심과 친절은 공존할 수 없는 것이다.

우리는 자주 심란하고 부적절한 일을 보고도 어깨를 으쓱하며 '내 일이 아니야' 혹은 '엮이고 싶지 않아'라고 생각한다. 가끔은 그것이 안전과 관련된 문제라서 개입할 경우 혹시 잠재적인 위험이 있지는 않을까 걱정하거나, 스케줄에 지장이 생길까 봐 신경 쓸 시간이 없다고 정당화하기도 한다. 심지어 언론 매체에서 보는 온갖 광기와 비극에 에너지가 소진된 나머지, 비참한 상황이 바로 코앞에서 벌어지고 있을 때조차 무감각해지는 '동정 피로증compassion fatigue'을 느끼기도 한다.

무관심의 폐해는 1960년대 뉴욕에서 발생한 키티 제노비스Kitty Genovese 사건에서 가장 잘 드러난다. 한 젊은 여자가 많은 이들이 보는 가운데 무참히 살해되었지만, 목격자 중 아무도 그녀를 도와주려고 나서지 않았다. 그녀가 괴한에게 공격받아 수차례 칼에 찔릴 때, 수십 명의 사람

이 그녀의 비명에 잠에서 깼고 심지어 자기 집 창가에서 범행을 목격한 이들도 있었다. 그러나 아무도 개입하려 하지 않았고, 경찰에게 신고하지도 않았다. 믿기 어렵게도, 어떤 식으로든 도우려 나서는 사람이 아무도 없었다.

제노비스 사건과 같은 범죄에 대한 무관심은 우리 모두를 오싹하게 한다. 그런데 우리는 더 미묘한 차원으로 삶의 다른 많은 것들에 무관심한 태도를 보이고 있다. 우리는 주변에서 매일 보는 빈곤, 노숙자들, 불평등, 불공정, 괴롭힘 그리고 남들의 평범한 욕구에 무심하다. 너무 자주 피곤한 듯 "내가 뭘 할 수 있겠어?"라고 말하거나, 어깨를 으쓱하며 외면하고 만다. 특히 쉬운 해결책이 없는 문제에 직면하면, 모든 친절에 큰 파장이 있음을 쉽게 잊어버린다. 비록 문제를 완전히 해결할 수는 없다 하더라도 한 사람의 고통이나 짐을 덜어줄 수는 있다는 사실을 쉽게 잊는다. 우리가 취하는 행동을 보고 다른 누군가가 비슷하게 행동해서 한 사람을 더 도울 수 있을지도 모르는데 말이다. 사실 친절의 파장은 끝이 없으므로, 세상에 작은 친절이란 없다.

우리는 주변 사람들에게서 무관심을 배운다. 특히 아주 어린 시절부터 아이들은 어른들의 무관심을 보며 자란다. 아이들은 처음에는 "잠깐 멈춰서 도와주는 게 어때요?" 혹은 "왜 저 사람은 살 집이 없어요?"라고 묻는다. 그러나 곧 주변 어른들이 관심 없어 보이면 자신도 관심을 거두어들인다. 그렇게 아이들은 무관심을 배워 곧 어깨를 으쓱하며 "그러거나 말거나"라고 말한다.

이렇게 무관심이 학습되는 것과 마찬가지로 친절도 학습된다. 우리가 더 일찍 친절을 배울수록 더 빨리 친절을 실천하여 마침내 무관심의 고리를 끊을 수 있다. 감각을 마비시켜 편안함에 빠져들게 하는 무관심에 저항하고, 우리의 삶에 온전히 뛰어드느냐 마느냐는 우리 각자의 선택에 달려 있다.

친절과 공감은 무관심에 대한 해독제다. 우리는 사랑이나 존경을 강요할 수 없듯 친절을 강요할 수 없다. 하지만 어깨를 으쓱하던 행동을 배려심으로 바꾸고 외면하던 눈길을 미소와 진실한 반응으로 바꿀 수 있다면, 무관심에 반격하며 시인 메리 올리버Mary Oliver가 '하나뿐인 거칠고 소중한 것'이라고 부르는 삶에 온전히 뛰어들 수 있을 것이다.

> ### 💙 실천하는 친절
>
> 누군가가 친절이 절실히 필요한 상황에서 친절을 베풀기를 주저하고 무관심을 보인 경험이 있는가? 당신이 아닌 다른 사람의 사례를 떠올려도 좋다. 그 장면을 상기하고 무관심을 공감과 친절한 행동으로 바꿔보라. 불공정함, 가혹함, 곤란한 장면을 목격하는 미래의 상황도 상상해보자. 그럴 때 어떻게 반응할 것인가? 최대한 생생하게 머릿속에 그리고, 두려워하지 말고 자신의 상상 속에서 영웅이 되어보라. 어떤 자세로 서서 뭐라고 말할지 등 세부 사항에 이르기까지 자신의 반응을 미리 생각해두면 실제 상황에서 행동하기 쉬워진다. 개입과 관여는 제대로 사는 삶의 특징이다. 무관심함과 관계 맺음 중에서 하나를 선택해야 한다면, 당신은 무엇을 선택하겠는가?

CHAPTER 2

친절의 힘

하루에 두 번 이상
친절 베풀기

당신이 친절을 베풀면 경이로운 기분을 느낄 수 있다. 마치 당신 내면에서 무엇인가가 응답하며 "그래, 바로 이런 기분을 느껴야 해"라고 말하는 듯.

해럴드 쿠슈너Harold Kushner

친절은 그 자체로도 보상이지만, 그와 함께 딸려 오는 보너스도 있다. 무엇보다 건강과 행복에 관련된 보너스가 꽤 많다.

친절은 이 세상에 도움이 될 뿐 아니라 우리의 신체적, 정신적 건강에도 도움이 돼서, 사실 특효약이라 해도 무방할 정도다. 아마 머지않아 의사가 발음하기도 힘든 약물을 처방하는 대신, 우리에게 이웃을 위해 쿠키를 좀 구워보라고 말할 날이 올 것이다.

행복의 증가와 우울증 감소

2014년 4월, 「친절한 행동과 친절이 주는 건강상의 이익The Act of Kindness and Its Positive Health Benefits」이라는 기사에서 대니카 콜린스Danica Collins는, 친절한 행동이 뇌에서 세로토닌serotonin의 분비를 촉진할 뿐 아니라 몸의 면역 체계에도 긍정적인 영향을 미친다고 보도했다. 인체에서 만들어지는 화학 물질인 세로토닌은 신경 전달 물질로 작용하며 마음을 차분하게 하는 항불안 효과가 있다. 과학자들의 말에 따르면, 세로토닌의 결핍은 우울증으로 이어진다.

친절한 행동을 하면, 면역 체계가 증진되며 세로토닌 분비가 증가한다. 친절에 따르는 이익이다. 친절한 행동의 대상이 되는 사람도 동일한 이익을 얻는다. 가장 놀라운 사실은 그저 친절한 행동을 보기만 한 사람도 비슷한 효과를 얻는다는 것이다.

친절함의 이익은 거기서 멈추지 않는다. 콜린스는 연구 결과를 소개하며, 일상적으로 친절한 사람들에게서 만성 통증, 스트레스, 불면증 완화와 행복과 낙관주의, 자존감 증가의 변화가 나타났다고 전했다.

긍정적인 부작용

의식적으로 친절해지겠다고 마음먹은 후, 나는 흥미로운 변화를 알아차렸다. 나 자신이 더 행복하고 솔직하고 단순해졌으며, 더 밝아지고 자신감이 생긴 것이다. 낯선 사람이든 동료든 지인이든 내 주변 사람들까지 더 친절하게 보였고, 더 행복하고 솔직해진 것 같기도 했다. 내가 느끼는 기분을 그저 남들에게 투사하고 있는 것일까, 아니면 친절이 정말 사람 간의 접촉을 통해 퍼지는 것일까? 조사를 많이 할수록, 나는 이것이 내 투사나 착각이 아니라 틀림없는 사실임을 깨닫게 되었다.

스코틀랜드의 과학자 데이비드 R. 해밀턴David R. Hamilton 박사는 친절이 미치는 건강상의 이익에 관해 상당히 많은 연구를 했다. 그는 친절에는 다음과 같은 다섯 가지 이로운 '부작용'이 있다고 발표했다.

1. 우리를 행복하게 한다

친절은 뇌에서 분비되는 도파민dopamine 수치를 높여 약물 없이도 기분을 고조시키는 '천연 마약'의 효과를 낸다.

2. 심장에 좋다

친절한 행동은 종종 감정적인 따뜻함을 만들어내 뇌와 몸에서 옥시토신oxytocin을 분비하게 한다. 그 결과, 혈관에서 산화질소가 배출되어 혈관을 확장하고 혈압을 낮춰주는데, 이 과정이 심장을 보호하는 역할을 한다. 또한 옥시토신은 심혈관계에서 활성산소와 염증 수치를 줄여 심장병 발병을 감소시킨다.

3. 노화를 늦춘다

활성산소와 염증의 감소는 인체의 노화를 늦추기도 한다. 해밀턴은 동정심이 미주신경의 활동과 관련돼 있다고 언급했는데, 미주신경은 체내에서 염증 수치를 제어하고 심장 박동을 조절하는 역할을 한다.

4. 인간관계를 개선한다

해밀턴에 따르면, 우리가 서로 관계를 맺는 것은 사실 유전적 소인 때문이다. 그는 이렇게 말한다. "우리의 조상들은 서로 협동하는 법을 배웠습니다. 무리 안에서 감정적 유대가 강할수록 생존 확률이 더 높아지므로, '친절 유전자'가 인간 게놈에 새겨지게 된 것입니다." 결과적으로 친절은 새로운 관계를 구축하고 기존의 관계를 돈독히 한다.

5. 전염성이 있다

감기나 독감처럼 친절도 전염된다. 해밀턴은 이렇게 주장한다. "우리의 친절은 다른 이들에게 자극을 주어, 실제로 친구의 친구의 친구까지 세 단계로 퍼져나가는 파장 효과를 만들어냅니다." 그 효과의 예로 그는 낯선 이에게 신장을 기증했던 한 남자 이야기를 들려준다. 그의 신장 기증에 자극받은 가족들도 신장을 기증했고, 그 도미노 효과는 미국 전역으로 퍼져나갔다. 결국 익명의 기증자 한 명의 친절 덕분에 열 명의 환자가 신장을 기증받게 되었다.

해밀턴은 더 나아가 친절을 베풀고 동정심을 느낄 때 우리의 뇌가 변한다는 사실을 발견했다. 그는 "친절한 행동은 우리 뇌의 화학 작용과 구조 사이로 침투하는 방법을 찾아냅니다. 그래서 친절이 습관이 되면, 우리는 뇌의 신경 구조를 크게 바꿀 수 있습니다"라고 말한다. 그는 그것을 악기 연주법과 같은 새로운 기술을 배우는 데 비유한다. 친절해지는 연습을 계속하면 뇌에 '친절 회로'를 자리 잡게 하는 화학적, 구조적 변화가 일어나, 우리가 점점 더욱 친절해진다는 것이다. 그래서 부정적인 습관은 긍정적인 습관으로, 이기적인 행동은 친절한 행동으로, 적대감은 공감으로, 불평은 감사로 바뀐다. 나는 이런 친절을 기적의 묘약이라고 부르고 싶다.

하지만 친절에는 의약품 라벨에 깨알 같은 글씨로 인쇄된 장황한 경고 문구가 없다. 친절은 메스꺼움, 변비, 설사, 두드러기나 졸음 증상을 유발하지 않는다. 그래서 친절은 당신이 중장비를 작동하는 사람이라 해도 피해야 할 필요가 없다.

친절한 행동을 할 때나 친절한 행동의 대상이 될 때, 또는 그저 친절을 목격하기만 할 때라도, 잠깐 멈춰서 당신이 느끼는 모든 좋은 감정들에 주목해보자. 항상 그런 기분을 느끼고 싶어질 것이다.

또 다른 효과

보건 분야에서 질병을 관리하는 의료진의 친절과 공감이 우리의 건강과 치유에 상당히 큰 영향을 미친다는 증거가 점점 늘고 있다. 연구 결과에 따르면, 의사의 기질과 환자에 대한 태도는 환자의 행복과 회복에 영향을 준다. 위스콘신 의과대학의 연구원들은 환자에게 공감을 표현한 의사의 환자들이, 그저 병의 증상 완화에만 초점을 두었던 의사의 환자들보다 감기를 앓은 날이 하루 더 적었다고 발표했다. 의사의 공감은 환자의 면역 체계도 증진한다고 한다. 의사의 공감 수준과 환자의 IL-8(면역계 세포가 질병과 싸우도록 활성화하는 화학 물질) 수치 사이에는 직접적인 관계가 있다. 이는 의료진의 공감과 친절이 얼마나 중요한지 확인할 수 있는 최근의 숱한 연구 결과 중 하나에 불과하다. 요컨대, 친절한 의사는 치료 성과도 더 좋다.

물론 의사의 친절이나 공감에 초점을 맞춘다고 해서 의사의 능력이 덜 중요하다는 말은 결코 아니다. 최고의 치료에는 두 가지가 모두 필요하다. 영국 국립보건임상연구원NICE의 소장인 데이비드 해슬럼David Haslam은 다음과 같이 말한다. "친절과 동정심과 신뢰야말로 영국 국민 건강보험 서비스에서 돌봄의 전체 구조를 떠받드는 기둥이라 할 수 있습니다. 이 중요한 가치들은 의료관리 시스템에서 선택적 항목이 아니라 핵심이자 가장 중요하고 필수적인 항목이며, 치료 결과에 심오한 영향을 미치기도 합니다."

스탠퍼드 의과대학의 신경외과 교수인 제임스 도티James Doty 박사 역시 "친절, 동정심과 공감은 치유에 깊은 영향을 미칩니다"라고 말한다. 그에 따르면, 생리작용과 건강을 개선하는 데 있어 환자와 의사의 인간관계가 얼마나 중요한지 뒷받침하는 증거는 심리학, 신경 과학, 심지어 경제학에서도 발견된다. 그러한 인간관계가 결핍되면 면역 기능과 상처 치유에 부정적인 영향을 미칠 수 있다는 증거도 있다.

디그니티 헬스Dignity Health[4]의 웹 사이트에 기고하는 제프리 영Jeffrey Young은 얼마 전 동정심 어린 치료가 가져오는 건강상의 이익을 설명하는 기사를 쓴 적이 있다. 그는 학술지《사회 과학과 의학Social Science &Medicine》의 한 연구를 참조하여, 정중하고 동정적인 의사의 환자들이 과민성 대장 증후군의 증상뿐 아니라 삶의 질에서 현저한 개선을 보였다고 말했다. 또한《캐나다 의학 협회지Canadian Medical Association Journal》의 한 연구를 인용하여, 의사와 환자 사이의 친절하고 공손한 의사소통이 환자의 정서적 건강을 개선해 더 빠른 회복으로 이어졌다고 전했다. 또 다른 연구도 의사의 공감과 경청이 사실상 더 나은 통증 경감 효과를 이끌어낸다고 발표했다.

오늘날 의과대학들은 의사의 기술적인 능숙함뿐 아니라 대인관계 기술과 공감 능력을 발전시키는 데 많은 주안점을 두고 있다. 이는 냉정하고 권위적인 의사로 훈련하던 해묵은 관행에서 벗어나려는 변화다. 번아웃burnout은 의사 외 다른 의료 종사자에게 심각한 문제가 된다. 나는 친절과 동정심과 개선된 의사소통이 환자에게 도움이 되는 것은 물론이고, 의사가 그 중차대한 업무를 하면서 느끼는 스트레스와 압박감에 더 잘 대처하는 데도 도움이 될 것이라고 생각한다.

제약 회사들이 기적의 신약을 찾을 때, 우리는 친절이 모든 약 중 으뜸

---

4   병원과 부수적인 의료시설을 운영하는 미국의 비영리 공익법인

임을 기억해야 할 것이다.

💝 실천하는 친절

두통이 있거나 스트레스로 인한 피로를 느낄 때, 먼저 친절을 베풀 기회가 있는지 찾아보고 친절을 실천해보라. 그리고 그 기분이 어떤지에 주의를 기울여보라. 친절이 두통을 완화하거나 제거해주는지, 또는 스트레스를 덜어주는지 살펴보는 것이다. 같은 맥락에서 만약 당신의 파트너, 친구, 또는 자녀가 우울해하거나 기분이 좋지 않을 때, 당신이 베푼 진심 어린 친절이 그들을 기분 좋게 만들 수 있는지 살펴볼 것을 권한다.

기분을 끌어올리고 싶을 때마다 볼 만한, 친절의 메시지를 전해주는 영화 목록이 있는가? 내가 가장 좋아하는 영화는 「하비Harvey」(1950), 「레드 갭의 러글스Ruggles of Red Gap」(1935), 「우리 집의 낙원You Can't Take It with You」(1938), 「천금을 마다한 사나이Mr. Deeds Goes to Town」(1936)와 같은 고전들이다. 약간 더 최신 영화로 「4월의 유혹Enchanted April」(1991), 「런던 프라이드Pride」(2014), 「샬롯의 거미줄Charlotte's Web」(2006), 「아름다운 세상을 위하여Pay It Forward」(2000)가 있다. 이제 당신만의 '친절 영화' 목록을 만들어보자. 자녀가 있는 사람이라면 아이들이 친절을 인지하고 이해하도록 도와주는 영화를 따로 찾아보는 것이 좋다.

또한 의사 등 의료 종사자가 친절과 공감을 보인다면, 그들이 제공하는 전문 기술과 감정적인 돌봄에 감사를 표현하도록 하자.

신데렐라가 파티에
가지 못했다면

남들이 행복하기를 바란다면 자비를 베풀어라. 자신이 행복하기를 바랄 때도 자비를 베풀어라.

달라이 라마

신데렐라가 너무 수줍어서 파티에 가지 못했다고 상상해보라. 그렇다면 완전히 다른 이야기가 펼쳐졌거나, 전혀 이야깃거리가 되지 못했을 것이다. 요정이 나타나 반짝이는 드레스와 유리 구두와 호박 마차를 선사해주었을 때 머뭇거리다 포기해버렸다면, 그녀는 계속 까다로운 계모와 이기적인 이복 언니들을 위해 하인처럼 허드렛일이나 하며 살았을 것이다. 그리고 몇 년이 흘러 삶에 지치고 찌든 어느 날, 너무 두려워 파티에 가지 않겠다고 거절한 일을 후회할지도 모른다. 아니, 그 후로 두고두고 가슴을 치며 후회할 것이다.

신데렐라 자신과 전 세계 여섯 살짜리 여자아이들에게 다행스럽게도, 신데렐라는 자신감이 넘쳐 기꺼이 옷을 차려입었고, 예쁘게 장식한 호박 마차를 타고 궁전으로 가서 파티의 꽃이 되었다.

세상에는 규모와 화려함은 달라도 신데렐라와 같은 선택 앞에 놓인 수천 명의 사람이 있다. 그들은 두려움과 불안 때문에 자신을 억누른다. 그들은 파티에 참석하고, 새로운 사람들을 만나고, 교실이나 회의실 같은 곳에서 공개적으로 발언하는 사회적 상황에 참여한다는 생각만으로도 사지가 마비될 듯한 두려움을 느낀다. 그러나 친절이 사회적 불안을 완화한다는 것을 보여주는 새로운 연구 결과에서 우리는 도움을 받을 수 있다.

사회적 불안은 수줍음 그 이상이다. '사회적 불안 협회Social Anxiety Institute'에 따르면, "사회적 불안은 타인과의 소통이 두려운 증상으로, 남의 시선을 의식하고 부정적으로 평가받고 비난받는다고 느끼게 해 결과적으로 사람과의 접촉을 회피하게 만든다. 그들은 자신이 무능하고 열등하다고 느끼며 수치심과 굴욕감 및 우울감을 느낀다." 사회적 불안은 심신을 쇠약하게 하며, 사람을 고립시켜 다른 사람들과 친밀감을 형성하거나 가까운 관계로 발전하지 못하도록 하는 것이다.

사이먼프레이저대학교의 연구원 제니퍼 트루Jennifer Trew와 브리티시컬럼비아대학교의 연구원 린 올던Lynn Alden은, 친절을 베푸는 일이 사회적 불안과 사회적 회피의 수준을 감소시킨다는 사실을 알아냈다.

트루와 올던은 먼저 사회적 불안을 겪는 대학생을 세 그룹으로 나누었다. 첫 번째 그룹은 자신의 경험과 감정에 대해 일기를 쓰라고 지시받았고, 두 번째 그룹은 다양한 사회화 상황에 노출되었으며, 세 번째 그룹은 4주간 일주일에 이틀은 하루에 세 가지씩 친절을 베풀라고 지시받았다. 여기서 말하는 친절이란 이웃집 앞에 쌓인 눈을 삽으로 치우는 일이나 자선단체에 기부하는 일, 또는 룸메이트가 어질러놓은 것을 치우는 일 등 '일반적으로 자신을 희생하여 남에게 이익이 되거나 남을 행복하게 하는 행위'로 정의되었다.

한 달 후, 친절한 행동을 수행하라는 과제를 받은 그룹은 다른 두 그룹보다 사회적 상호작용에 대한 불편함과 불안감의 수준이 낮아졌다.

트루와 올던은 다음과 같이 결론 내렸다. "친절한 행동은 사회적 환경에 대한 더 긍정적인 인식과 기대를 촉진해, 부정적인 사회적 기대에 대응하는 데 도움을 준다. 이런 효과는 친절을 실행하는 초기에 발생하기 쉬운데, 참가자가 자신의 친절에 대한 타인의 긍정적인 반응을 예상하여 부정적인 사회적 결과를 회피할 필요를 덜 느끼기 때문이다."

이렇게 친절을 베풀 때 우리는 자신과 주변 환경에 대해 기분 좋게 느끼며 더 나은 반응과 결과를 기대한다. 그러면 친절이 계속될수록 자연스럽게 두려움이 감소하고, 기분은 나선형 상승 곡선을 그리게 된다.

이런 효과는 친절한 행동에 참여할 때는 그 행동이나 행동의 대상에 관심을 집중시키고, 자신의 걱정을 덜 의식하는 데서 기인하기도 할 것이다. 이 연구가 특별히 자신이 두려워하는 사회적 상황에서 친절을 베푸는 사례를 들여다본 것은 아니다. 하지만 실험 참가자들이 친절해질 기회를 찾으려는 의도로 각자가 두려워하는 상황에 뛰어들었다면, 두려움이 훨씬 더 많이 완화되는 결과를 보였으리라 생각한다. 그런 상황에서는 남의 시선을 의식하며 자신이 어떻게 평가받고 있는지 걱정하지 않는다. 이를테면, 이것은 회의나 콘퍼런스에서 혼자 앉아 있는 사람에게 다가가 친구가 되어주는 것처럼 간단한 일이다. 즉, 다른 사람의 불편함을 완화하는 데 집중하면 자신의 불편함이 줄어든다.

모든 사람이 사회적 불안을 해소하느라 애를 먹고 있는 것은 아니겠지만, 친절에 관한 이 연구는 사회적 상황에서 불편함을 경험해본 사람이라면 언제 어디에서든 적용할 수 있다. 예를 들어 칵테일파티, 공개적인 연설, 결혼식, 장례식, 심지어 데이트에서도 적용이 가능하다.

여러 협회와 비영리 단체 등과 수년간 일하면서, 내가 가장 두려워했던 것은 어디에나 있는 칵테일파티와 콘퍼런스 환영회였다. 이런 행사를 좋아하는 사람도 있고 싫어하는 사람도 있을 테지만, 내성적인 성격인 나는 후자에 가까웠다. 회의를 열어야 할 타당한 이유가 있다면 일대일 면담도 괜찮고 그룹 회의도 괜찮지만, 낯선 사람들에게 걸어가서 잡담에 참여하거나 이미 대화를 나누고 있는 무리에 나 자신을 끼워 넣는 일은 언제나 내 속을 울렁거리게 만들었다. 그래서 이런 행사가 열리면 얼굴을 들이밀었다가 최대한 빨리 그 장소를 벗어나곤 했다. 하지만 친절에 전념하기로 하면서, 칵테일파티에 임하는 태도를 바꾸려 노력했다. 이런 행사에서 불편함을 느끼는 이들이 틀림없이 많을 테니, 나 자신에 초점을 맞추는 대신 불편하게 혼자 서 있는 다른 사람들을 찾아서 그들을 도울 수 있을지 알아보는 것이 좋겠다고 생각한 것이다. 한번은 내가 속한 한 단체에서 행사를 주최할 때 사회를 보겠다고 신청까지 했는데, 나중에 보니 그것은 사람들에게 나를 소개하고 대화를 시작하는 완벽한 방법이었다. 나는 사람들에게 콘퍼런스를 즐기고 있는지, 거기서 특히 얻고 싶은 것이 있는지 물었다. 그리고 특별히 만나고 싶었던 사람이 있는지도 묻고 내가 그들을 알고 있거나 그들을 아는 사람을 알고 있다면, 그 자리에서 소개해주려고 노력했다.

이렇게 내 관심을 자신의 불편함에서 다른 이의 불편함으로 돌리자 그 결과는 굉장했다. 나는 행사가 진행되는 내내 거기에 머물러 있었고, 심지어 즐겁기까지 했다. 게다가 콘퍼런스가 끝날 때까지 다양한 사람을 만나 얘기를 나누고, 그중 많은 사람과 친구가 되거나 가까운 사업 동료가 되었다.

내 경험이 바로 친절과 사회적 불안에 관한 연구 결과를 뒷받침하는 증거다. 걱정을 뒤로하고 친절해지려는 기회를 찾는다면, 당신이 두려워했던 바로 그 행사가 사실은 즐거운 것임을 깨닫게 될 것이다. 그러다 보면 동화에 나오는 파티의 꽃이 될 수도 있지 않겠는가? 신데렐라의 대사처럼 "만약 그 신발이 내게 꼭 맞는다면……" 말이다.

> ### 🤍 실천하는 친절
>
> 가끔 사회적 불안으로 힘들다면, 어떻게 앞의 제안을 실행에 옮길지 생각해보라. 지금부터 적극적으로 작은 친절을 베풀어 미래의 불안을 미리 완화해보는 것은 어떨까? 자신의 불편함을 곱씹기보다 남들에게 초점을 맞추고, 결혼식 피로연이나 칵테일파티에 가볼 것도 권한다. 사회적 불안을 느끼지 않는 사람의 경우에는, 업무 회의 등의 사회적 행사에서 어떻게 다른 이의 불안을 줄여줄 수 있을지 생각해보자.

무례함의 전염성에
맞서라

남들이 우리를 사랑하지 않을 때도 친절을 베풀며 모두를 사랑하는 법을 배우게 하소서.

교황 프란치스코 Pope Francis

매번 선거철이 다가올 때마다 이번에는 후보자들이 정중한 토론을 나누는 해가 되기를, 투표자들이 사려 깊고 현명하며 예의 바른 후보자 중에서 공직자를 선택할 수 있는 해가 되기를 바란다. 그런 희망은 보통 첫 번째 토론이 있기도 전에 꺾이고 만다. 경악스럽게도 후보자들은 비누로 입을 헹구거나 아주 긴 타임아웃을 가져야 할 정도로 무례한 언사를 서슴지 않고, 마치 여덟 살짜리 아이들로 돌아간 것마냥 행동한다.

성인 남녀인 많은 후보자가 헐뜯고 거짓말하고 무례하게 구는 것을 표준적인 전략으로 여기는 듯하다. 게다가 안타깝게도 지지자들은 천박한 행동에 암묵적인 동의를 표하면서 이들을 응원하고 부추긴다. 누군가 주장한 대로, 어쩌면 우리는 그런 정치인들을 만나도 싼 것 같다.

무의식적으로 전염되는 무례함

선거운동이 가장 눈에 잘 띄는 예인 것은 틀림없지만, 비단 이것만 문제는 아니다. 우리는 스포츠 라이벌전이 벌어질 때나 어떤 이슈에 대한 의견이 양쪽으로 나뉠 때도 무례함을 볼 수 있다. 무례하고 천박한 행동은 전염병처럼 우리를 습격하고 있고, 슬프게도 그것이 현실이다.

플로리다대학교의 연구에 따르면, 무례함은 전염성이 있다. 수석 연구원인 트레버 폴크Trevor Foulk는 "무례함은 전염되기 매우 쉽습니다. 하나의 사건을 그저 보기만 해도 누구나 더 무례해질 수 있어요. 무례함은 전염성이 있어서 무례함을 경험하면 자기도 모르게 무례해집니다"라고 말한다.

폴크는 덧붙여 이렇게 말한다. "부분적으로는 우리가 대체로 무례한 행동에 관대한 것이 문제지만, 무례한 행동은 사실 정말 해롭습니다. 무례함은 대개 용인됩니다. 조직이 무례함을 허용하기 때문에 우리는 조직 안에서 항상 무례함을 경험할 수밖에 없습니다." 노골적인 욕설과 공격은 훨씬 드물고 쉽게 받아들여지지 않지만, 무례함은 사람들이 매일 경험하는 것이라 그 영향이 치명적일 수 있다.

어쩌면 정치 후보자들과 특정한 언론 매체에서 활약하는 유명인들은 이런 경고문과 함께 등장해야 할지도 모른다. '주의: 이 사람의 말을 듣는 것은 당신의 인성에 해로울 수 있습니다.'

연구 결과에서 가장 걱정스러운 부분은 이 모든 일이 무의식적으로 일어난다는 사실이다.

이어 폴크의 말을 들어보자. "우리가 이 연구에서 발견한 사실은 무례함의 전염 효과가 자동 인지 체계에 기반을 두고 있다는 것입니다. '자동'이라는 말은 뇌의 잠재의식적인 부분 어딘가에서 발생한다는 뜻이라서 우리는 무례함의 전염이 일어나고 있는지조차 모르고, 그 과정을 멈추기 위해 달리 할 수 있는 일도 없습니다."

그렇다면 특정 정치인이나 논평가가 말하고 지지하는 바를 혐오하지만, 그저 그들을 재미로 보거나 심한 불신의 눈초리로 보는 사람들도 그들의 무례함에 전염된다는 말일까? 안타깝게도 그런 것 같다.

무례함에는 무관용 원칙으로

이러한 연구에 응답하여, 인사 컨설턴트이자 『직장 내 갈등 해결을 위한 필수 안내서The Essential Workplace Conflict Handbook』의 저자인 바버라 미첼Barbara Mitchell은 무례한 행동이 용인되지 않는다는 것이 분명해지면 그런 행동을 멈출 수 있다고 말한다. "저는 그 작업을 상부에서부터 시작했습니다. 지도부는 어떻게 행동하는가? 그들은 어떤 문화를 원하는가? 그리고 조직 내에서 그들은 어떻게 자신의 가치를 실현하는가? 이런 사항을 점검한 거죠." 그녀는 더 나아가 나쁜 행동에는 즉시 대처해야 한다고 말한다. 무례함이 드러나는 순간 그런 행동이 용납되지 않는다는 사실을 모두에게 분명히 해두어야 하는 것이다.

미첼은 직장 내의 무례함에 관해 말하고 있지만, 더 넓은 문화적 수준에서도 같은 요소들이 존재하는 것은 두말할 나위가 없다. 우리의 지도자들은 어떻게 행동하는가? 그들은 어떤 가치를 본보기로 삼는가? 그 문화의 일원인 우리는 무엇을 기꺼이 용인하고 있는가? 또 소셜 미디어는 어떤가? 사이버 공간 구석구석까지 퍼져나가는 공격적인 행동들을 우리가 용인하거나 심지어 전파하고 있지는 않은가? 미시적 수준에서도 마찬가지다. 만약 가족 간의 대화에서 무례함이 용인된다면, 가족 구성원들은 가족 안에서나 밖에서나 무례하고 무관심해지기 쉽다.

무례하게 대접받거나 무례한 대우를 그저 보기만 해도 사람들이 자기도 모르게 더 무례하게 행동하게 된다면, 선거가 진행될 때와 스포츠 챔

피언 결승전이 치러질 때 무례함이 서서히 확대되는 것이 당연하지 않겠는가? 그러면 그 끝은 어디일까?

친절하고 정중한 문화를 발전시키고 싶은가? 그렇다면 무례함에 당당히 맞서야 한다. 우리는 정치인이 경쟁자나 반대파 혹은 같은 무리에게 무례하게 말할 때, 또는 언론인이나 정치 전문가가 욕설이나 거짓말을 할 때 정중하게 거부해야 한다. 어떤 상황에서든 무례하게 구는 것은 괜찮지 않음을 사람들에게 알려야 한다. 우리는 "그건 용납될 수 없습니다"라고 말해야 하고, 그런데도 그들이 계속한다면 등을 돌려야 한다. 그것이 전염에 대응하는 방식이다.

친절의 전염성을 이용하라

무례함이 전염된다는 뉴스에 너무 절망할 필요는 없다. 앞에서도 언급했지만, 다행히 친절도 전염병처럼 퍼진다는 수많은 연구 결과가 있다. 친절이 불러오는 건강상의 이익을 광범위하게 연구한 스코틀랜드 과학자 데이비드 해밀턴 박사는 감기와 독감, 무례함이 나쁜 쪽으로 전염되는 것처럼 친절함은 좋은 쪽으로 전염된다고 주장한다. 그에 따르면, 친절한 행동은 친구의 친구의 친구까지 세 단계에 거쳐 확산하는 파장 효과를 가지고 있다. 또한 무례함이 가해자와 피해자, 목격자에게까지 악영향을 주는 것처럼, 친절도 베푸는 사람과 받는 사람, 목격자까지 감염시킨다. 우리가 친절을 베풀든, 친절의 대상이 되든, 그저 친절을 목격하든 간에 결과는 같아서, 하나의 친절은 더 많은 친절의 촉매제로 작용한다.

우리는 어떤 종류의 감염원에 자신을 노출할 것인지, 또한 무례함과 친절함 중 어느 쪽의 선동자가 될 것인지 선택할 수 있다. 난폭한 무례함의 공기와 예의 바른 정중함의 공기 중 무엇을 호흡할 것인지 선택할 수 있다. 확실히 선택하면 세상을 우리가 원하는 대로 바꾸는 데 힘을 보탤 수 있다. 이제 친절이 전염병처럼 확산할 때가 아닐까? 그것은 우리에게 달려 있다.

♥ 실천하는 친절

언론이나 리얼리티 TV쇼에서, 또는 일상에서 나쁘게 행동하는 사람들을 보는 오락적 가치와 그 위험에 노출되는 대가를 비교해보라. 무례한 행동을 보거나 경험할 때, 어떻게 전염되지 않으면서 그에 반격할 수 있을까? 부정적인 전염을 긍정적인 전염으로 바꿀 수 있는지 알아보기 위해 친절하게 대응해보라. 다음 사실을 기억하라. 어떤 행동을 용인할지, 특히 어떻게 반응할지는 당신이 선택할 수 있다. 당신의 친절은 세상의 흐름을 바꿀 수 있다.

똑똑한 사람보다
따뜻한 사람

우리는 조직이 사실 '우리'인데도 '그들'이라는 착각 속에 산다. 우리가 발전된 조직에서 일하고 싶다면, 각자 그 여정을 시작하는 첫 번째 사람이 되어야 한다.

랜스 세크레탄Lance Secretan

몇 년 전, 우리 회사의 장기 근속자 중 한 명인 마거릿Margaret이 퇴직했다. 은퇴 기념 파티에서 그녀는 누군가 우리 회사를 묘사할 단어가 무엇이냐고 물으면 '친절'이라고 대답하겠다 말했다. 당시 나는 우리 회사를 묘사하는 단어로 딱히 듣고 싶은 단어가 생각나지 않았다.

하지만 마거릿이 우리 회사를 정의하는 특징으로 친절이라는 꼬리표를 붙인 그날 이후로, 나는 우리가 그 가치를 의식하면서 친절에 더 전념했다고 생각한다. 그 뒤 한 번도 친절의 길에서 벗어나지 않았다고 자신하는 것은 아니다. 어쨌든 우리는 인간이고, 사업의 세계는 가장 친절한 의도조차 시험에 들게 하기 때문이다.

사업을 하면 항상 친절하기가 쉽지 않고, 친절이 가려져 잘 보이지 않을 때도 있다. 하지만 기업의 근본 문화가 친절이라면, 그 의도는 대체로 빛을 발하기 마련이다. 직원을 면접하고, 교육하고, 징계하고, 심지어 해고할 때도 우리는 공감과 동정심을 발휘해 최대한 친절하게 접근하려 애썼다. 마찬가지로 고객이나 거래처와 문제가 발생할 때도, 모두에게 공정하고 공손한 해결책을 찾았다. 또 우리는 가치를 공유하는 고객을 찾았다. 친절을 생활화하는 고객, 자신의 잘못을 남들에 대한 비난으로 가리지 않는 고객, 자신을 위해 우리의 정직함을 굽히라고 요구하지 않는 고객을 찾은 것이다.

얼마 전, 우리 직원들은 대규모 콘퍼런스의 운영을 관리한 후 호텔이 제시한 청구서에서 상당한 금액의 음식과 음료 비용이 누락된 것을 알아차렸다. 그 콘퍼런스를 주최한 의장은 우리 직원들에게 실수를 바로잡지 말고 모른 척 빨리 계산서대로 지불하라고 지시했다. 그러나 우리 직원들은 의장의 지시보다 자신의 양심을 따랐고, 호텔 측에 실수를 지적한 후 수정된 청구서를 요구했다. 의장은 불쾌해했지만, 우리는 이사회와 그 단체의 다른 임원들에게 솔직하게 털어놓으며 정직이 먼저라고 말했다. 다른 임원들은 우리 의견에 동의했고, 그 일로 우리의 관계는 더 돈독해졌다. 앞으로도 서로가 옳은 일을 할 것임을 알고, 신뢰할 수 있음을 알게 됐기 때문이다.

우리 직원들은 옳은 일을 한 것은 물론이고, 고객과 회사의 다른 동료들에게 우리의 가치를 보여주는 본보기가 되었다. 사업에 오래 몸담을수록 성공이 직원, 고객, 공급업자, 사업 파트너 등과 가치를 공유하며 일하는 데 달렸음을 더 확신하게 된다. 수년간 우리는 몇몇 고객과의 관계를 단절하는 결단을 내렸다. 대체로 그들의 가치와 우리의 가치 사이에 좁힐 수 없는 차이가 있거나, 그들이 우리 직원들이나 다른 사람들과 소통할 때 어떻게 대하는지 똑똑히 보았기 때문이다. 우리는 그런 결정을 한 번도 후회한 적이 없고, 오히려 더 일찍 결단을 내리지 못했음을 자주 후회했다.

나는 대학을 졸업한 후 얻은 첫 번째 정규 직장을 아직도 생생하게 기억한다. 그 회사는 대규모 상장기업의 자회사인 출판사였다. 모기업보다 비교적 작은 규모였던 그 출판사의 사장은 그야말로 폭군이었다. 그는 공포와 위협으로, 듣기 좋은 말로 포장하자면 '동기부여'를 했다. 당시에는 '위협으로 이기자', '자기 잇속부터 챙기자', '사람 좋으면 꼴찌다'와 같은 주장을 하는 책들이 인기를 끌었다. 나는 그가 밤늦게까지 책상에 앉아 이런 책들을 연구하면서 어떻게 자기 밑에서 일하는 편집팀과 영업팀을 겁주고 강압할지 계획을 짰으리라 확신한다. 당시는 어떤 대가를 치르든 이익을 내야 하는 시대였고, '먹느냐 먹히느냐'라는 말이 긍정적인 의미를 내포하던 시기였다. 따라서 그때에는 많은 경영 지도자가 친절한 직장이라는 개념에 코웃음을 치고도 남았다.

그들은 아마 이렇게 말했을 것이다. "경영에서 친절이 설 곳은 없습니다. 친절은 너무 말랑말랑하고, 약해빠지고, 감상적이니까요."

오늘날 우리는 사실은 정반대라는 것을 깨우치고 있다. 오히려 사람들을 친절과 격려로 대해야 최고의 업무성과를 끌어낼 수 있다. 당근은 정말로 채찍보다 훨씬 효과적이다. 《포브스Forbes》의 데이비드 K. 윌리엄스 David K. Williams는 퀸즈 경영대학과 갤럽이 수행한 조직 심리 연구에 관해 보도했다. 그 연구에 따르면, "부정적이고 경쟁이 치열한 환경에서는 직원들의 결집력이 떨어진다. 직원들의 결집력이 떨어지는 기업은 수익이 평균 16퍼센트 낮고, 시간이 흐르면 결집력이 강한 직원들로 구성된 기업보다 주가가 65퍼센트 낮아진다." 오늘날 미국 노동자의 4분의 3이 직장에 대한 애사심이 없다고 하니, 정말 걱정스러운 수치가 아닐 수 없다.

또한 윌리엄스가 인용한 연구 결과는, 대체로 친절한 문화를 가지고 있다고 평가되는 회사의 직원들이 보통 회사보다 20퍼센트 높은 성과와

87퍼센트 낮은 이직률을 보인다는 사실을 알려준다. 그는 "이 요인들이 핵심적으로 큰 차이를 만든다"라고 언급한다. 기업의 경영자나 관리자라면 누구나 높은 이직률의 대가가 비용 지출, 사기 저하, 생산성 손실이라는 것을 알고 있다. 그러나 그들이 종종 알지 못하는 것은 친절이 이런 위협의 해독제라는 사실이다.

윌리엄스는 더 나아가 친절한 기업의 경영자는 약하거나 무능하지 않다고 설명한다. 그는 이렇게 말한다. "친절한 기업의 경영자는 무자비하고 교활한 경영자만큼 기민하고, 단호하며, 직설적일 수 있습니다. 다만 그들은 직원들에게 동정심을 보여주며 능력을 인정받지요."

성공하려면 무례한 사람이 되어야 한다는 옛날 개념은 가장 성공한 경영자와 기업은 친절, 용서, 신뢰, 존중과 격려의 문화를 조성한다는 개념으로 대체되고 있으며, 이를 입증하는 증거는 점점 더 늘고 있다.

내가 일했던 출판사의 사무실은 본사에서 5천 킬로미터나 떨어져 있었지만, 내 직속상관은 사장 이름만 들어도 덜덜 떨었고 임원실에서 전화라도 걸려오면 늘 패닉에 빠지곤 했다. 1년에 두 번 전국의 모든 계열사에서 직원들이 모이는 회의는 사장이 직원들을 일대일로, 또는 소규모 그룹별로 협박하는 기회였다. 사장은 동료들 앞에서 직원들을 질책하고, 업신여겼고, 비난했다. 전국 회의가 끝난 후에는 늘 사직서가 빗발쳤고, 나도 마침내 그들 중 한 명이 되었다. 그런데도 사장은 회사의 높은 이직률을 한탄하기만 했다.

그 출판사에서 함께 근무한 동료 중에는 정말로 좋은 사람이 몇 있었기 때문에, 나는 사직할 때 그들을 떠나서 아쉽기도 했다. 하지만 그 회사와 최고 경영자, 그곳에 만연한 두려움과 위협의 문화를 떠나는 것은 전혀 안타깝지 않았다.

나는 거기서 일했던 3년을 후회하지 않는다. 많이 배웠고, 대단한 사람들을 많이 만났으며, 원 없이 출장을 다녔고, 직업적인 자신감도 얼마간 쌓을 수 있었다. 게다가 사회생활의 초기 단계에서 앞으로 직장생활을 하면서 무엇을 참고, 무엇을 참지 않을지 결심하는 기회를 얻을 수 있었다. 나는 다시는 폭군을 위해 일하지 않겠노라고, 직원을 귀하게 여기지 않거나 격려와 지지가 아닌 위협과 협박에 의존하는 문화의 일원이 되지 않겠노라고 맹세했다. 당시에는 분명히 표현하지 못했지만 그날 이후로 나는 친절한 고용주와 관리자를 찾았고, 내가 고용주나 관리자의 역할을 맡게 될 차례가 되자 스스로 친절하고 격려하는 사람이 되려고 노력했다. 노력이 늘 성공했는지는 모르겠지만 어쨌든 그것이 내 의도였다.

좋은 지도자는 자신의 사람들에게 힘을 실어주고 격려해준다. 좋은 지도자는 성공이 남들을 강하게 만드는 데 달려 있고, 그들이 자기 자신과 자신의 직업, 함께 일하는 사람들에 대해 기분 좋게 느끼도록 돕는 데 달려 있음을 알고 있다. 이런 환경이 직원들의 사기와 기업 충성도를 높이고, 최근의 연구들이 보여주고 있는 것처럼 생산성을 개선하며 이윤을 증가시킨다.

심리학자 에마 세팔라Emma Seppälä는 스트레스를 주거나 불친절한 문화의 조직이 치르는 대가는 높은 이직률, 직원 간의 결집력 부족, 빈번한 결근이라고 설명한다. 한편 긍정적이고 동정심 어린 조직의 문화는 고객 서비스와 생산성이 우수하며, 직원 간의 결집력과 헌신도가 커서 이직률이 낮은 데다, 직원들도 더 건강하고 그 결과 순이익도 높다.

직원을 비판하거나 실수를 바로잡거나 징계할 필요가 없다는 것이 아니다. 단호하고 공정하게 동정심을 담아 직원을 대해야 긍정적이고 건설적인 결과가 나온다는 얘기다. 피드백이 항상 긍정적일 수는 없다. 그렇다면 우리는 절대 배울 수 없고 개선될 수 없을 것이다. 하지만 끊임없이 계속되는 부정적인 피드백이 직원들에게 동기를 부여하고 자기 향상의 욕구를 자극하지는 않는다. 그렇게 생각하는 관리자나 경영자는 잘못 알아도 한참 잘못 알고 있는 것이다. 세팔라의 연구는 실수를 친절하게 지적받거나, 다른 직원들이 동정심 어린 지적을 받는 모습을 목격한 직원이 성과가 더 좋고 고용주에 대한 충성도도 높다는 사실을 보여준다.

미시간대학교 로스경영대학원의 교수 킴 캐머런Kim Cameron과 린 우튼Lynn Wooten은 긍정적인 피드백과 부정적인 피드백은 둘 다 필수적이지만, 효과적인 동기부여를 위해서는 그 비율이 긍정적인 쪽으로 많이 기울어야 한다고 주장한다. 높은 성과를 보인 팀의 피드백은 긍정 대 부정의 비율이 6 대 1이었지만, 낮은 성과를 보인 팀은 0.36 대 1이었다고 한다.

각자 긍정적인 언급을 여섯 번 하고 나서 부정적인 언급을 한 번 하겠다는 결심을 하고, 이 목표를 이루도록 해보자. 그러면 사업은 물론이고 우리 삶의 모든 측면에서 굉장한 변화가 일어날 것이다. 모두 목표를 이룬다면 매우 긍정적인 세상이 되거나, 매우 조용한 세상이 될 것이기 때문이다. 어느 쪽이든 좋아진 것만은 분명하지 않은가.

💚 **실천하는 친절**

당신이 일했던 직장이나 앞으로 일하고 싶은 직장을 떠올려보라. 그곳은 친절과 존경의 가치를 명시하고, 꾸준히 그 가치를 지키고 있는가? 직장에서 당신이나 다른 사람이 터무니없는 대접을 받거나, 멸시당하거나, 지지를 거의 받지 못했던 상황이 있었는가? 그때 기분이 어땠는가? 당신이 주장하고 싶은 직업적(그리고 개인적) 가치를 생각해보고, 당신이 어떻게 대접받을지 또 어떻게 남들을 대할지에 관해 스스로 한계를 정해보라. 가치는 미리 내리는 결정이므로, 자신의 가치가 무엇인지 확실히 해두어야 한다. 친절이 당신의 조직 문화에 지속적이고 구석구석 배어 있는 요소가 아니라면, 친절에 관해 조직 전체를 아우르는 대화를 시작해보라. 그리고 친절한 직장의 모습과 그렇지 않은 직장의 모습은 어떤 것인지 이야기해보라. 친절한 직장이 주는 이익을 생각한 후, 현재의 직장을 친절이 기분 좋은 유행어 이상인 곳으로 발전시키고 그런 직장의 일원이 되기 위한 공동의 비전을 제시해보자.

다음 2주간, 직장과 개인적인 삶에서 긍정적인 말을 여섯 번 해야 부정적인 말을 한 번 할 수 있는 6 대 1 비율을 원칙으로 삼도록 한다. 이 원칙을 지키는 것이 쉬운지, 아니면 비난을 꾹 참으며 긍정적인 말을 찾아야 하는지 살펴보라. 그런 다음 2주가 지나면 2주 더 시도해보라.

CHAPTER 3   친절한 삶을 여는 전략

멈추면 비로소
보이는 것들

인간의 자유는 자극을 받을 때 잠깐 멈춰서 원하는 반응을 선택하는 능력을 의미한다.

롤로 메이Rollo May

얼마 전, 친구 하나가 내 서재 벽에 걸린 게시판에 내가 압정으로 꽂아 두었던 여러 명언이 적힌 종이를 우연히 보게 되었다. 이유는 알 수 없지만 그녀는 울기 시작했다. 그러더니 가방에서 펜을 하나 꺼내 작가이자 홀로코스트 생존자인 빅터 프랭클Victor Frankl의 다음과 같은 인용구를 옮겨 적었다.

자극과 반응 사이에는 공간이 있다. 그 공간 안에 반응을 선택하는 우리의 능력이 있고, 그 반응에 우리의 성장과 자유가 달려 있다.

친구는 설명했다. "정말 맞는 말이야. 술을 마시고 싶을 때마다 나는 자극과 반응 사이의 그 공간에서 멈춰야만 해. 멈춰서 잠시 생각한다면 술을 마시지 않겠지. 하지만 그러지 않는다면, 옆길로 빠져 또 술을 마시고 말 거야." 그 친구는 알코올중독자 치료모임의 회원이었고, 또렷한 정신으로 깨어 있느라 여전히 고군분투 중이었던 것이다.

그때 프랭클의 명언이 얼마나 많은 일에 적용될 수 있는지 깨달았다.

알코올뿐만 아니라, 과식, 금연, 과소비 등 우리가 아무 생각 없이 자동으로 취하게 되는 수많은 행동에 적용될 수 있다. 우리는 중독이나 학습된 반응이 자유의지를 압도하도록 내버려 둔다. 그러나 프랭클이 설명한 대로, 반사적 반응에 굴복하지 않으면 우리는 소중한 자유를 조금 더 많이 행사할 수 있다.

프랭클의 현명한 명언은 친절에도 관련되어 있다. 얼마 전에 우체국에 가는 길에, 어떤 남자가 자기 앞을 가로막고 있는 다른 자동차의 여자 운전자에게 빵빵거리며 경적을 울리는 모습을 보았다. 여자가 차를 빨리 빼주지 못하자 그는 다시 경적을 울렸고, 급기야 세 번째 때는 훨씬 큰 소리로 길게 빵빵거렸다.

의심의 여지 없이 세상에는 그냥 얼간이 같은 사람들도 있고, 그들은 아마 계속 그렇게 살 것이다. 하지만 나는 그가 잠시 멈췄더라면, 다른 반응을 선택했을 것이라고 믿고 싶다. 어깨를 으쓱하고는 시계를 보면서 "아직 시간이 있네"라고 말했을 수도 있다. 아니면 세 번이나 날카롭고 공격적으로 경적을 울릴 일이 아니라, 여자가 상황을 의식할 수 있게 경적을 빠르고 가볍게 두드려볼 수도 있었을 것이다.

나 자신조차 다른 이의 무례함이나 나쁜 행동에 날을 세워 반응해서 죄책감을 느낄 때가 있다. 무례한 것은 그들의 행동이었다 해도, 그들의 무례함 때문에 비슷하게 행동한다면 나 자신도 무례해진다. 나는 선택할 수 있기 때문에 그럴 필요가 없다. 친절하게 반응한다고 상황이 개선되지 않을뿐더러, 내 기분이 조금도 나아지지 않더라도 말이다.

사실 나는 피곤하거나 일이 많아 감당이 안 될 때, 무능하다고 느끼거나 심한 공복감을 느낄 때 누군가에게(보통은 내 배우자에게) 신경질적으로 쏘아붙일 때가 있다. 하지만 그럴 때 일단 멈추면 나중에 후회할 일이나 말을 하지 않을 수 있다. 적절한 때에 멈추면 행동을 조절할 수 있고, 내가 원하는 사람이 될 수 있다. 그것이 멈춤이 마침내 자동적인 반응이 될 때까지 반복적으로 배우고 또 배워야 할 교훈이다.

어릴 적 어머니들이 우리가 화났을 때 잠깐 멈춰서 열까지 세라고 했던 데는 다 이유가 있다. 그것이 바로 멈춤의 힘이다. 세상에는 말해야 할 것과 말할 필요가 없는 것들이 있다. 우리가 말하기 전에 잠깐 멈춰 생각한다면, 대체로 무엇을 말하고 말하지 말아야 할지 깨닫게 될 것이다.

이에 대해 올바른 신조를 지니고 있는 곳이 있다. 전 세계 인권 증진에 초점을 두고 있는 봉사 단체인 국제로타리클럽Rotary International은 회원들에게 어떤 행동이나 말을 할 것인지, 또 한다면 어떻게 할 것인지 결정하기 전에 다음 네 가지 질문을 하라고 권한다.

· 그것은 사실인가?
· 그것은 관련된 모두에게 공정한가?
· 그것은 호의와 친절을 베푸는 일인가?
· 그것은 관련된 모두에게 이로운가?

이 질문 중 하나에라도 '아니요'라는 대답이 돌아온다면, 그들은 입을 다문다. 로타리클럽 회원들은 참으로 현명하기 그지없다. 정치인들도 그들에게 많이 배워야 할 것이다.

멈춤은 간단하지만 엄청난 힘이 있다. 멈춤은 우리가 고려하고 있는 행동이 우리가 원하는 결과를 정말로 가져다줄지 판단할 시간을 벌어준다.

가끔 '멈춤 버튼'을 누를 때, 그 멈춤을 영원히 지속하여 아무것도 하지 않고 아무 말도 하지 말아야 한다는 것을 깨달을 때가 있다. 그런 멈춤은 우리에게 신의 은총과도 같다.

멈춤이 우리 자신에게 주는 감사의 선물일 때도 있다. 다음에 친절한 행동을 하거나 받을 때, 또는 그저 친절을 목격할 때도, 멈춰서 당신이 느끼는 모든 좋은 감정을 음미해보라. 멈춤은 우리 삶에서 친절의 중요성을 인식하게 해주고, 친절의 길을 걷기로 한 우리의 결정을 다시금 확인하게 해준다.

나는 멈춤의 힘이 후버댐의 위력에 견줄 만큼 강력하다고 말하고 싶다. 멈춤은 이해로 바뀌어 상처 주는 말을 침묵하게 하므로, 남의 마음에 상처를 입히는 일을 막을 수 있다. 즉각적인 말이나 행동으로 반응하는 대신, 잠깐 멈추어 시간을 두고 내 반응이 무엇을 촉진하기 바라는지, 왜 그런지 생각해보는 것이 변화를 일으키는 힘이다. 그 짧은 멈춤의 공간에서 반응을 완전히 바꿀 수도 있고, 아니면 전혀 반응하지 않기로 마음을 굳힐 수도 있다. 어쨌든 그 멈춤이 항상 우리를 더 나은 곳으로 이끄는 것만은 틀림없다.

멈춤은 비어 있는 공간이 아니라 거대한 잠재력과 성장의 장소다. 멈춤을 통해 우리는 지금 이 순간과 다음 순간에 우리가 어떤 사람이 될지 선택할 수 있다.

 실천하는 친절

반응하기 전에 멈추고 더 나은 결과를 얻게 된 경험이 있는가? 피곤하거나 무서울 때 등 당신이 예민하거나 불친절하게 반응하기 쉬운 특정한 경우가 있는가? 그 순간에는 때맞추어 침묵하는 것이 현명한 일이다. '짜증 버튼'에 불이 들어왔다고 느끼면 잠깐 멈추어보라. 또 친절을 경험하거나 목격할 때도, 잠깐 멈추어 어떤 기분인지 음미해보자.

판단의
덫

누구에게나 친절히 대하라. 당신이 만나는 모든 이들이 저마다 무거운 짐을 지고 있나니.

이안 맥라렌Ian MacLaren

내가 불친절할 때가 있다면 아마 실제보다는 머릿속에서일 것이다. 나는 불친절한 행동보다 불친절한 생각을 더 자주 한다. 내 경우에는 북새통을 뚫고 들어오고 나가며, 다음 행동을 하려고 몸부림치는 사람들과 부대낄 때와 같이 아주 평범한 상황 속에서 불친절한 생각이 기어든다.

그래서 뭐가 문제인가? 내 생각은 내 마음대로인데, 머릿속에서 다른 사람을 비난하거나 그의 배려심 없는 행동을 묘사하는 노골적인 단어 몇 개를 나열한다고 해서 누가 해를 입기라도 하는가? 물론 다른 이가 해를 입지는 않는다. 하지만 이런 부정적인 습관이 강화되면 바로 나 자신이 상처를 받는다. 내가 절대 알 수 없는 상황에서 나름대로 최선을 다하고 있을지 모를 다른 이들로부터 나 자신을 분리하는 결과를 초래하기 때문이다. 그것은 내 최고의 모습이라 할 수 없다. 인내심과 이해심으로 누군가와의 만남을 개선할 수 있는데도, 그러기는커녕 조용히 남을 비난한다면 무슨 좋은 일이 생기겠는가? 우리 생각이 이토록 중요한 것이다.

남편과 내가 자주 다니는 마트는 사람들로 붐빌 때가 많다. 그곳은 통로가 좁고, 가끔은 계산대에 대기하는 줄이 길게 늘어서 있다. 나는 모퉁

이를 돌던 중에 통로 중앙에 서서 휴대전화로 통화하고 있는 쇼핑객을 발견했다. 자기 카트를 비스듬히 놓아 우리가 딜 피클[5] 진열대로 접근하지 못하게 막을 뿐 아니라, 반대편에 있는 다른 고객들까지 방해하고 있었다. 하지만 그 사람은 그런 줄도 모르고 통화에 열중했다.

내가 "실례합니다"라고 말해보았지만, 그는 내 말을 듣지 못했다. 그래서 길을 내려고 그의 카트를 똑바로 놓자, 그가 나를 노려보더니 계속 통화를 이어갔다. 나는 쉽게 그를 판단해버렸다. 어떻게 사람이 저렇게 배려가 없을 수 있지? 하지만 사실 그는 배려가 없는 것이 아니라, 그냥 주변을 의식하지 못했을 수도 있다(그보다는 조금 나았을지 몰라도, 우리 모두 그런 적이 있을 것이다). 어쩌면 집안에 급한 일이 생겨서 마트에서 전화를 걸거나 받아야 했을지도 모르고, 신경이 온통 거기 쏠려 있었을지 모른다. 일단 그에게 어쩔 수 없는 사정이 있었다고 믿어주자.

우리는 계산대에 늘어선 줄로 가 카트를 가득 채운 어떤 여자 뒤에 섰다. 그녀는 계산원이 식료품 봉지를 스캔해서 담는 동안 멀뚱멀뚱 보고 있더니, 모든 품목이 처리되어 계산원이 총액을 말하자 지갑을 뒤져서 쿠폰을 꺼냈다. 우리도 쿠폰을 쓰니까 거기까지는 괜찮다. 하지만 적어도 쿠폰을 미리 꺼내 손에 들고 있는 게 좋지 않았을까? 또 계산원이 쿠폰을 스캔해서 다시 나머지 총액을 말했을 때, 그제야 그녀는 동굴처럼 깊기도 한 핸드백을 파헤쳐 수표책을 꺼내 수표를 쓰기 시작했다. 남편과 나는 서로 마주 보며 인상을 찌푸렸다. 그리고 나는 그녀를 쉽게 판단해버렸다. 정말이지 자기가 산 물건들이 계산되고 있는 동안, 금액만 채워 넣으면

---

5   허브의 일종인 딜로 양념한 오이 피클

되게 미리 수표를 써둘 수는 없었을까? 이렇게 배려심 없는 행동이라니!

하지만 이런 비난은 아무 소용이 없다. 나는 나만의 공명정대함을 내려놓고 사람들을 더 믿어주어야 한다. 그 여자가 우리를 90초쯤 더 기다리게 했기로서니 그게 정말 짜증 낼 가치가 있는 일일까? 그 짜증 나는 행동을 흘려버리고 그녀에게서 존경스러운 점을 찾아볼 수는 없을까? 아마 그녀는 계산원과 눈을 맞추고 따뜻한 말 한마디를 건넸을 수도 있고, 어쩌면 가게까지 나올 수 없는 이웃을 위해 그 식료품들을 대신 사서 가져다주고 있을지도 모른다.

사실 이 두 명 모두 정말로 이기적이고 자기중심적인 사람들이라서, 그들의 행동을 정당화할 만한 아무런 사정이 없었을지도 모른다. 그렇다고 그들을 비난해서 내가 더 좋은 사람이 될까? 내가 옳다는 만족감은 있겠지만, 결국 친절함보다 더 큰 만족은 없을 것이다.

내게 자동차는 불친절한 생각을 쉽게 떠올리게 되는 곳이다. 최고 속도로 차선 사이를 이리저리 누비는 차를 볼 때나 고속도로 진입로를 내내 시속 40킬로미터로 거북이처럼 가는 차 뒤를 따라갈 때면, 불쑥 불친절한 생각이 떠오른다. 그때도 나는 쉽게 남을 판단해버린다. 그런 운전자들을 욕하거나 험악한 말을 입에 담지는 않는다. 다만 불쾌하게 하는 남자 운전자를 '아저씨', 여자 운전자를 '아줌마'라 칭하며 "아저씨, 뭐가 그리 급해?"라거나 "어이, 아줌마! 그 차에도 분명히 2단 기어가 있을 텐데"라고 중얼거린다. 시끄럽게 경적을 울리거나 상스러운 제스처를 취하는 운전자들에 비해 나는 그런대로 잘 처신하고 있지만, 그건 그리 자랑스러운 행동이 아님은 틀림없다. 나는 보통 다른 차들이 내 차선으로 합류하거나 내 앞에서 차선을 바꾸도록 허용하는 편이다. 그리고 다른 운전자들이 내가 끼어들게 허락해주면 늘 손을 흔들며 입 모양으로 "감사합니다"라고 말한다. 하지만 대체로 운전할 때 나는 기껏해야 친절하지도 불친절하지도 않은 중간 정도인 것 같다.

판단을 유보하는 일은 실천하기 어렵지만, 친절하게 행동하기 위한 첫걸음 중 하나다. 고인이 된 작가 스티븐 코비Stephen Covey가 들려준 일화는 가끔 우리의 판단이 얼마나 틀릴 수 있는지, 만약 어떤 행동 뒤의 숨겨진 사정을 안다면 얼마나 다르게 생각할 수 있는지 보여준다. 어느 날 코비가 지하철을 타고 있는데, 어떤 남자의 아이들이 제멋대로 행동하며 다른 승객들을 방해하는 것을 보았다. 아이들은 앞뒤로 달리며 소리를 질렀고, 물건을 집어 던졌다. 결국 참을 수가 없었던 코비는 그 남자에게 당신 아이들이 여러 사람에게 폐를 끼치고 있으니 아이들을 통제하라고 짜증스럽게 쏘아붙였다.

그 남자는 사과하면서 다음과 같이 설명했다. "저희는 1시간쯤 전에 아이들 엄마가 숨을 거둔 병원에서 돌아오는 길입니다. 저는 어떻게 해야 할지 모르겠고, 아마 아이들도 이 상황에 어떻게 대처할지 모르는 것 같습니다."

물론 그런 사실을 알았다고 모든 것이 달라지지는 않았겠지만, 코비의 분노와 짜증은 즉시 사그라지며 동정심과 걱정으로 바뀌었다.

때때로 우리 삶에서 골칫거리는 실제로 존재한다. 배려 없는 사람들이 무심코 하는 행동이나 천박한 말 등이 그런 것들이다. 또한 이유는 모르겠지만 자신이 우월하다고 생각하며 자신에게 마음대로 할 권리가 있다고 생각하는 사람들도 있다. 그러나 가끔은 그러한 골칫거리 이면에 우리의 이해를 불러오고 짜증을 없애줄 사정이 있을지도 모른다. 그런 사정을 모를 때 우리는 짜증을 뒷받침하는 이유를 선택하는 경향이 있고, 그 이유로 우월감을 느끼는 듯하다. 그러나 가혹하게 평가하고 판단을 내리는 대신 일단 믿어주면 무슨 일이 생길까? 우리의 믿음이 틀렸더라도, 불화 대신 평화를 선택하고 비난 대신 동정심을 선택했다는 자긍심을 느낄 수 있다.

내가 힘든 하루를 겪는 바람에 부적절하게 말하고 행동했다면, 나는 남들이 판단을 유보하고 '저 사람이 원래는 그런 망나니가 아니야'라고 생각해주기를 바랄 것이다. 친절은 자신에게 너그럽듯 남들에게도 똑같은 너그러움을 베푸는 것이다.

남을 쉽게 판단하는 것은 고치기 어려운 습관이지만, 그것을 고치면 우리 삶에서 즐거움과 평화가 차지하는 공간이 넓어진다. 자기도 모르게 남들의 언행과 외모를 판단할 때마다 스스로에게 이렇게 물어보자.

"이게 정말로 유용할까? 이 판단이 내게 평화를 줄까?"

그다음 자신의 대답에 따라 행동하라.

🌊💙 실천하는 친절

불친절한 생각이 불쑥 떠오르는 상황을 생각해보라. 도로 위인가, 슈퍼마켓에 서인가, 가족들과 있을 때인가, 아니면 새롭고 잠재적으로 위협적인 상황에 있을 때인가? 당신은 언제 가장 남을 쉽게 판단하는가? 불친절한 생각이 쉽게 떠오르는 상황에 놓였을 때나 북적이는 사람들 틈에 있을 때 당신이 내리는 판단에 주의를 기울여보자. 남을 평가했다 해도 자신을 비난하지 말고, 찬찬히 관찰하면서 당신이 내린 대부분의 판단이 친절한지 혹은 가혹한지 스스로에게 물어보라. 그 판단이 당신을 기분 좋게 하고 당신에게 만족을 가져다주는가? 그렇지 않다면, 더 이상 생각하지 말고 흘려보내라. 자신의 판단을 인식하는 연습을 하고 그 판단에 "고맙지만 사양할게. 난 네가 필요 없으니까 그냥 가도 돼"라고 말하자. 시간이 걸리겠지만 계속 연습한다면, 머릿속에서 판단을 유보하는 일의 대가가 될 수 있을 것이다.

점수를
매기지 말 것

친절은 우리가 아무런 대가를 바라지 않고도 좋은 일을 하고 싶게 만드는 내면의 욕구다. 친절을 베푸는 것은 우리 삶의 기쁨이다. 이런 내면의 욕구에서 우러나오는 친절한 행동을 한다면, 우리가 생각하고 말하고 원하고 행하는 모든 것에 친절이 깃들게 될 것이다.

에마누엘 스베덴보리Emanuel Swedenborg

인간관계에서 그리고 생일과 휴일에 모든 즐거움을 고갈시킬 가장 빠른 방법을 알고 싶은가? 그렇다면 기회가 있을 때마다 점수를 매겨보자. 누가 당신에게 선물을 주었는지, 그 사람이 당신 선물에 답례했는지 기록하는 것이다. 그가 답례했다면, 당신이 선물에 들인 것보다 더 많은 돈을 썼는지 평가해보라. 누가 그 관계에 더 큰 노력이나 시간을 쏟아부었는지 적어놓는 것이다. 누가 마지막으로 전화했고, 누가 커피값을 지불했고, 누가 식기세척기를 비웠고, 누가 먼저 좋아했는가? 이 게임에서는 누가 먼저였고 누가 나중이었는지 항상 기억해야 한다. 마음의 평안을 불안으로 확실히 바꾸는 데 이보다 더 좋은 방법은 없다.

한번은 사업상 참석한 오찬 모임에서 같은 테이블에 앉은 사람들의 대화를 주의 깊게 듣게 되었다. 거기서는 겨우 안면만 익힌 어떤 여자가 몇 년 전에 크리스마스카드 기록을 위해 만들었다는 전자 분류 시스템에 대해 노골적인 자부심을 드러내고 있었다.

그 여자는 이름과 주소의 데이터베이스는 물론이고 스프레드시트까지 갖춘 정교한 프로그램을 자랑했다. "내 크리스마스카드 목록에 있는 사람 정보는 모두 거기 올려놨어요. 내가 카드를 받으면 스프레드시트에 받았다고 기록하지요. 심지어 그들이 그냥 카드에 서명만 했는지, 별 내용 없는 카드를 보냈는지, 아니면 개인적인 메모를 덧붙였는지도 표시할 수 있어요. 연휴가 지나면 그 목록을 다시 검토하면서, 카드를 보내지 않은 사람들을 제거해요. 그러면 내년에는 나도 그 사람들에게 카드를 보내지 않을 수 있지요."

나는 당시 이 일을 약간 강박적이던 내 성향을 어느 정도 누그러뜨리는 계기로 삼았던 기억이 난다. 또한 이 여자와 묵례만 나눌 정도의 사이여서 다행이라고 생각했던 것도 기억난다. 솔직히 그 여자의 스프레드시트 위에 내 기록이 남겨진다는 것 자체가 싫었다. 사실 나는 크리스마스카드를 보내지 않기 때문에 애초에 그 명단에 들어 있지도 않았을 테지만, 어쨌든 이 여자와의 우정이 그리 즐겁지는 않았으리라 확신한다.

그 후로 나는 종종 그 대화를 곱씹어보며 점수를 매긴다는 개념이 얼마나 불편한지 새삼 깨닫는다.

스포츠를 이해하는 사람이라면 누구나 점수를 매기는 일이 필수라는 것을 알고 있다. 운동선수들은 거액의 연봉을 받는 다른 선수들과 함께 목적 없이 경기장을 뛰어다니라고 수백만 달러의 연봉을 받지는 않는다. 그들은 치열하게 경쟁하라고 돈을 받고, 우승을 하면 더 받는다.

마찬가지로 스크래블[6] 게임을 할 때, 경기 전에 점수를 기록하지 않기로 약속한다면 그리 즐겁지 않을 것이다. 목표가 있는 것은 좋은 일이고,

---

6   철자가 적힌 플라스틱 조각으로 단어를 만들어 점수를 매기는 게임

건강한 경쟁이 게임을 더 재미있게 한다.

하지만 인간관계는 경쟁이 아니라서, 모두가 이기지 않는다면 승자가 아무도 없는 것과 같다.

보상을 위해서가 아니라 친절이 주는 즐거움 때문에, 친절이 우리의 가장 고귀하고 선한 자아를 표현하는 행위임을 알기에 친절하게 행동하는 것이, 바로 친절의 핵심이다. 누군가가 가치 있음을 증명할 때까지, 또는 그가 우리가 자의적으로 세운 어떤 기준을 충족할 때까지 친절을 유보한다면, 우리가 가장 선한 자아의 모습으로 살고 있다고 할 수 있을까?

물론 우리 모두 어느 정도는 점수를 매기고 있는 것이 사실이다. 커플의 예를 들자면, 한쪽이 빨래를 하면 다른 쪽은 설거지를 할 것이다. 우정의 경우에도, 우리는 각자 가장 잘할 수 있는 일을 하면서 그것이 서로 균형을 이루기를 바란다. 그러나 한쪽이나 쌍방이 모두 그 스프레드시트를 머릿속에(아니면 심지어 컴퓨터에까지) 기록하고 있을 때 위험이 생긴다.

이용당하고 싶은 사람은 아무도 없고 우정은 쌍방 통행이어야 하지만, 인간관계란 실로 복잡하다. 인간관계에서 주고받는 행위는 "내가 지난번에 전화했으니까 이제 걔가 나한테 전화할 차례야" 혹은 "지난번엔 우리 집에서 대접했으니까 이번엔 그 사람들이 우리를 초대할 차례야"라고 정확히 나눌 수 없다. 다른 이들의 삶에서 우리의 친절에 화답하기 어렵게 만드는 어떤 상황이 진행되고 있을지도 모르기 때문이다. 그들이 병이나 경제적 고민, 가정 불화 등 우리가 전혀 알 수 없는 문제로 고심하고 있을지도 모르는 것이다. 많은 다른 것이 그러하듯 친절한 이해는 우리에게 남들을 일단 믿어주라고 권한다.

어떤 연인관계가 일방적이어서 한쪽은 주기만 하고 다른 쪽은 받기만

한다면, 그것이 정말로 바람직한 연인 사이인지, 그 관계가 즐거움이나 만족감을 가져다주는지 묻는 것이 지당한 일이다. 그리고 더는 아무 즐거움이나 만족감을 얻을 수 없다면 과감하게 관계를 단절하는 것도 괜찮다. 친절하다는 것은 한쪽이 만만하거나 쉬운 상대라는 의미가 아니고, 친절은 약점이 아니라 장점이다.

점수를 매기는 일이 정말로 누군가를 기분 좋게 만든 적이 있던가? 우리가 인간관계에서 점수를 매기기 시작하는 순간부터 즐거움은 사라진다. 우정은 의무가 되어 누가 이기고 있는지, 또는 누가 계산할 차례인지 항상 확인하게 될 것이다.

누군가를 위해 무엇인가를 했다면, 그 자체로 충분하다. 무언가 대가를 받겠다는 기대도, 조건도 없이 그냥 베풀어야 한다. '이걸로 나는 1점, 쟤는 0점'이라고 기록한 내면의 장부를 놓아버려야 한다.

나는 나이가 들수록 어느새 짐을 가볍게 하는 쪽으로 이끌려서, 내 삶을 가득 채우고 있던 물건들을 없애고 있다. 그러면서 머릿속에 품고 있던 짐들도 가볍게 덜어내어 더는 즐거움을 주지 않는 생각들, 즉 이번엔 누구 차례인지에 관한 총계와 장부와 걱정을 씻어내고 있다. 그러면 마법처럼 내 머릿속에서 분노와 원한과 실망감이 사라져버린다.

상대가 배우자든 친한 친구든, 직장 동료든, 아니면 크리스마스카드 목록에 있는 중요치 않은 사람이든, 그들과의 인간관계에서 점수를 매기는 데 익숙한가? 그렇다면 그들과 상호작용을 할 때마다 머릿속에서 계산하는 습관을 어떻게 없애야 할까? 모든 습관이 그러하듯 그 습관도 쉽게 떨쳐버릴 수는 없을 것이다. 하지만 친절과 더불어 오는 마음의 평화, 행복과 즐거움이라는 진정한 보상에 집중하면, 점점 점수는 덜 매기면서 감사하는 마음을 갖는 시간이 많아질 것이다.

 실천하는 친절

당신은 삶의 어떤 부분에서 점수를 매기고 있는가? 그 총계와 계산을 놓아버리고 모두가 최선을 다하고 있다고 생각하면 더 행복해지지 않을까? 머릿속에 품고 있는 묵은(또는 새로운) 분노와 원한이 있는지 살펴보고, 그것들을 놓아버린다면 더 기분 좋고 편해지지 않을지 생각해보라. 마음의 평화를 얻는 것과 모든 인간관계에서 완벽한 형평을 이루는 것 중 무엇이 더 중요한가? 항상 두 가지를 다 가질 수는 없다.

생각 풍선을
상상하라

애정은 우리 마음대로 할 수 없지만, 친절은 우리 손에 달려 있다.

새뮤얼 존슨Samuel Johnson

앞서 언급했듯이 나는 우리 엄마에게 착해지라고 배웠다. 엄마는 인간 관계에 신중했으며, 누구에게서든 더 깊이 관여해달라는 부탁을 받으면 언제든 빠져나갈 준비를 하고 있었다. 예를 들어 걸스카우트 행사나, 학교에서 하는 컵케이크 데이나, 승용차 함께 타기 캠페인 등에 참여해야 할 때면 엄마는 빠져나갈 구실을 찾았다. 엄마는 작은 변두리 동네에 사는 두 아이의 엄마로서 자기 역할을 다했지만, 그 이상은 좀처럼 자진해서 나서는 법이 없었다. 하지만 엄마는 거의 늘 착했다.

엄마는 특별히 친절하지도 않았지만, 때로는 깜짝 놀랄 만큼 불친절하게 행동하기도 했다. 누군가가 엄마에게 너무 많은 것을 요구하거나 엄마의 삶에 대해 너무 자세히 캐물을 때 나오는 반응이었다. 엄마는 눈초리나 한마디 말로 그들을 묵살해버리거나 그냥 외면해버렸다. 지금 와서 돌아보니, 엄마에게는 사람들과 깊은 사이가 되거나 의미 있는 관계로 발전하는 일보다 거리를 두는 일이 더 중요했던 것 같다. 그 편이 더 안전했기 때문이다. 엄마의 딸인 나도 어느 정도는 비슷한 경계심을 물려받았다. 이런 사실을 인식하고 나서 나는 그 경계심을 떨쳐버리고 착함에서 친절함으로 나아가려고 애썼다.

내가 고등학생 때, 엄마는 대형 병원에서 접수 및 예약 담당자로 일했다. 엄마가 한번은 사람들이 자신에게 무례하게 대하거나 짜증을 낸다며, 친절로 그들을 변화시키는 것을 목표로 삼았다고 말했다. 그 후 엄마는 성난 얼굴에는 가장 환한 미소로 응대하고, 적대적인 말에는 동정적이고 평온한 이해심을 보이며 대답했다. 물 한 잔이든, 칭찬이든, 다정하게 이름을 부르는 일이든, 엄마는 그들을 도울 방법을 찾았다. 사람들은 병원을 떠날 때면 꼭 접수 데스크로 다가와 엄마의 친절함에 고마워했다. 가끔은 매몰차게 굴어서 미안하다고 사과까지 했다.

당시 엄마의 말을 들으며, 내가 잘 안다고 여겼던 엄마의 성격과 어울리지 않는다고 생각했다. 엄마가 그렇게까지 다정하게 사람들을 돕는 모습을 본 적이 있었나? 나는 엄마를 그토록 불쾌하게 대하는 사람들에게 친절하게 응대하는 것이 어렵지 않느냐고 물었다.

엄마는 이렇게 대답했다. "아니, 나는 그걸 그냥 게임으로 봐. 그들이 무례한데도 내가 여전히 친절하다면 내가 이긴 거야. 게다가 그들이 행동을 바꾸도록 영향을 줄 수 있다면 내가 훨씬 더 많이 이기는 거지." 친절을 게임으로 본다는 말을 들으니, 엄마의 노력에도 불구하고 마음이 아주 편하지는 않았다. 친절을 아침마다 커피를 홀짝이며 즐겨 하는 십자 퍼즐이나 단어 찾기 게임과 동등하게 여기는 것 같았기 때문이다. 그러나 그 결과가 친절한 행동이므로 의미가 있는 것은 틀림없다. 가짜 친절이 언젠가는 진정한 친절로 이어질 수도 있을 테니 말이다.

성인이 된 후, 엄마의 말을 다시 떠올린 때가 있었다. 고객사인 한 협회가 주최하는 나흘간의 대규모 콘퍼런스를 진행하고 있을 때였다. 둘

째 날, 팀원 중 하나가 내게 와서 어떤 여자분의 응대를 도와줄 수 있느냐고 물었다. 그녀는 팀원들에게 갖은 불만을 쏟아내고 있었다. 호텔이 주차하기 힘들고, 콘퍼런스 참가비가 비싸며, 안내 책자는 복잡해서 알아보기 힘들고, 심지어 화장실이 너무 멀다고 불평을 토로했다. 그리고 자기가 정말로 듣고 싶은 브레이크아웃 세션[7] 두 개의 일정이 겹쳐서, 하나밖에 참석할 수 없다고 언짢아했다.

그 여자분에게 다가가면서 문득 엄마의 전략이 떠올랐고, 그래서 한번 시도해보기로 했다. 내 소개를 한 후 무엇을 도와드릴지 묻자 그녀는 콘퍼런스가 대실망이라며 계획부터 잘못 짜인 것이 분명하다고 단언했다. 그녀는 같은 시간에 열리는 두 세션에 참가하고 싶다고 하면서 왜 자신이 양쪽 모두 참석할 수 있게 세션을 반복하지 않느냐고 물었다. 그게 안 된다면, 참석할 수 없는 세션의 녹화본을 얻을 수 있도록 왜 모든 세션을 녹화하지 않느냐고 따졌다.

나는 그녀의 실망감에 공감하려 최선을 다하며, 그녀의 제안이 모두 전적으로 타당함에도 왜 이 콘퍼런스에서는 실현될 수 없는지를 설명했다. 주로 나는 경청하면서 그녀의 불만을 들어주었다. 그녀가 마침내 세션에 참석하러 들어가자 나는 안도의 한숨을 내쉬었지만, 특별히 내가 맡은 일을 완수했다는 느낌이 들지는 않았다. 나는 그녀의 분노를 조금 누그러뜨렸을지 모르지만, 그걸로는 충분치 않았다. 나는 그녀의 부정적인 반응에 대응하는 것 이상으로 그녀를 돕고 싶었다. 내 친절이 가짜 같고 불완전하게 느껴지는데, 더 무엇을 할 수 있을까?

---

7   전체 회의 이후에 특정 업무 수행을 위해 진행하는 소규모 협의

공교롭게도 그녀가 참석할 수 없었던 세션은 내가 관심이 있고 어느 정도 아는 주제에 관한 것이었다. 나는 팀원들에게 내가 한 시간 정도 없어도 지장이 없는지 확인한 후, 그 세션이 열리고 있는 곳으로 향했다. 나는 인쇄물을 두 부 챙겨서 자리에 앉아 강연을 들었다.

세션이 끝난 후, 나는 밖으로 나와 우리 직원과 자원봉사자 몇 명이 '심술덩어리'라고 부르는 그 여자분을 찾았다.

나는 창문 옆 의자에 혼자 앉아 있는 그녀를 발견하고 옆에 앉아도 되겠냐고 물었다. 그녀는 간단히 고개를 끄덕였다. 나는 그녀가 놓친 세션에서 받은 인쇄물을 건네주면서, 내가 그 강연을 들었으니 세션의 요점이라고 여겨지는 내용을 기꺼이 공유하겠다고 말했다. 눈이 커다래진 그녀는 한참 아무 말도 못 하다가 이내 몹시 기뻐하며 내 제안을 받아주었다. 나는 필기했던 노트를 꺼내 인상적이라고 느꼈던 개념 몇 가지를 공유했다. 그녀는 펜을 꺼내서 필기하기 시작하더니 내 노트를 복사해도 되겠냐며 수줍게 물었다. 나는 엉망진창인 내 필기와 그녀를 번갈아 보았다. "제 글씨체를 읽으실 수 있다면, 기꺼이 드려야죠. 제가 한 부 복사해서 점심시간 후에 찾아가실 수 있게 안내 데스크에 갖다 놓을게요."

그녀는 호들갑을 떨거나 긴 인사말을 하지는 않았지만 진심으로 감사하다고 말했다. 그리고 이어서 내가 참석했던 세션에 관해 몇 가지를 더 질문했다. 나는 속으로 생각했다. '미션 완료!'

콘퍼런스가 끝날 때까지 더는 '심술덩어리'에 관한 불만이 터져 나오지 않았다. 그녀는 몇 번 더 나를 찾았는데, 한번은 점심을 같이 먹은 후에 이렇게 큰 콘퍼런스는 난생처음이라며 사람도 많고 선택 사항도 많아 자신이 어쩔 줄 몰랐던 것 같다고 인정했다. 나도 처음 참석했던 대형 컨벤

션을 떠올리며 그 불안감을 이해할 수 있었다. 일단 그녀의 행동을 두려움에 대한 반응으로 인식하자, 새로운 관점으로 그녀를 볼 수 있었다.

만약 머리 위에 우리가 처한 상황을 설명하는 생각 풍선을 달고 다닌다면, 아마 모두가 더 친절해질 것이다. '나 무서워', '방금 여자친구랑 헤어졌어', '다음에 뭘 해야 할지 정말 모르겠어', '바보처럼 보이고 싶지 않아' 등등. 언젠가 당신이 화나 있고 불쾌해하는 누군가와 마주치면, 그들의 머리 위 생각 풍선이 뭐라고 말할지 상상해보자. 또 누군가를 비난하거나 불친절하게 행동하고 싶은 충동이 들면 당신 머리 위의 생각 풍선이 뭐라고 말할지 생각해보고, 자신의 두려움에 휘둘리지 않도록 하자.

💙 **실천하는 친절**

항상 화를 내거나 불만스러워 보이는 사람이 주변에 있는가? 당신까지 우울하게 만들어서 기피하는 사람이 있는가? 다음에 그들을 만나면, 친절로 그들을 바꿔보자. 그들의 두려움이나 불안감에 집중하고, 당신이 그들의 입장이라면 어떤 기분일지 생각해보라. 또 혹시 당신이 다른 이에게 기피하고 싶은 인물은 아닌가 생각해보자. 자신에게 솔직해지되, 다른 사람들에게 그 답을 밝힐 필요는 없다. 하지만 당신이 '심술덩어리'였던 적이 있다면 왜 그랬는지, 그래서 평화와 즐거움이 찾아왔는지 생각해보자. 당신이 스트레스를 받고 피곤하거나 위협을 느낄 때, 당신의 머리 위 생각 풍선은 뭐라고 말할지도 상상해보자.

계절의 끝에서 :
당신의 삶에서 친절 인식하기

사랑은 대단하거나 영웅적인 일을 하는 것이 아니라, 평범한 일을 친절하게 하는 법을 아는 것이다.

장 바니에Jean Vanier

이 책을 친절에 관한 주간 명상 서적으로 삼아 한 주에 하나의 글을 읽는 사람도 있고, 한 번에 독파하는 사람도 있을 것이다. 또 아무 때나 책을 집어 들고 아무 페이지나 펼쳐서 읽는 사람도 있을 것이다. 각자 나름대로 편한 방식을 선택했다면 무엇이든 효과가 있으리라 생각한다.

기왕이면 주기적으로 멈추어 내용을 음미하면서 자신이 어떤 점에 대해 애를 먹고 있는지, 무엇을 실행에 옮길 수 있는지 생각해보면 좋겠다. 그리고 주변 곳곳을 둘러보자. 당신은 친절을 더 많이 인식하고 있는가? 남들에게나 자신에게 친절을 베풀 기회가 더 자주 보이는가?

친절하게 1년 살아보기를 하는 동안, 나는 개선된 점과 개선이 요구되는 점 등을 측정한 분기별 '성적표'를 만들었다. 돌아보니, 이것이 목표를 향한 나의 발전 정도를 스스로 평가하는 가장 친절한 방법은 아니었던 것 같다. 하지만 장점도 몇 가지 있었다. 친절하겠다는 목표를 잊지 않을 수 있었고, 친절이 내 삶 중 어디에 자리 잡았는지 혹은 어디에 부족한지 알 수 있었다. 또 내 발전을 축하하고, 어떤 부분에서 내가 벽에 부딪히고 있는지 파악할 수도 있었다. 여러분도 한번 시도해보기(물론 친절하게) 바란다.

지금까지 읽은 내용과 책을 읽으면서 떠오른 아이디어를 생각해보라. 무엇이 특히 당신에게 와닿았는가? 어떤 대목에서 "맞아!"를 외쳤으며, 어떤 대목에서 "그런가?"라는 생각이 들었는가? 어디에서 당신의 친절이 가장 취약한가? 차 안이나 붐비는 마트 안인가, 아니면 여행할 때나 급하게 서두르는 때인가? 친절하게 대하기 쉬운 사람은 누구이며, 친절해지기가 쉽지 않고 항상 당신의 심기를 건드리는 사람은 누구인가?

무례해 보이는 행동에 직면할 때, 남을 쉽게 판단하는 경향이 있는가? 상대에게 그런 행동을 할 수밖에 없는 사정이 있을 거라고 생각해보는 것은 어떨까?

당신의 친절 레이더는 지금 이 순간에도 작동하고 있어서, 주변에서 더 많은 친절과 불친절을 인식하고 있을 것이다. 그런 인식이 앞으로 나아가게 하는 비결이다. 남들을 쉽게 판단하지 않듯이, 당신 자신에 대해서도 쉽게 판단하지 않기를 바란다. 지금껏 베푼 당신의 친절과 더 친절한 세상을 만드는 데 기여하고 싶은 당신의 바람을 높이 평가해주어라.

다음 몇 주간 몇 가지 계획을, 가능하면 현실적으로 세워보자. 우리가 하루아침에 차기 테레사 수녀가 되지는 못할 테지만, 인생의 어디에서 친절을 조금 더 베풀 수 있을까 고민할 수는 있다.

우선 다음과 같은 상황을 맞았을 때부터 시작해보자.

· 다른 운전자가 끼어들기를 시도할 때 가속 페달에서 발을 떼보자.
· 당신에게 길을 내어준 운전자에게 고맙다고 손을 흔들어보자.
· 마트에서 통로를 가로막은 채 휴대전화로 수다를 떠는 사람이나 계

산대에서 꾸물거리는 사람에게 무슨 사정이 있겠거니 생각하며 이해해주자.

· 타인의 무례함을 낯선 상황에 대한 두려움의 표현으로 이해해보자.

· 배우자나 직장 동료가 더러운 컵을 방치했을 때, 화내거나 잔소리를 늘어놓지 말고 그냥 설거지를 해보자.

· 멈춤의 힘을 발휘하는 연습을 해보자. 당신이 하려는 말이 남에게 상처를 줄 것 같을 때나 남에 대한 험담이나 놀림에 가담하고 싶을 때, 입에서 나오려는 말을 삼키는 것이다. 잠시 멈춰서 친절한 설명을 찾거나 평화로운 분위기를 이끌어낼 반응을 생각해보라.

· 누가 더 많이 베풀었는지, 누가 누구에게 빚지고 있는지 기록하는 일을 그만두고, 그 대신 마음의 평화를 선택해보자.

· 친절이 가져다주는 많은 건강상의 이익을 떠올려보라. 친절은 그 자체로도 보상이 되지만, 건강이 개선되는 보너스까지 얻게 해준다.

· 다른 이의 불편을 완화하는 데 초점을 맞추어 사회적 상황에서 자신의 불편함을 극복해보자.

· 친절과 불친절이 전염된다는 사실을 이해하고, 당신이 퍼트리고 싶거나 남에게서 받아들이고 싶은 것이 무엇인지 늘 인식하도록 한다.

· 직장에서 친절이 주는 힘을 느껴보자. 동정심과 격려가 어떻게 생산성과 사기와 효율을 높이는지 생각해보자.

친절을 받아들이기 위해 오늘 당신은 무엇을 할 것인가?

PART II

이해의 계절

CHAPTER 4

친절을 가로막는 장벽

두려움이
방해할 때

두려워하지 마라. 친절한 삶, 기품 있는 삶이란 근본적으로 용기 있는 삶이다. 용기는 단연코 지금 당신이 가진 것과 당신의 모습을 불러온 핵심 요소다.

웨인 멀러

친절을 베푸는 데 방해가 되는 가장 큰 장애물은 두려움이다. 가끔 내 속마음을 밖으로 드러내야 한다는 생각이나, 친절을 베푼 후 상대의 알 수 없는 반응을 감수해야 한다는 생각만으로도 친절해지려는 충동을 억누르기 십상이다. 내 친절이 곡해되거나 거절당할지 모른다는 사실도 우리를 소심하게 만든다. 그럴 바엔 차라리 아무것도 하지 않는 편이 안전하다고 여길 수도 있다.

불친절의 이면에 자리한 두려움

몇 년 전, 워싱턴 DC에서 열리는 콘퍼런스에 참석했을 때의 일이다. 나는 긴 회의를 마치고 동료와 함께 저녁을 먹으러 레스토랑을 향해 걷고 있었다. 그때 길가에 있던 젊은 남자가 길을 막고는 동전을 좀 적선해서 자기를 도와달라고 했다. 나는 지갑에 손을 뻗어 그에게 몇 달러를 건넸다. 그는 가던 길을 갔고 우리도 그랬다.

식당까지 가는 동안 그리고 저녁을 먹는 동안에도 내내 동료는 그 남자에게 돈을 줬다며 나를 나무랐다. 그녀는 그 남자가 일하기 싫어서 관광객들에게 사기를 치거나 구걸하며, 나 같은 사람들의 동정심을 자극해 먹고사는 철면피일 것이라고 말했다. 그 남자가 정말로 도움이 필요했는지, 아니면 그 돈을 약이나 술을 사는 데 쓰지 않을지 어떻게 알겠는가? 동료는 거리에서 그에게 돈을 줘서 내가 문제를 더 악화시켰다고 말하며, 그가 정말로 도움이 필요하다면 그를 도와줄 사회복지기관을 찾아야 한다고 했다. 그러면서 나더러 잘 속아 넘어가는 '봉'이자 쉬운 목표물이라고 힐난했다. 내 행동을 변호하려고 애를 쓰면서도 대체로 나는 그저 무안했다. 돈을 줘서가 아니라, 학창 시절 선생님에게 혼나는 학생처럼 꾸지람을 들어서였다. 두말할 필요도 없이, 호텔로 돌아가는 길에 다시 누군가가 우리에게 접근했다면, 그 걸인은 틀림없이 빈손으로 돌아갔을 것이다.

유감스럽게도, 그날 밤 이후로 나는 친구든 남편이든 직장 동료든 누군가와 같이 있을 때 걸인이 다가오면 거의 돈을 주지 않았다. 당혹스러운 장면이 연출되는 것이 두려웠고, 워싱턴 DC에서처럼 꾸짖음을 듣는 것이 두려웠다.

두려움 때문에 친절을 억누르는 것은 부끄러운 일이다. 하지만 심지어 나는 그런 행동을 어느 정도 합리화하기까지 했다. 누군가에게 돈을 주고 싶으면 혼자 있을 때 언제든지 멈춰서 그 사람에게 따뜻한 말이라도 몇 마디 건네면서 주면 된다고 자신에게 말했고, 그냥 지나쳐야 일행에게 재촉당하는 느낌을 받지 않고 일행을 지연시키고 있다는 걱정도 덜 수 있다고 생각했다. 하지만 그것은 합리화에 불과했다. 실은 꾸짖음을 들을까 봐 두려웠고, 무안해질까 봐 두려웠던 것이다.

두려움은 친절을 베풀고 싶은 마음을 억누를 수 있는 것과 마찬가지로,

친절하게 행동하게 하는 자극이 될 수도 있다. 앞에서 언급했던 불만스러운 콘퍼런스 참가자 '심술덩어리'를 기억하는가? 그녀의 화와 불만은 새롭고 압도적이며 다소 위협적인 상황에서 느끼는 두려움 때문이었다. 친절한 대응을 받자 불쾌함을 드러내는 그녀의 행동이 사라졌고, 그녀는 그것이 모두 불안감 때문이었음을 인정했다.

불친절이 나의 것이든 타인의 것이든, 그 원인을 추적해보면 종종 두려움 때문임을 깨닫는다. 우리는 비난받을까 봐 두려워하고, 거절당할까 봐 두려워하며, 미지의 세계를 두려워하고, 자신이 충분치 않다고 느껴서 두려워하고, 또 약해 보이거나 바보처럼 보일까 봐 두려워한다. 우리가 두려워하는 많은 것들은 자긍심에 위협이 되고, 선하고 똑똑하고 유능하며 사랑스러운 자신의 모습을 구현하는 데 위협이 된다. 이런 것들이 흔들릴 때, 우리는 자주 맹렬한 공격을 퍼붓거나 반격을 가한다.

우리를 향한 누군가의 불친절이 두려움의 표현이라는 사실을 알 수 있다면, 그들에게 보복하여 상황을 악화시키는 것이 아니라 그들을 용서하고 친절하게 대응할 수 있다.

두 가지 질문을 던져라

두려움에 대처할 때는 "일어날 수 있는 최악의 상황은 무엇인가?"라고 물어야 한다. 그런 다음 최악의 상황이 가혹한 죽음이나 교도소 장기복역이 아니라면, 한발 나아가 두려움을 다룰 수 있을지 판단하면 된다. 우리가 친절을 베풀 때 일어날 수 있는 최악의 상황은 무엇일까?

기껏해야 다음 상황 중 하나일 것이다.

- 무안을 당할지 모른다. 그건 대처할 수 있다. 처음도 아니니까.

- 거절당할지 모른다. 그것도 극복할 수 있다. 항상 그래왔으니까.

- 뭔가를 제대로 못 할지 모른다. 하지만 우리는 무엇이든 그렇게 배운다. 무엇이든 처음부터 제대로 해내는 사람은 거의 없다. 하지만 시도조차 하지 않으면 절대 배울 수 없다.

- 어리석고 멍청하거나 약해빠졌다고 비난받을지 모른다. 하지만 그런 비난은 누구의 생각을 반영하는가? 내가 아니라 비난하는 사람의 생각이다.

- 상처받기 쉬운 처지에 놓일지 모른다. 하지만 그게 그렇게 나쁜 것은 아니다. 상처는 우리의 가능성을 열어주어 더 성장하게 돕는다.

일어날 수 있는 최악의 상황을 묻는 것은 좋은 연습이 된다. 하지만 그것은 동전의 한쪽 면일 뿐이다. 다른 쪽 면은 우리에게 더 중요한 다음 질문을 던진다. "일어날 수 있는 최선의 상황은 무엇인가?" 그 관점에서 우리의 잠재적인 행동을 검토해보자.

내가 친절을 베풀면 일어날 수 있는 가장 좋은 일은 무엇인가?

- 누군가를 기분 좋게 하거나 힘든 하루를 잘 견디게 도와줄 수 있다.

- 옛 친구와 더 가까워지거나 새 친구를 사귈 수 있다.

- 내 말이나 행동이 다른 누군가가 친절을 베푸는 데 원동력이 될 수 있다.

- 고맙다는 인사를 들을 수 있다.

- 내가 사랑스럽고 동정심 많고 현명한 사람으로 여겨질 수 있다.

- 내 가치관과 행동에 더 자신감을 느낄 수 있다.
- 두려움을 극복하고 내가 바라는 더 나은 사람이 될 수 있다.
- 세상을 변화시킬 수 있다.

마지막 항목은 약간 거창하게 느껴질지도 모르지만, 사실 우리의 친절은 어디에서, 또 얼마나 멀리 반향을 일으킬지 모른다. 내가 베푼 친절이 다른 사람을 원래 베풀지 않았을 친절로 이끌지도 모르는 것이다. 그러면 그 사람도 친절을 베풀고, 또 그에게 친절을 받은 사람도 그렇게 할 것이다. 그다음은 충분히 상상할 수 있을 것이다. 깊은 절망으로 고통받던 사람의 극단적인 자기 파괴적 행동이 누군가의 친절한 메모나 말 한마디, 또는 제스처와 같은 사소한 계기로 중단되었다는 이야기를 들어보았을 것이다. 세상을 더 나은 쪽으로 바꾸기 원한다면 누군가를 만났을 때 말과 행동을 신성하게 하고, 각자가 지닌 잠재력을 의식하며 다가가보자. 그러면 어떻게 될까? 일어날 수 있는 최선의 일을 생각해보는 것은 두려움을 극복할 좋은 방법이 된다.

최악보다 최선에 초점을 맞추면, 우리는 목표에 집중할 수 있다. 보통 사람들은 일어나기 원치 않는 일이 아니라 일어나기 원하는 일을 생각하기 때문이다. 세상과 우리의 무의식적인 내면의 자원들이 목표가 실현되게 힘을 보탤 것이다. 그러려면 우리 관점과 인식 체계의 변화가 필요하다. 쉽지는 않겠지만, 노력할 만한 가치가 있다.

그렇다면 당신이 친절을 베풀었을 때 일어날 수 있는 최악의 일은 무엇이고, 최선의 일은 무엇인가?

실천하는 친절

불친절을 경험하거나 목격했던 때를 생각해보라. 그 중심에 두려움이 있었는가? 자긍심에 대한 위협이나 두려움 때문에 불친절하게 반응하거나 친절을 베풀기를 주저했던 경험이 있는가? 그때 무엇을 두려워했는지 기억나는가? 혹시라도 두려움이 당신의 친절을 멈추게 하면, 그 두려움을 인정하고 일어날 수 있는 최악의 일과 최선의 일이 무엇인지 자신에게 물어보라. 그리고 최선의 일에 집중하라.

상대를 배려할
시간이 없을 때

우리는 우리가 좋아하는 것이 된다. 당신이 무엇에든 매일 시간과 관심을 쏟으면, 결국 그런 유형의 사람이 될 것이다.

웨인 멀러

요즘에는 시간이 가장 소중한 자원인 듯하다. 우리에게는 모두 24시간이 주어지지만, 대부분 그 시간이 충분치 않다고 생각한다. 우리가 원하는 모든 일을 할 만큼 시간이 충분한 경우는 거의 없다. 그리고 그 소중한 시간을 사용해서 친절을 베푸는 것은 우선순위처럼 보이지 않을 수도 있다.

사람들은 점점 돈보다 시간을 더 소중하게 여기는 것 같다. 직장인을 상대로 한 설문조사에 따르면, 그들은 높은 임금보다 삶의 균형을 유지하는 것이 더 중요하다고 말한다. 많은 비영리 단체가 자원봉사자를 모집하는 데 애를 먹고 있는데, 봉사자 후보들조차 시간이 없다며 그 제한된 시간을 차라리 가족과 함께 보내겠다는 반응을 보인다. 그들은 시간을 투자하느니 재정적인 기부를 하는 편이 낫다고 생각한다. 많은 사람이 시간이 더 날 때까지 참여를 미루면서 게으름을 정당화한다. 봉사 활동을 하겠다고 말하지만, 나중에 아이가 더 크면, 일이 좀 한가해지면, 나이 들어 은퇴하면 등 나름의 이유를 들어 행동으로 옮기는 일을 유예한다.

시간의 할당은 중요한 결정이고, 우리 앞에 놓인 모든 선택 사항과 의무에 우선순위를 매기는 일이다. 작가 애니 딜러드Annie Dillard의 말처럼 "우리가 하루하루를 어떻게 보내는가가 우리 삶을 어떻게 보낼지를 좌우한다."

요즘은 누구나 이 명언을 명심하며 시간을 할당할 것이다. 그런데 이때 당신은 친절을 위한 여유를 남겨두고 있는가? 친절이 우선순위라면 당연히 그러할 것이다. 하지만 사실 친절은 의식적으로 선택해야 하는 일이라서, 일부러 선택하지 않는다면 우리의 시간과 관심을 빼앗는 무수한 일들에 밀려나고 만다.

다음과 같은 이유로, 친절해지려면 시간이 필요하다.

· 잠깐 멈춰서 무엇이 친절한 반응인지 생각해보는 데는 시간이 필요하다.
· 반복적인 일상에서 벗어나 진정한 대화를 시작하거나, 약속된 일정을 미루고 도움을 제공하려 할 때에는 시간이 필요하다.
· 남들이 실수하며 배울 때 인내심 있게 지켜보는 데는 시간이 필요하다. 이는 직접 나서서 고쳐주거나, 올바른 방법에 대한 훈계를 하거나, 그들을 위해 그냥 대신 해주는 것보다 시간이 더 걸린다.
· 주머니를 뒤져 누군가가 또 하루를 버텨내게 해줄 몇 달러를 꺼내고, 그 사람의 눈을 바라보며 친절한 말 한마디를 건네는 데는 시간이 필요하다.
· 우리 자신에게 친절해지는 데도 시간이 필요하다. 하던 일을 멈추고 이 순간 내게 가장 필요한 것은 무엇인지(속도를 늦추든, 산책하든, 휴식을 취하든) 생각하는 일 역시 시간이 필요하다.

PART II 이해의 계절

주당 65~75시간을 끊임없이 일하면서, 동시에 직장 밖의 삶을 잘 유지하려고 애썼던 때가 있었다. 이제야 나는 그때 가끔 친절해질 기회를 날려버렸음을 깨닫는다. 누군가에게 쪽지를 남기거나, 일부러 나가서 작은 선물을 사거나, 친구를 점심에 초대하거나, 이웃을 위해 먹거리를 만드는 것은 시간이 그리 많이 들지 않는 일이지만, 당시엔 그 모든 일이 이미 가라앉고 있는 보트에 물이 가득 찬 욕조를 던져 넣는 것처럼 너무 버거웠다. 그래서 나는 친절의 기회를 흘려보냈고, 내가 놓치고 있을지도 모를 생각을 마음 한구석으로 밀어버렸다.

그런데 업무량이 나만큼 엄청나게 많았음에도 친절을 위한 시간을 냈던 친구들과 동료들이 있었다. 그들의 친절함과 우선순위를 보며 나는 경외심을 금치 못했다. 그들은 정말로 훌륭한 본보기였다. 그들은 천성적으로 친절한 사람이라 친절해지겠다는 의지를 다질 필요가 없고, 친절의 본성을 심사숙고할 필요도 없었을 것이다. 그들에게 친절은 호흡과 같아서 생각 자체가 필요치 않았다.

친절은 베풀 시간이 있을 때만 실천하는 것이 아니다. 친절은 우리가 어떻게 살지 선택하는 방식이다. 목사이자 작가인 로버트 코린 모리스 Robert Corin Morris의 말을 기억하자. "우리가 삶을 사는 방식이 바로 영적인 수행이다. 그 이상도 이하도, 다른 어떤 것도 아닌 오직 그것이다."

일단 업무량을 줄이자 그간 간과했던 기회를 훨씬 더 많이 알아차리게 되었고, 친절을 내 소중한 인생에 끼워 넣는 것이야말로 내게 가장 필요한 일일지도 모른다는 생각이 들었다. 친절은 활기를 북돋워 주고 엄청난 만족감을 주기 때문이다. 인생을 돌아보면 훌륭한 교훈을 무척 많이 배울 수 있다. 친절을 베풀기에 편리한 시간이 항상 있는 것은 아니지만, 적당한 때는 거의 항상 있다.

폭발하거나 쓰러지지 않고는 일과에 뭔가를 더 끼워 넣을 여유가 없다고 해도, 현재 하고 있는 모든 활동에 크든 작든 반드시 친절이 스며들게 해보자. 당신이 아이의 선생님에게 편지를 쓰든, 복잡한 사업이나 프로젝트를 관리하든, 두 가지 직업을 병행하고 있든, 나이 든 가족을 돌보고 있든, 그 일을 친절하게 하는 것이다. 친절을 늘 착용하는 액세서리로 여기고, 사람들이 당신을 알아볼 수 있는 트레이드마크로 만들어라.

친절에는 많은 장벽이 있는 것이 사실이다. 하지만 우리는 항상 친절을 자연스럽게 우러나오는 첫 번째 반응으로 만들기 위해 노력할 수 있다. 일단 그런 노력을 하면, 그 장벽은 생각보다 쉽게 무너진다. 의식적으로 나 자신에게 잠깐 멈추라고, 남의 일에 관여하라고, 사람들과 관계를 맺으라고 말할 필요가 없어지면, 친절이 제2의 천성이 된 것이다. 나도 여전히 가끔 시간과 삐걱거릴 때가 있다. 그럴 때면 친절을 베풀 시간을 내는 것은 삶을 의미 있게 만드는 일이라고 나 자신에게 말한다.

하지만 사실 '친절을 베풀 시간을 내는 것' 이상을 해야 한다. 친절은 시간이 날 때만 우리의 행동에 끼워 넣는 것이 아니라, 우리가 무엇을 하든 행하는 방식이 되어야 한다. 바로 그때 우리는 진정으로 친절한 사람이 될 수 있을 것이다.

> 💙 **실천하는 친절**
>
> 시간이 충분치 않고 할 일은 많아 압박감을 자주 느끼는가? 시간이 없어서 친절을 베풀 기회를 흘려보낸 적이 있는가? 시간을 내 친절을 베풀었더라면, 그 친절

이 정말로 당신을 불편하게 했을까, 아니면 에너지와 감사의 마음을 북돋워 주었을까? 친절이 삶의 최우선순위가 되는 때를 상상해볼 수 있는가? 이미 그렇게 된 사람도 있을 것이다. 가족과 직업, 교육, 사회 활동과 공동체 활동 등이 우리가 깨어 있는 시간의 거의 전부를 차지하고 있는 상황에서, 아무리 보람 있고 즐겁다 해도 이 모든 일에 친절하게 접근할 수 있을지 확신하지 못하는 사람도 있을 것이다. 그렇다면 먼저 작은 친절 몇 가지를 스케줄에 포함시켜보자. 매주 일요일 오후에 자주 만나지 못하는 친구들이나 친척들에게 간단한 이메일을 써도 좋을 것이다. 정기적으로 헌혈을 하거나, 당신이 믿는 대의를 위해 자원봉사를 해도 좋다. 무엇보다 자신에게 베푸는 친절을 잊으면 안 된다. 가족들과 저녁을 먹으며 다음 주말에 모두 함께 할 수 있는 친절한 행동을 계획해보자. 친절을 베풀 시간을 낸 것을 절대 후회하지 않을 것이다.

내가
참을 수 없는 순간들

자신을 더 많이 알수록 남들에게 더 큰 인내심을 갖게 된다.

에릭 에릭슨Erik Erikson

우리 동네 슈퍼마켓에서는 가끔 계산대 앞에 '계산원 교육 중'이라는 표지판이 놓여 있는 것을 볼 수 있다. 그 말은 "급하신 손님은 다른 줄에 서세요"라는 말의 완곡한 표현이므로, 결과적으로 사람들은 그 계산대를 피하려 한다. 초보 계산원이 바코드나 상품 코드를 일일이 찾고 있는 동안 기다릴 인내심이 있는 사람은 많지 않다. 서투른 손으로 식료품을 봉투에 담거나, 영수증 잉크를 어떻게 갈아야 할지 몰라 고참을 부르는 일도 참기 힘들기는 마찬가지다. 나 또한 그런 계산대는 피했었다.

그런데 어느 날, 계산원 교육 중인 계산대 앞에 인내심 있게 서서 초보 계산원을 격려해주는 것도 소박한 친절일 수 있겠다는 생각이 문득 들었다. 그 뒤부터 나는 그런 계산대 앞에서 미소를 지으며 교육생에게 "천천히 하세요"라고 말한다.

계산이 지연되어 그들이 긴장하거나 사과할 때면, "저 급하지 않아요. 잘하고 계시네요"라고 한다. 내가 구매한 제품이 봉투에 담겨서 계산대를 떠날 때는 "감사합니다. 일을 참 잘하시네요!"라고 칭찬한다. 그러면 교육생은 활짝 웃고, 내 뒤에 서 있던 사람은 자연스럽게 인내심과 친절함을 보여야 할 책임을 떠맡게 된다.

시간이 친절에 장애가 되는 것처럼 성급함도 그렇다. 둘은 관련이 있지만 차이점도 있다.

나는 특별히 인내심이 많은 사람은 아니었다. 회의에서는 단도직입적으로 요점을 말하기를 좋아했다. 책을 읽을 때는 미사여구로 장식된 단락은 건너뛰고 곧바로 행동이나 대화문이 있는 단락으로 넘어갔다. 사람들이 나를 기다리게 하면 잠시도 가만히 있지 못하고 안달복달했다. 하지만 친절에 초점을 맞추자 스스로 더 인내심이 생기는 것을 알게 됐고, 그 결과 내 관점이 상당히 많이 바뀌었다.

성급함은 자신이 한담을 나눌 시간이나 기다릴 시간이 없다고 느끼기 때문에 생길지도 모른다. 어쨌든 우리의 삶은 의무와 마감 시간, 여러 활동으로 넘쳐나 다음 일로 넘어가야 한다거나 시간을 낭비하면 안 된다는 불안감으로 가득 차 있다. 시간에 쫓기는 위기에 처하면, 친절이 늘 우선순위가 아닐 수도 있다.

친절한 말이나 행동은 가뜩이나 늦은 스케줄을 더 지체시킬 수 있고, 어쩌면 그 때문에 우리는 훨씬 뒤처지게 될지도 모른다. 때로는 급할수록 더 많은 상황이 공모하여 우리를 방해하는 것처럼 느껴질 때가 있다. 예를 들어 우체국에서는 내가 서 있는 줄이 가장 느리고, 앞차는 기어가 1단만 있는 것처럼 서행하며, 어쩌다 마주친 지인은 반려견 스웨터의 털실을 어떻게 골랐는지 자세히 말해주고 싶어 한다. 맙소사, 우리는 이럴 시간이 없다고! 우리가 짜증을 낸다고 해도 그들은 이해할 것이다. 어쨌든 우리는 아주 바쁘니까.

하지만 우리는 무엇을 위해 서두르고 있을까? 십중팔구 일, 회의, 또는 끝이 없는 할 일 목록의 다음 사항일 것이다. 우리 중에서 자신이 너무나 중요한 사람이거나 너무나 스케줄이 빽빽해서 정말로 친절을 베풀 시간이 전혀 없는 이가 과연 몇 명이나 될까? 만약 실제로 그렇다면, 진짜 문제는 무엇일까? 우리기 그렇게 중요한 인물이거나 스케줄이 빽빽한 사람이라면 그 상황은 우리가 선택한 것일까, 다른 이가 선택한 것일까, 아니면 아무도 그렇게 선택하지 않았는데 우리가 그냥 그래야 한다고 생각한 것일까?

우리가 관점을 바꾼다면 많은 일이 달라진다. 조바심을 내지 말고, 친절을 우리의 첫 번째 일로 생각한다면 말이다.

친절 베풀기가 내게 가장 중요한 일이라면, 슈퍼마켓 계산대에서 내 앞사람이 꾸물거리며 신용카드를 찾고 계산원에게 아스파라거스의 가격을 물어보더라도 기다리기가 더 수월할 것이다. 속도 제한이 시속 70킬로미터인 도로에서 시속 40킬로미터로 달리는 앞차 뒤를 쫓아가기도 더 쉬워질 것이다. 고객 서비스 센터에 전화했는데 15분째 대기 음악을 듣고 있거나, 전혀 흥미롭지 않은데 이웃이 재미있다며 길게 말을 늘어놓아도 참기가 더 쉬워질 것이다. 그것이 모두 친절이라는 일의 일부이기 때문이다.

가끔 시간은 얼마든지 있지만 그다지 인내심을 발휘할 수 없는 상황도 있다.

다른 사람이 무엇인가를 우리만큼 빨리 또는 능숙하게 할 수 없을 때 우리는 인내심을 잃는다. 그럴 때 우리는 시간은 많지만, 인내심이나 친절을 발휘할 참을성은 부족하다. 창피한 고백이지만 나는 신발 끈을 묶는 법을 아주 늦게 배웠다. 친구들 대부분이 네다섯 살 때 신발 끈을 묶을 줄 알았지만, 나는 일곱 살에도 애를 먹었다. 내가 배우고 싶지 않았던 것이 아니다. 나를 가르치기가 쉽지 않다는 것을 깨달은 부모님이 대신 신발 끈을 묶어주거나 끈이 없는 신발을 사주는 편을 택했기 때문이다. 문제는 내가 왼손잡이였는데, 우리 가족은 모두 오른손잡이라는 데 있었다. 가족들은 내게 어떻게 신발 끈을 묶는지 보여줬지만, 나는 그들이 알려준 대로 잘 따라 할 수 없었다. 가족들은 왼손잡이 관점에서 어떻게 해야 하는지 알아내려고 애썼지만 실패했다. 그래서 어쩔 수 없이 내 신발 끈을 대신 묶어주고는 나를 밖으로 내보냈다.

마침내 엄마와 아빠는 왼손잡이인 사람을 찾아서 그에게 방법을 알려달라고 부탁했다. 몇 번 반복하고 약간의 인내심을 발휘하자 배우기가 쉬워졌고, 모두에게 다행스럽게도 나는 지금껏 몇십 년째 신발 끈을 잘 매고 다닌다.

인내심이 필요한 일 중에는 우리가 선뜻 열정이나 관심을 끌어모을 수 없는 일도 있다.

이를테면 백과사전을 읊는 듯한 아이들의 공룡 묘사나, 양자 역학과 파동 입자 이중성에 대한 배우자의 설명을 듣는 일이 이에 해당될 것이다. 이때 친절한 반응은 인상을 찌푸리거나 시계를 보지 않고 관심을 보이며 들어주는 것이다. 비록 그들이 하는 말을 이해하거나 공감할 수 없다고 해도, 그들의 열정을 인정하고 관심을 격려하면 된다. 우리는 복잡한 이론을 남들에게 설명하면서 배운다. 그러므로 듣는 사람이 이해하지 못하거나 관심이 없더라도, 들어주는 일 자체가 말하는 사람이 자신의 지식과 이해를 굳건히 하도록 도와주는 선물이 된다. 적어도 그 사람이 말하고 공유할 여지를 남겨둔다면, 그 자체로 얼마나 멋진 선물인가!

요컨대, 가르치고 배우는 데는 시간과 관계없이 인내심이 필요하다는 것이다. 부모와 선생님 그리고 관리자는 학습자가 실수하고 더듬거리도록, 심지어 가만히 앉아서 생각하도록 내버려 두어야 한다. 먼저 나서서 고쳐주거나, 올바른 방법에 대한 훈계를 하거나, 대신 해주어서는 안 된다. 나의 남편은 아이들에게 수학과 과학을 가르치는데, 남편이 가르칠 때 나는 이런 인내심 있는 친절을 본다. 하나의 설명이 성공하지 못하면, 남편은 다른 설명을 찾거나 학생들이 스스로 이해할 때까지 적당한 질문을 계속 던진다. 그는 결코 아이들을 다그치거나 성급함을 보이지 않고, 아이들이 마침내 어떤 개념을 이해하고 온전히 자기 것으로 만들 때까지 기다려준다.

가끔은 서둘러 도와주거나, 고쳐주거나, '똑바로' 바로잡는 일이 친절이라고 생각할지도 모르나, 그것은 우리가 돕고 있다고 생각하는 사람의 능력을 빼앗는 일이다. 진정으로 친절한 반응은 상대가 뭔가를 알아내려고 하는 동안 조용히 곁에 서 있거나, 다른 방법으로 개념을 다시 설명해주거나, 기꺼이 같은 설명을 열 번쯤 반복해주는 것이다. 상대가 자기만의 속도로 무엇인가를 알아낼 여지를 남겨두어야 하는 것이다. 이런 모든 반응에는 인내심이 필요하다. 고용주로서 어떤 직원에게 일하는 방법을 설명하거나, 그들이 똑바로 하기를 기다리느니 내가 직접 하는 편이 더 쉽다고 생각할 때가 있었다. 그러나 인내심을 발휘하는 것이 직원들이 더 유능해지도록 돕고, 궁극적으로 내 업무량을 줄여주는 일이라는 사실을 깨달았다. 시간을 내 인내심을 발휘한다면, 거기에 따르는 선물을 얻게 될 것이다.

친절해지려면 인내심이 필요하고, 인내심을 발휘하려면 친절이 필요하다. 친절해지는 것을 내 일로 여기면, 인내심 있게 아이를 가르치거나 새로운 직원을 훈련하기 훨씬 쉬워질 것이다. 또한 불쑥 끼어들어 무엇인가를 직접 하려고 나서서 다른 누군가에게서 소중한 성장의 교훈과 기여의 기회를 빼앗는 일을 삼가게 될 것이다.

> ### 🫶 실천하는 친절
>
> 잠깐 멈추고 시간과 관심을 쏟기에는 인내심이 부족했던 탓에 친절을 베풀 기회를 놓친 적이 있는가? 친절을 최우선순위로 올린다면, 스케줄을 어떻게 조정할 것인가? 아이나 배우자, 직원이나 동료가 지식이나 기술을 익히는 데 시간이 걸린다는 이유로, 당신이 개입해서 어떤 일을 끝내버리거나 프로젝트를 빼앗아버렸던 경험이 있는가? 친절과 인내를 베푸는 것이 당신의 일이거나 일의 필수적인 일부라면, 이번에는 다르게 반응할 수 있겠는가? 당신의 몸짓 언어도 생각해보라. 인상을 쓰거나, 시계를 보거나, 휴대전화에 손을 뻗지는 않는가? 인내심에 관한 이 새로운 관점을 어디에서 어떻게 시험할지 생각해보라.

친절을 방해하는
다른 장애물들

인생의 길은 한 번밖에 통과하지 못한다. 그러므로 내가 다른 사람에게 보일 수 있는 친절한 행동이나 베풀 수 있는 선행이 있다면, 미루거나 소홀히 하지 말고 지금 당장 해라. 그 길로 다시는 지나갈 수 없을 테니.

윌리엄 펜William Penn

친절을 조사하면서 계속 등장하는 특정한 요소들, 즉 꾸준히 친절을 자극하는 촉매제와 꾸준히 친절을 방해하는 장애물이 있음을 알게 되었다. 시간을 들여 그 장애물을 인식하면 어떻게 그것을 피하고, 어떻게 극복할지 미리 전략을 짜는 데 도움이 될 것이다.

우리는 앞서 두려움, 시간의 압박과 성급함에 관해 이야기했다. 여기서는 우리가 가장 선한 자아를 실현하지 못하게 방해하는 그 외의 요소를 설명하고자 한다.

게으름과 무력감

친절한 행동에는 미소나 칭찬 한마디, 열린 문 잡아주기 등과 같이 많은 에너지가 필요치 않은 일들이 틀림없이 있지만, 전력을 다해야만 하는 일들도 많다. 그런 일을 하려면 자리에서 벌떡 일어나야 하고, 일부러 애를 써야 하며, 가끔은 익숙한 상황이나 장소를 벗어나야 할 때도 있다. 보통 첫걸음을 떼기가 어렵지만, 그다음엔 친절해지려는 마음이 동하여 자연스럽게 친절한 행동이 이어진다. 그 첫걸음은 바로 게으름과 무력감을 극복하는 일이다.

무관심

이 문제는 이미 앞서 논의한 바 있다. 친절의 반대 개념인 무관심은 친절한 삶을 사는 데 큰 장애물이 된다. 남을 배려하는 마음이 없으면 결코 친절해질 수 없다. "그건 내 문제가 아니야"라고 말한다면 절대 친절을 실천할 수 없다. 무관심은 여러 감정으로부터 우리를 보호하는 한 방법일지 모르나, 한편으로는 우리가 친절을 행동으로 옮기지 못하게 막는다. 무관심 뒤에 머물면 편할 수도 있겠지만, 친절해지려면 우리는 방관자가 되기를 멈추고 삶으로 뛰어들어야만 한다.

특권 의식

슬프게도 많은 사람이 친절을 선택적이고, 상황에 따라 다르며, 지위에 관련된 것으로 여긴다. 마트 계산원이나 노숙자와 같이 주변에서 흔히 마주치는 사람에게 친절한 것은 권력을 가진 사람에게 친절한 것만큼 중요하지 않다고 생각하는 것이다. 새치기하는 사람들이나 허가도 없이 장애인 구역에 주차하는 사람들은 자기들이 우월하기 때문에 다른 사람들보다 더 많이, 더 좋은 대접을 받아 마땅하다는 잘못된 인식을 지니고 있다. 그들은 남들에게 친절을 기대하지만, 남들도 자신에게 친절을 기대한다는 생각은 거의 하지 않는다. 선택적 친절은 친절이 아니라 기회주의다. 친절은 상대를 가리지 않고 모두에게 베풀어야 한다.

주변을 의식하지 못함

주변에서 일어나고 있는 일에 관심을 기울이지 않는다면 친절의 기회를 놓치기 쉽다. 우리는 때로 문을 잡아주어야 할 사람이 뒤에 있다는 사실이나, 누군가 무거운 짐을 드는 데 도움이 필요하다는 사실, 또 어떤 아이가 겁먹었거나 슬프다는 사실 등을 알아차리지 못한다. 우리는 너무 자주 기술이 인간관계보다 우선하도록 허용한다. 휴대전화와 같은 전자기기에 빠져 주변의 삶도 친절이라는 선물을 베풀 기회도 의식하지 못하고, 심지어 자신을 돌보아야 하는 필요조차 의식하지 못한다. 우리는 자신이 에너지가 고갈되어 있어, 다른 사람들을 돌보려면 개인적으로 휴식과 충전의 시간을 가져야 한다는 사실을 자각하지 못한다. 주변을 의식하고 적극적으로 남을 배려하며 사는 것은 말보다는 실천이 더 어렵지만, 친절한 삶의 필수 요소 중 하나다.

습관

'노No'라고 말하는 습관이 있다면, 우리의 도움이나 시간이 필요한 사람, 또는 하루를 버텨내게 해줄 1~2달러를 요청하는 사람에게 '예스Yes'라고 말하기가 어렵다. 물론 항상 모든 사람에게 '예스'라고 말할 수는 없지만, 어떤 대답을 선택하든 로봇처럼 자동으로 하기보다는 의식적인 확신에서 해야만 한다. 여기서 다시 한번, 친절한 삶은 우리에게 깨어 있으라고 말한다.

피로

연구 결과에 따르면 지나치게 피곤하면 사고를 당할 확률이 높고, 스트레스를 받으며, 무엇인가를 배우거나 창의력을 발휘하는 데 어려움을 겪게 된다. 그뿐 아니라 비윤리적이거나 불친절한 행동을 하기도 쉬워진다. 이미 **빽빽하게** 계획된 삶에 너무 많은 일정을 집어넣으려다 보니, 많은 이들이 충분한 수면을 포기하고 만다. 그들은 수면이 건강에 가져다주는 이익을 알지 못하고, 매일 에너지를 충전하기 위해 충분히 자야 한다는 사실을 인식하지 못한다. 종종 미국은 '수면 부족 국가'로 불린다. 그런 말을 들으면 뉴스에서 보고 신문에서 읽는 나쁜 행동 중 얼마나 많은 부분이 피곤한 사람이 다른 피곤한 사람과 만나 서로 최선의 선택을 하지 못한 데서 기인했는지 궁금해진다. 나는 피곤할 때면 충분한 휴식을 취하여 상쾌한 기분일 때만큼 친절해질 수 없다는 것을 경험으로 잘 알고 있다. 내가 노골적으로 불친절하다는 말이 아니라, 친절을 베풀 기회를 놓쳐버린다는 뜻이다. 너무 피곤해서 자동 모드로 작동하게 되기 때문이다. 피곤할 때는 친절을 위한 에너지를 끌어모으기 어렵다. 나는 나이가 들수록 이전보다 수면을 가치 있게 여기게 되었다. 수면이 내가 더 친절해지는 데 도움이 된다는 사실을 깨달은 순간부터 잠자리가 훨씬 따뜻하고 아늑하게 느껴지기도 했다.

친절에 장애물이 되는 피로의 종류가 하나 더 있다. 앞에서도 언급한 적이 있는 동정 피로증은 남들을 너무 많이 보살피면서 유발되는 유형의 스트레스다. 남들을 돕기 위한 꾸준한 감정 이입의 요구가 너무 커지면 종종 번아웃으로 이어지기도 한다. 그래서 전문적인 간병인과 가족 간병인 모두 환자에게서 가끔 한 걸음 물러나거나, 심지어 거리를 두고 자신을 돌봐야 하는 것이다. 어떤 이들에게는 그런 일이 매우 어렵다. 그들은 이기적인 기분을 느끼며, 남들의 비난을 두려워한다. 하지만 달라이 라마의 충고를 잊지 말자. "모두를 위해서 한 걸음 물러나 자신을 추슬러라. 여기서 핵심은 장기적인 관점으로 보는 것이다." 이것은 간호의 노고에 관한 생각을 재구성하는 문제이기도 하다. 그 노고는 관리와 도움으로 보지 말고, 친절과 봉사의 렌즈로 보이야 한다. 순교자와 같은 희생은 너무 버거운 것이다.

폭격처럼 쏟아지는 비참한 뉴스를 오랫동안 꾸준히 보고 들은 데서 비롯되는 동정 피로증은 눈에 잘 띄지 않는다. 범죄, 빈곤, 억압, 테러, 불법 행위와 무례함에 관한 뉴스를 매일 밥 먹듯이 보고 들으면 절망감이 자리 잡아 세상 어디에도 친절은 없다고 느끼게 된다. 그러면 총격 사건이나 부정한 정치인, 굶주리는 아이들에 관한 뉴스를 들을 때에도 아무것도 느끼지 못하게 된다. 이런 경우에는 달라이 라마가 추천한 대로, 장기적인 관점에서 우리 자신을 돌보는 것이 가능한 최선의 친절한 반응이 될 수 있다. 이를테면 당분간 뉴스를 끊겠다고 선언하든, 산책을 나가든, 친구에게 전화해서 같이 영화를 보러 가든 하는 것이다.

친절로 가는 길에는 늘 장애물이 있을 것이다. 하지만 친절을 방해하는 것이 무엇인지 인식하면 더 잘 피하거나 극복할 수 있다.

🫱 실천하는 친절

이번 장에서 내가 친절의 장애물로 언급한 것들을 대부분 공감할 것이라고 생각한다. 혹시 빠진 것이 있다면 따로 목록을 만들어보라. 친절의 기회를 놓쳤을 때 그 원인이 앞서 나열한 것 중 하나라고 생각하는가, 아니면 다른 원인이 있는가? 친절에 방해가 되는 특정한 걸림돌을 어떻게 자각하게 되었는가? 그 걸림돌을 보았을 때 어떻게 피할 수 있었는지 생각해보라. 다음에 최선의 자아를 세

상에 드러낼 때 또 그 걸림돌과 맞닥뜨리면 어떻게 반응할지 미리 생각해두자. 그 장애물을 뛰어넘고 필요한 친절을 세상 밖으로 내놓을 때 자신에게 줄 작은 보상도 준비해두자. 충분한 수면을 취하고 있지 않다면, 2주간 충분히 잔 후 어떤 차이가 있는지를 살펴보라. 적정 수면 시간은 성인 기준 평균 7~8시간이다. 다음에 어떤 사람이 당신이 늘 자동으로 '노'라고 대답하는 일을 부탁한다면, '예스'라고 말하겠다고 미리 다짐하고 그 대답에 진심으로 전념해보자.

친절에 대한 저항

진심이
거부당할 때

나는 거절을 싫어한다. 사실 누가 거절을 좋아하겠는가?

얼마 전, 직장 동료 하나가 매우 힘든 하루를 보내는 것 같았다. 그녀는 눈에 띄게 얼굴이 어두웠고, 사무실에 있는 나와 다른 동료 몇 명에게 날카롭게 대했다. 나는 친절을 실천하고 싶어서 그녀의 칸막이벽을 두드리고는 "괜찮아? 오늘 힘들어 보이는데, 내가 뭐 좀 도와줄까?"라고 말했다.

그녀는 귀찮은 기색을 역력히 드러내며 나를 보고 말했다. "제발 나를 좀 가만히 내버려 둬."

어이쿠! 나는 두 팔을 들어 올린 채 뒤로 물러났다. 내가 더 할 수 있는 행동이나 말이 있었을까? 모르겠다. 지금 와서 생각해보니 그때 친절해지려는 내 노력이 꽤 서툴렀던 것 같기는 하다. 내 친절이 거절당해서 기분이 좋지는 않지만, 어쨌든 나는 노력했다. 그러나 그 뒤로 그녀에게 도움을 제안하는 일은 주저하게 되었다.

누군가가 우리의 친절을 거절하면 속상하고 당황스러울 수 있다. 친절을 베풀고자 했던 행동은 퇴짜를 맞기도 하고, 가끔 친절을 받는 쪽이 우리를 몰아세우기도 한다. 우리가 대체 뭘 잘못했을까? 어떤 면에서인지는 모르나, 우리의 친절이 부적절했을까?

이런 경험을 하면 결과적으로, 다음에는 친절을 베풀고 싶어도 거절이나 경멸을 두려워하며 망설이게 된다. 친절한 행동이 태어나기도 전에 죽는 것이다.

내가 단체와 함께 일할 때나 일대일로 일할 때를 가리지 않고 자주 인용하는 간단한 명언이 있다. "우리는 서로에게 선의가 있다고 추정한다." 너무나 간단명료하면서도 너무나 강렬한 말이다. 우리가 그것을 늘 기억하기만 한다면 말이다.

《시애틀 타임스Seattle Times》는 「극찬과 호통Rant and Rave」이라는 일일 칼럼을 연재하고 있다. 그 칼럼은 독자들에게 지역사회에서 경험한 좋은 행동과 나쁜 행동, 긍정적인 만남과 부정적인 만남의 사례를 공유해달라고 청한다. 극찬 사례는 독자들이 경험하거나 목격한 너그러움과 친절에 관한 묘사가 많다. 짤막한 사연들은 우리를 격려하고 감동시키며 우리가 저마다 지닌 인간미를 강화한다. 예를 들자면 이러하다. "발달장애가 있는 제 아들이 늘 꿈꾸던 졸업반 무도회에 갈 수 있게 도와주신 맨즈 웨어하우스[8]직원분들과 이 모든 일을 가능하게 해주신 선생님들을 극찬합니다. 우리 아이에게 절대 잊지 못할 밤이었어요."

한편 호통은 부주의하고 무례하거나 부도덕한 행동이나 상황을 묘사할 때가 많다. "폭스바겐에 타고 있던 남자에게 호통을 치고 싶습니다. 그 차 타이어에 펑크가 난 걸 알려주려고 차창 유리를 두드리자, 남자는 손가락욕을 하면서 창문 너머 내게 입 모양으로 음란한 말을 쏟아냈습니다."

---

8 미국의 남성 정장 브랜드

그 운전자가 왜 그런 행동을 했는지는 아무도 모른다. 어쩌면 그는 겁 먹었거나, 놀랐거나, 창피했는지 모른다. 뭔가 부적절한 짓을 하다가 들켰다고 생각했을지도 모른다. 온종일 불쾌한 날이었는데, 누군가 창문을 두드린 것이 그를 궁지에 몰아넣었을 수도 있다(그것이 사실이라면, 타이어가 펑크 난 것을 알게 되었을 때 그날의 불운이 하나 더 늘어났다고 생각했겠지만). 하지만 낯선 사람과 예기치 못하게 접촉하고 보여준 첫 반응이 욕설이라니, 얼마나 슬픈 일인가. 차창 유리를 두드린 사람이 다시 그런 일을 하기까지 얼마나 망설일지 생각하면 훨씬 더 슬프다.

가끔 도로 위 운전자가 신호가 초록색으로 바뀐 것을 알아차리지 못할 때가 있다. 이럴 때 뒤 차량이 경적을 울리면서 촉발되는 도로 위의 폭력 상황은 아마 많은 사람이 목격한 적이 있을 것이다. 그때 경적을 한 번 가볍게 울려 알리는 것은 운전자가 고맙다고 손 흔들어 답할 수 있는 친절이다. 그러나 너무 자주 길게 울리면 분노의 제스처와 욕설을 유발하고, 심지어 무기가 동원되는 사태까지 벌어진다.

그런 이유로 우리는 자주 조심스레 행동한다. 나는 신호가 바뀐 줄도 모르고 있는 운전자를 위해, 초록불이 빨간불로 두 번이나 바뀌도록 인내심 있게 기다리고 있던 차량 행렬을 본 적이 있다(내가 사는 시애틀에서는 사람들이 한없이 정중한 편이다). 그때 경적을 울리는 대신 어떤 남자가 차 밖으로 나와서 맨 앞에 있던 차의 운전석 쪽으로 가서 가볍게 차창 유리를 두드렸다. 그 남자의 노력에 운전자는 불친절한 제스처로 보답한 뒤, 날카로운 타이어 마찰음을 남기며 노란색 신호를 뚫고 쏜살같이 내달렸다. 나는 운전자가 창피해서 그랬으리라 확신한다. 그런데 우리를 화나게 만든 그 창피함이 대체 얼마나 대단한 것이란 말인가?

친절한 행동의 대상이 되는 쪽은 자신의 욕구를 남에게 들켜서, 또는 자신이 약하거나 무능하게 보여서 창피함을 느낄 수 있다. 친절을 베푸는 쪽에서는 친절이 불러오는 반응(거절, 감사, 당혹스러움, 냉담한 침묵 중 무엇이든)에 창피해질지도 모른다. 고백하건대, 내게도 상대의 반응이 두려워 친절을 베풀지 않았던 시절이 있었다. 나는 내게 관심이 쏠리는 것을 원치 않았고, 나와 같이 있는 사람들이 그 행동을 허락하지 않으리라 생각하는 동시에 친절을 받는 쪽의 반응을 두려워했다. 이제야 나는 처음 느꼈던 충동에 따라 지갑을 꺼내 도움의 손길을 내밀지 않았음을, 머릿속에 떠올랐던 말을 건네지 않았음을 후회한다. 때때로 나는 자신의 과묵함을 수줍음 탓으로 돌리지만, 내 수줍음은 창피해질지도 모를 상황을 피하려던 것이었다.

창피함은 인간이 겪는 경험의 일부다. 바지 지퍼를 올리지 않았든, 이 사이에 브로콜리가 끼었든, 말실수를 했든, 그 모두가 우리를 인간답게 만드는 것이다. 창피한 일은 일어나기 마련이고, 우리 모두 겪어본 일이다. 창피함을 무릅쓰지 않겠다는 것은 다른 인간과의 접촉을 피하고 건성으로 삶을 살겠다는 선언과 마찬가지다. 한편 친절은 창피한 순간에 대처하는 이상적인 반응일 것이다. 더 폭넓게 보면, 친절은 거의 모든 것에 대한 최고의 반응이 되지 않을까?

나는 폭스바겐의 차창을 두드렸던 사람이 친절의 마음을 놓아버리지 않았으면 좋겠다. 다음에 자기가 본 것을 낯선 사람에게 알려주려고 할 때 망설이지 않기를 바란다.

그리고 나 자신을 포함한 모든 사람이 누군가 자신을 도우려 할 때 친절하게 반응하는 법을 배울 수 있기를 바란다.

실천하는 친절

창피하거나 확신이 없어서, 또는 상처받고 스스로 약하다고 느꼈기 때문에 누군가의 친절을 거절했던 경험이 있는가? 그 상황을 머릿속에 다시 그리고 이번엔 그 친절을 받아들여 보라. 기분이 어떤가? 그 상황이나 만남의 결과가 어떻게 변했는가? 친절한 일을 하려고 했다가 충동을 억눌렀던 때를 떠올려보라. 이유가 무엇이었는가? 두려움, 창피함, 무관심, 수줍음 혹은 그 밖의 것이었는가? 그 상황을 다시 떠올려 친절을 베푸는 기분이 어떤지에 집중해보라. 또 당신의 친절을 받는 쪽이 어떻게 반응하고, 당신에게 어떤 도움을 받을지 생각해보라. 이제, 다음에 친절을 주거나 받을 기회가 생길 때 어떻게 반응하겠는가?

기꺼이
받아들여라

친절을 베풀고 받아들일 줄 아는 사람은 어떤 재산보다도 값진 친구일 것이다.

소포클레스Sophocles

우리는 주고 싶은 것을 모두 줄 자산은 없지만, 고맙게 받을 능력은 항상 지니고 있다. 듣기에는 간단한 말이지만, 이는 정말로 어려운 일이다. 누군가 당신에게 무엇인가를 주려고 했는데 당신이 만류했던 때가 있을 것이다. 그가 그럴 여유가 없거나 당신이 받을 자격이 없다고 생각했을지도 모르고, 혹은 그냥 어색한 상황에서 자기도 모르게 그렇게 반응했을지도 모른다. 어쩌면 그 선물이 원하지 않았던 것이었거나, 빚지는 기분이 싫었던 것일 수도 있다. 아니면, 당신이 '속셈이 뭐지?'라고 의심하는 냉소적인 사람일 수도 있을 것이다.

그 제안을 거절했을 때 상대가 기뻐했는가, 아니면 실망했는가? 돌이켜 생각해보면, 그냥 고마운 마음으로 "감사합니다"라고 말했더라면 서로 더 만족하고 훨씬 더 편하지 않았을까?

사라 카우프먼Sarah Kaufman은 자신의 사랑스러운 책『우아함의 기술 The Art of Grace』에서 다음과 같은 조언을 들려준다. "쉬이 기뻐하는 사람이 되어라. 누군가 칭찬을 하면 받아들이고, 버스에서 자리를 양보받으면 기꺼이 자리에 앉아라. 당신 앞에 오는 어떤 친절이든 감사히 받아들이는 것이 우아함이자, 다른 이들에게 주는 선물이다. 당신은 다른 사람에게 우아함이라는 선물을 주고 있는 것이다."

주는 것은 매우 즐거운 행동이다. 그러나 우리는 못된 수령자가 되어 친구와 지인과 심지어 낯선 사람에게서 주는 기쁨과 만족을 빼앗는다.

선물은 꼭 물질적일 필요가 없어서 칭찬 또한 좋은 선물이 될 수 있다. 하지만 얼마나 자주 우리는 사람들이 말로 하는 선물의 가치를 깎아내리고 있는가? 우리는 이렇게 말하며 외모에 대한 칭찬을 회피한다. "아니에요. 제 몰골 좀 봐요! 머리카락은 엉망이고 살은 진짜 5킬로그램쯤 빼야 해요. 이 셔츠에 단추도 하나 떨어졌네요." 스스로 자기 결함을 일일이 지적하는 소리를 들으려고 사람들이 우리를 칭찬했다고 생각하는가? 절대 그렇지 않다.

그 대신 "그렇게 말씀해주시다니 정말 친절하시군요" 또는 "칭찬 감사합니다. 덕분에 기분이 좋네요!"라고 응답하면 얼마나 좋겠는가.

데일 터너Dale Turner 박사는 저서 『불완전한 대안Imperfect Alternatives』에서 칭찬을 거부했다며 자신을 꾸짖었던 친구의 말을 인용했다. "누군가 너한테 칭찬을 하면, 그가 한 말에 토를 달거나 그 의미를 축소하지 마. 왜냐하면 말도 선물이거든. 네가 칭찬받을 자격이 없다고 생각하더라도 고맙게 받아들여. 너를 칭찬한 사람에게 상처를 주고 싶지 않다면 말이야. 칭찬이란 결코 무심코 버려서는 안 되는 선물이야."

우리는 자신이 거둔 성과를 대단치 않게 생각해서 칭찬을 거부하기도 한다. "아니에요. 사실 특별한 일도 아니고, 누구든지 할 수 있었어요. 제가 운이 좋기도 했고요." 우린 흔히 이렇게 겸손을 떨지만, 그건 마치 "아니야, 이 멍청아! 내가 정말로 무능하고 실수투성이라는 게 네 눈에는 안

보이니?"라고 말하는 것과 같다. 공을 나누는 것은 늘 좋은 일이지만(품위 있는 행동임은 말할 필요도 없고 친절의 다른 형태이기도 하다), 칭찬 전체를 축소하는 것은 그 누구에게도 이익이 되지 않는다.

그러므로 칭찬을 서부하거나 그에 어쩔 줄 몰라 하기보다는 "감사합니다. 저도 그 결과에 정말 기뻐요" 또는 "맞아요! 우린 정말 환상의 팀이에요"라고 말하는 편이 훨씬 낫다.

우리 대부분이 칭찬을 잘 받아들이지 못하지만, 특히 이것은 남자보다는 여자에게 훨씬 더 큰 문제일 때가 많다. 어떤 남자에게 새 정장이 멋지다고 칭찬하니, 그가 그 정장 때문에 엉덩이가 커 보인다고 대답한 적이 있는가? 아마 없을 것이다.

내가 소통하는 대부분의 남성은 자기 일에 대한 칭찬을 어떻게 받아들일지 잘 알고 있다. 사실 그들은 칭찬을 기대하는데, 그런 기대를 품는 것은 좋은 일이다. 그러나 여성 대부분은 자기 실력을 감추라는 직접적 또는 간접적 훈육을 받으며 자랐다. 우리 어머니들은 우리에게 정숙해야 한다고 가르쳤고, 선생님들도 겸손과 자제를 부추겼다. 다른 이들도 계속 여성들에게 '온유한 자가 땅을 물려받을 것'[9]이라고 말한다.

선물과 칭찬에 대한 반응을 재구성한다면, 우리는 더 쉽게 그런 것들을 받아들일 수 있을지 모른다. 자신이 칭찬받을 자격이 있는지 의문을 품거나, 자만하는 것처럼 보일까 봐 두려워하거나, 마땅히 받아야 할 칭찬보다 더 받는 것은 아닌지 걱정하지 마라. 우리 자신에 대한 생각을 멈추고 칭찬하는 사람을 생각하고, 어떤 반응이 그를 가장 기쁘게 할지 생각

---

9   마태복음 5장 5절에 나오는 말이다.

하자. 그의 선물을 정중하게 받아들임으로써 우리가 베풀 수 있는 친절에 대해 생각해보자.

 실천하는 친절

당신 앞에 오는 친절(말과 행동)을 포용하겠다는 마음을 가지고 진정으로 감사하면서 받아들여라. 당신이 받았던 마지막 칭찬(일, 외모, 노력 등 그 무엇에 관한 것이든)을 떠올려보라. 그때 어떻게 반응했는가? 당신의 반응이 칭찬한 사람을 기분 좋게 했다고 생각하는가? 다음번에는 어떤 칭찬이든 정중하게 받도록 해보라. 이의를 제기하거나 깎아내리지 말고, 가짜 겸손을 떨지도 마라. 더 구체적으로 다음 3주간 칭찬을 정중하게 받아들이겠다는 목표를 세우고, 3주가 지난 후 기분이 어떤지 살펴보자. 그리고 누군가에게 진심 어린 칭찬을 해보라. 그러려면 주변에 주의를 기울이고, 어떤 사람이 옳은 일을 하거나 주목할 만큼 노력하는 것을 알아차렸을 때 소리 높여 지지할 줄 알아야 한다. 적절한 칭찬 몇 마디쯤은 누구라도 건넬 수 있다.

모든 친절의
시작은 '나'

자신을 돌보는 것은 결코 이기적인 행동이 아니다. 그것은 내가 가진 유일한 선물, 즉 남에게
내놓기 위해 태어난 나라는 선물을 잘 관리하는 일이다. 우리는 언제나 진정한 자아의 말에
귀를 기울이고 그것이 필요로 하는 것을 주어야 한다. 자신뿐 아니라 자신이 접촉하는 많은
다른 이들을 위해 자신을 돌보아야 한다.

파커 파머Parker Palmer

남들에게 친절을 효과적으로 베풀거나 그들로부터 정중하게 친절을
받으려면, 우리는 먼저 가장 중요한 사람과 친절로 돈독한 관계를 쌓아야
한다. 그 사람은 바로 우리 자신이다.

너무 분명한 일이지만, 우리는 종종 항상 함께 살고 호흡하는 우리 자
신에게 불친절하다. 가끔은 노골적으로 학대하고, 가끔은 무관심하거나
등한시하기도 한다.

우리는 비행기를 탈 때마다 이런 말을 듣는다. 평온한 하늘을 비행할
때에도 예외는 없다. "기내 압력이 떨어지면, 산소마스크가 머리 위 칸에
서 떨어질 것입니다. (……) 다른 사람을 돕기 전에 반드시 자신의 마스크
부터 확보하십시오."

우리는 이 말을 수도 없이 들었다. 이것은 비행기 승객을 위한 안내인
동시에, 현역에서 활동하는 거의 모든 동기부여 강연자가 써먹는 레퍼토
리이기도 하다. 다소 뻔하긴 하지만, 이 표현이 의미하는 글자 그대로의
상황을 생각해보라. 당신이 어린아이거나 산소마스크를 쓰는 데 도움이

필요한 사람이라면, 차분하게 호흡하면서 이 상황은 사소한 불편일 뿐 함께 해결해나갈 수 있다고 안심시켜주는 사람에게 도움을 받겠는가, 아니면 놀란 토끼 눈을 하고 금방이라도 기절할 듯 보이는 순교자에게 도움을 받겠는가?

더 현실적인 상황에서 보자면, 나는 흔들림 없고 자신감 있는 사람에게 도움을 받을 때가 초조함이나 의무감에서 친절을 베푸는 듯 보이는 사람에게 도움을 받을 때보다 더 유쾌했다. 마찬가지로, 자신이 받을 자격이 없다고 여겨서 친절을 받아들이지 못하는 사람보다는 친절을 받아들일 줄 아는 사람에게 친절을 베풀기가 더 쉬웠다.

자기 자신에게 친절해지는 방법으로 누구에게나 통하는 묘안은 없다. 때로 어떤 사람에게 효과가 있는 방법이 다른 사람에게는 통하지 않을 수도 있다.

여기서 기초적인 몇 가지 방법을 살펴보자.

거절할 때를 알기

자신의 삶에 '예스'라고 말하는 것은 가끔 남들에게 '노'라고 말하는 법을 아는 것과 같다. 남들에게 너무 많은 것을 줘버려서 자신에게 아무것도 남아 있지 않다면, 자신의 에너지를 다시 채우고 힘을 회복할 방법을 찾아야 한다. 훌륭한 달리기 선수가 그러하듯, 우리는 속도를 조절해야 한다. 마찬가지로 자신에게 부드럽게 '노'라고 거절해야 할 때가 있다. 자기 파괴적인 행동에 착수하려고 할 때나 정신없이 돌아가는 일과에서 벗어나 도망가고 싶을 때 우리는 자신에게 '노'라고 말해야 한다.

자신에게 하는 말 바꾸기

많은 사람이 다른 사람에게는 절대 하지 않을 말들을 자기 자신에게 한다. 우리는 자신을 바보라고 부르며, 서툴고 못생기고 뚱뚱하다고 막말을 퍼붓는다. 그리고 사소한 잘못으로도 트집을 잡고 자신을 비난한다. 또한 자신에게 닥치는 좋은 일은 받을 자격이 없고, 나쁜 일은 당할 만하다고 말한다. 우연히 거울을 보았는데 우리를 마주 보고 있는 사람이 오늘따라 꽤 멋져 보이면, 즉시 흠을 찾는다. "세상에, 머리 좀 봐! 소똥이할 때 쓰는 막대기로 빗은 거 같아." 이렇듯 말로 자학을 시작할 때 화들짝 정신을 차리고 즉시 비난을 이렇게 바꿔야 한다. "너 정말 괜찮다. 자, 네가 얼마나 멋진지 세상에 보여주자고!"

자신을 만족시키는 취미 찾기

자기 관리를 활성화하는 취미는 저마다 달라서, 인구수만큼이나 다양하다. 독서, 산책, 거품 목욕, 자연 즐기기, 음악 감상, 글쓰기, 반려견 산책이나 반려묘 쓰다듬기, 연애, 여행, 수영, 테니스, 명상, 친구들과 시간 보내기, 혼자 시간 보내기 등 끝이 없다. 이것들은 몇 가지 예에 불과하다. 당신을 만족시키는 취미는 무엇인가? 우리는 모두 자신의 에너지를 보충하고 원기를 회복시켜주는 활동을 인식하고 자주 실행해야 한다. 우리가 자신을 돌보지 않으면 누가 돌보겠는가?

경계 인식하기

나는 경계를 가치관과 비슷한 것으로 여긴다. 내 친구 린Lynn은 가치관을 '우리가 미리 내린 결정'이라고 묘사하는데, 나는 경계도 그와 같다고 생각한다.

경계는 내가 다른 사람과 소통할 때 무엇을 하고 하지 않을지, 남들에게 무엇을 허용하고 허용하지 않을지 구분하는 기준이다. 경계는 외부적이기도 하고 내부적이기도 하다. 외부적 경계는 남들이 우리의 공간과 감정, 믿음, 심지어 소유물을 침범하는 것으로부터 우리를 보호한다. 내부적 경계는 우리가 우리의 시간과 감정, 충동을 관리하도록 돕는다. 자신의 경계를 인식하지 못하면, 남을 돕고 문제를 해결하거나 남을 기쁘게 해주려고 지나치게 애를 쓰는 등의 행동으로 에너지를 다 써버릴 수 있다. 또한 학대를 참고, 아무 생각 없이 남의 비난을 받아들이며, 기진맥진할 때까지 과도한 일정을 짜고, 다른 사람의 짐을 떠맡아 자신을 고갈시키기도 한다. 자신의 경계를 세우고 그것을 잘 유지하는 법을 배우는 것이 자신에게 베푸는 친절의 핵심 요소다.

용서하기

어리석고 경솔한 짓을 남들만큼 해본 사람으로서, 나는 자신의 실수를 후회와 자기 비난의 형태로 늘 짊어지고 다니는 일이 아무에게도 도움이 되지 않음을 알게 되었다. 게다가 그 짐은 지독하게 무겁기도 했다. 자기 실수를 무시하라는 것이 아니라, 실수로부터 배우고 자신을 용서하며 마침내는 그 짐을 놓아버리라는 뜻이다. 이를 잘 표현한 출처 불명의 명언이 있다. "과거에 저지른 실수는 당신을 정의하도록 의도된 것이 아니라, 당신을 이끌도록 의도된 것이다."

작은 관용

만족을 불러오는 취미와 관련이 있는 '작은 관용'은 트렌드 워처[10]인 페이스 팝콘Faith Popcorn에게 처음 들은 용어다. 그녀는 우리가 자신에게 허용하는 감당힐 만한 수준의 사치품을 이렇게 부른다. 이는 예산에서 벗어나지 않으면서, 스트레스를 빠르고 쉽게 덜어주는 물건을 일컫는다. 이를테면, 스타벅스는 우리의 즉각적인 욕구에 대한 답이 캐러멜 마키아토, 차이 티나 에티오피아 블렌드 커피 한 잔이라고 확신시키며 작은 관용을 실현하게 한다. 작은 관용은 우리 주변 어디에서든 찾아볼 수 있다. 장인이 만든 다크 초콜릿 한 조각, 즐겨 보지만 평소에는 5달러나 들여 사지는 않는 잡지, 박물관 견학, 마사지, 벤 앤 제리[11] 아이스크림, 도서관에서 받아 보려고 몇 달을 기다리는 대신 덜컥 사버린 신간 베스트셀러까지 매우 다양하다.

당신이 가장 좋아하는 작은 관용은 무엇인가?

여기서 다시 달라이 라마의 말을 살펴보자. "모두를 위해서 한 걸음 물러나 자신을 추슬러라. 여기서 핵심은 장기적인 관점으로 보는 것이다." 좋은 충고가 아닐 수 없다.

우리가 남들에게 진정한 친절을 베풀고 남들로부터 친절을 받을 수 있으려면, 먼저 우리 자신에게 친절해져야 한다. 여기서 난제는 자신을 가치 있게 여기는 것이다. 그리고 자신을 먼저 생각하는 것은 무조건 이기적인 일이라는 내면의 목소리를 듣지 않는 것이다. 그것은 지금은 우리

---

10 최신 유행의 흐름을 신속하게 포착하여 분석한 정보를 기업에 파는 직업
11 아이스크림과 냉동 요구르트 프렌차이즈

목소리지만, 한때는 부모님이나 선생님의 목소리였을 수도 있다. 이기적인 것과 사심이 없는 것은 우리가 관리해야 하는 양극이다. 따라서 우리의 욕구가 더 커야 할 때가 있고, 때로는 다른 이가 먼저여야 하는 때가 있으며, 다른 이의 욕구를 우리보다 위에 놓는 것이 우리의 가장 큰 욕구일 때도 있음을 인식해야 한다.

자기를 돌보는 것이 이기심이나 자기도취와 비슷하게 느껴질지도 모른다. 또 다른 모든 것이 그렇듯, 극단적으로 치우치면 이런 일은 우리 자신에게 도움이 되지 않을 것이다. 자기 이야기만 줄곧 떠들어대는 사람이나, 여덟 살짜리 아이도 아닌데 아직도 세상이 자기 자신을 중심으로 돌아간다고 생각하는 사람들과 시간을 보내는 일은 전혀 재미있지 않다. 그러나 그런 사람들은 주변 어디에나 있어서 우리를 지치게 한다. 우리는 그들을 바꿀 수 없지만, 자신에 대한 친절함의 표시로서 그들과의 접촉을 제한할 수는 있다.

우리가 자신에게 친절해지지 못하게 막는 장애물은 일반적으로 남들에게 친절해지지 못하게 막는 장애물과 같다. 시간적 제약, 두려움, 피로, 무관심, 주변을 의식하지 못하는 일 등이 방해가 되는 것이다.

달라이 라마가 권고한 대로 동정심에 대해 장기적인 관점을 취한다면, 친절은 자신에게 베푸는 것으로 시작되어 밖으로 퍼져나간다는 사실을 알게 될 것이다. 주기적으로 자신의 에너지를 보충하지 않으면, 친절이 절실히 필요한 주변과 이 세상에 우리의 선물을 내놓을 수 없다.

실천하는 친절

당신이 자신에게 하는 말은 대체로 긍정적인가, 부정적인가? 용기를 북돋우는 동정심 어린 말을 생각하고, 자신에게 말해주는 연습을 해보자. 자신이 칭찬받을 자격이 없다고 믿는 내면의 목소리는 무시하도록 한다. 당신을 만족시키는 취미는 무엇인가? 자신에게 베푸는 작은 관용은 무엇인가? 자신을 향한 친절을 어떻게 표현하는가? 당신은 자신을 짓누를 뿐인 후회를 짊어지고 다니는가? 그렇다면 교훈을 가르쳐준 실수에 감사한 후 그냥 놓아버려라. 지금 당장 자신에게 베풀 수 있는 최선의 친절은 무엇인지, 또 무엇이 그것을 막고 있는지 생각해보자.

너무 작은 친절이란 없다

평소에 당신이 할 수 있는 가장 위대한 일은 친절과 관대함과 사랑을 표현하는 작은 행동이다.

코리 부커Cory Booker

너무 보잘것없다는 이유로 친절을 베풀 기회를 지나친 적이 있는가? 동료에게 현명한 조언을 해주어 감사하다고 짧은 쪽지를 쓰는 것이나 가게에서 산 빵을 이웃에게 나눠주는 것은 별일 아닌 듯 보이고, 실제로 하찮은 일이다. 만약 정말로 친절한 사람이라면, 동료에게 꽃을 보내거나 이웃을 위해 신선한 빵을 구울 것이다. 진짜 배려심 있고 동정심 넘치는 사람이라면, 틀림없이 거창한 제스처로 친절을 표현하지 않겠는가?

꼭 그렇지는 않다. 거창한 제스처로 친절을 베푸는 것은 아무 문제가 없지만, 친절한 삶이란 해안가에 쌓인 모래처럼 작지만 평범하고 일상적인 친절이 하루하루 누적되는 삶이다.

나는 최근에 영국 강연자 애드리언 웹스터Adrian Webster가 널리 알린 '눈에 띄는 작은 것들Tiny Noticeable Things'이라는 개념을 우연히 알게 됐다. 이것은 주변 사람들의 삶을 밝혀주는, 우리의 작고 간단한 행동들을 의미한다. 이를테면 작은 미소, 감사 인사, 도와주겠다는 제안이나 삶에서 마주치는 사람들에 대한 진정한 관심이다. 이런 행동 중 어느 것도 세상을 떠들썩하게 만드는 대단한 일은 아니지만, 그것들이 점점 쌓이면 기분을 바꾸고 삶을 바꾸며, 심지어 세상을 바꿀지도 모른다.

매사추세츠대학교 공과대학교MIT의 교수 메리 로Mary Rowe는 1970년대 그 대학의 옴부즈맨으로 활동할 때, '미시적 긍정micro-affirmation'이라는 용어를 만들어냈다. 그녀의 임무는 소수 인종과 여성, 장애인을 향한 학내의 편견을 연구하는 것이었다. 그녀는 미시적 긍정의 중요성을 다음과 같이 설명했다. "기회가 있을 때마다 문을 열어주는 작은 행동, 소속감을 주며 배려하는 제스처, 남의 말을 들어주는 품위 있는 행동이 미시적 긍정입니다. 미시적 긍정은 너그러움을 실천하고, 끊임없이 남에게 공을 돌리며, 남들이 괴로워할 때 위로하고 지지해주는 행동에 있습니다."

로는 '미시적 불평등micro-inequity'이라고 이름 붙인 개념도 설명했다. "미시적 불평등은 아주 잠깐 사이에 일어나 증명하기 어려운 사소한 일화들에 숨어 있고, 대개 은밀한 상황에서 무심코 일어납니다. 사람들이 서로 '다름'을 느끼는 곳에서는 어디서든 발생하지만 흔히 가해자는 자신의 행동을 인식하지 못합니다." 예를 들어, 회의에서 참가자를 깜빡하고 소개하지 않거나, 너무 바빠서 동료에게 인사를 하지 못하거나, 가게 주인이 손님을 반갑게 맞아주지 못하거나, 인종이나 성별 때문에 누군가에 관해 선입견을 품거나, 무심코 상대방에게 센스 없는 말을 던지는 등의 상황에서 일어나는 것이다. 이런 행동은 관계를 점점 부식시키는 작용을 한다.

이 용어들은 원래 직장 내 불평등과 편견을 논의하기 위해 사용되었지만, 여기서 차용한 개념을 친절이라는 주제를 논할 때 사용해도 좋을 것이다. 작고 은근한 친절은 '미시적 친절'로, 작고 미묘한 불친절은 '미시적 불친절'로 부를 수 있을 테니 말이다.

우리가 매일 만나는 미시적 불친절을 생각해보라. 우리는 동료의 매서운 눈초리에서, 자기 개가 우리 마당에 대변을 쌌는데도 치우지 않는 이웃에게서, 아무런 해명이나 사과 없이 마냥 기다리게 하는 식당 종업원에게서 미시적 불친절을 느낀다.

어쩌면 아침에 동료를 보고 인사를 안 하거나, 차선에 합류할 수 있게 속도를 줄여준 운전자에게 고맙다고 하지 않아도 크게 문제 되지 않는다고 생각하는 우리 자신도 미시적 불친절을 저지르고 있는지 모른다. 이런 사소한 행동은 정말로 중요하지 않다고 생각하는가?

미시적 친절을 받으면 우리는 가슴이 따뜻해지면서 자연스럽게 미소를 짓게 된다. 바리스타나 은행 직원이 건네는 다정한 인사말, 도와달라고 청하지 않아도 발 벗고 나서는 동료, 자기 텃밭에서 기른 채소를 후하게 나누어주는 이웃을 보면 그렇다.

미시적 친절은 흔히 우리가 남들과 상호작용할 때와 관련 있지만, 혼자서 할 수 있는 일도 있다. 산책할 때 쓰레기 줍기, 마트 주차장에 버려진 쇼핑카트를 매장까지 다시 가져다 놓기, 만료된 주차장 미터기에 25센트짜리 동전 두어 개 넣어놓기 등이다. 대단한 일은 아니지만, 그런 행동이 일상적으로 벌어지는 세상은 분명 대단히 살기 좋은 곳이 될 것이다.

삶에서 중요한 거의 모든 것이 그러하듯, 미시적 친절도 우리가 주의를 기울이면 더 증진할 수 있다. 우리가 스스로를 깨어 있고 자각하게 만든다면, 다시 말해 상황이나 성향에 몰입하여 무의식의 늪으로 빠지지 않는다면, 우리에게 신호를 보내는 모든 작은 것들을 알아차릴 수 있을 것이다. 슈퍼마켓에서 우스운 표정을 지으며 우리가 알아봐 주기를(그리고 자기에게도 우스운 얼굴을 해주기를) 바라는 어린아이나, 양손 가득 무엇인가를 들고 있어 문을 열 수 없는 앞사람이 눈에 들어올 것이다. 그리고 우리가 자신에게 베풀어야 하는 작은 친절(책상에 너무 오래 앉아 있었다면 가까운 몇 블록을 조용히 산책하는 등)도 알아차리게 될 것이다.

 실천하는 친절

자신이 하루에 얼마나 많은 미시적 친절을 베푸는지 살펴보라. 또한 몇 가지 미시적 불친절에 굴복하는지도 생각해보라. 대강의 숫자를 기록하고 그 숫자를 기준치로 삼아보자. 그런 다음, 그다음 주나 그 이후로 미시적 친절을 늘리고 미시적 불친절을 줄일 수 있는지 살펴보자. 정신을 바짝 차리고 집중력을 유지해야 할 것이다. 작은 친절이 필요한 대상을 알아차렸다면 친절을 베풀고, 계속 기록해야 한다. 횟수를 세는 것이 너무 강박적으로 느껴져 스트레스를 받는다면, 그냥 주의를 기울여라. 당신이 매일 작은 친절을 더 많이 베푸는 것처럼 느껴진다면 정말로 그러할 일이고, 그건 좋은 일이다. 가장 이상적인 경우는 당신이 작은 친절을 베푸는 일을 너무나도 좋아하여 계속 실행하고, 훨씬 더 잘하게 되는 것이다. 그러면 꽤 이른 시일 안에 이러한 미시적 친절이 제2의 천성이 되어, 크든 작든 친절을 베풀 기회를 어디서나 발견하게 될 것이다. 작은 것들은 때로 정말로 많은 것을 의미한다.

CHAPTER 6

친절을 우리의 삶 속으로

마음의 여유와 풍부함
그리고 친절의 관계

진정한 친절은 풍부함을 깊이 인식하는 데서 우러나온다. 그 풍부함 덕분에 내가 베푼 친절
이 내게 돌아오고 있음을 느낄 수 있다.

웨인 멀러

웨인 멀러가 설명한 대로 우리는 풍부함을 느낄 때 친절해지기가 더
쉽다. 항상 뭔가가 충분치 않다고 걱정하거나, 내가 가진 것을 나누면 내
몫이 줄어들지 않을까 걱정한다면 친절을 베풀기 어렵다.

행운의 주인공이 된 사람이나 큰 성공을 거둔 사람에게 적의를 느끼거
나 그 사람을 부러워한 적이 있는가? 그러면서 자기 자신을 합리화하거
나("가족 연줄을 동원해서 쉽게 취직했을 텐데 뭐가 대단해?") 그 성공을 하찮게
여기지는("맥아더 영재상을 받은 게 대수야? 그런 상은 흔하디흔하다고") 않았는
가? 또는 그들의 성공을 축하해주면서 자기도 모르게 이를 갈지는 않았
는가?

그런 반응은 '저 사람이 많이 받으면 그만큼 내 몫은 적어지겠지'라는
생각에 초점을 두고 있다. 즉, 부족함에 집중하기 때문인 것이다.

세상은 풍부함에 관해 우리에게 두 가지 관점을 제공한다.

문화 인류학자 제니퍼 제임스Jennifer James는 양이 제한된 파이와 제한
이 없는 파이의 개념에 대해 자주 말한다. 우리가 세상을 제한된 파이로
본다면, 다른 사람이 큰 조각을 가져갈 때 우리 몫은 더 적어진다. 하지만

세상을 제한이 없는(한없이 확대되는) 파이라고 볼 수 있다면, 다른 이의 성공이나 번영에 위협감을 느끼거나 위축될 이유가 없다. 파이는 모두가 차지할 만큼 풍부하게 있고, 내 파이는 다른 사람의 파이 크기에 영향을 받지 않기 때문이다.

다른 이의 풍부함이 우리에게 부족이나 결핍을 가져오는 경우는 극히 드물다. 세상은 그런 식으로 작동하지 않는다. 성공과 행운은 햇빛처럼 제한이 없어서, 모두에게 충분하게 공급될 수 있다. 사실 우리가 자신을 둘러싼 풍부함을 더 많이 인식할수록, 모두를 위한 몫이 더 많아질 것이다. 친절과 자신의 만족을 통해 남들이 풍부함을 경험하도록 도움의 손길을 내밀게 되기 때문이다. 결국 풍부하게 갖고 있기 때문에 가진 것을 나눌 수 있게 되고, 그런 친절의 결과는 부메랑이나 충성스러운 강아지처럼 곧장 우리에게 돌아온다.

친절한 사람은 결코 부러움과 옹졸한 마음을 느끼지 않는다는 말이 아니다. 그들은 우리와 똑같이 민감하지만, 자신을 더 잘 인정하고 그런 기분을 더 빨리 극복할 수 있는 것이다.

우리같이 평범한 사람들의 경우, 어느 날 잠에서 깨 그날따라 특히 자신이 부족하다고 느낄 때에는 정말로 중요한 것이 무엇인지 보지 못하기도 한다. 그때가 바로 풍부하다는 느낌이 소환되어야 하는 타이밍이다. 풍부하다는 느낌은 우리의 내면적 세계관과 외면적 세계관을 뒷받침한다. 어쩌면 우리는 자신이 덜 매력적이거나 덜 똑똑하다고, 또는 덜 유능하거나 덜 안전하다고 느낄 것이다. 아니면, 다른 사람들이 지니고 있는 부와 자원이 자신에게는 없다고 생각할지도 모른다. 그런데 진짜든 상상이든, 가지고 있지 않은 것에 집중하면 끝없이 치닫는 부정적 생각의 악순환을 촉발하게 된다.

진부하고 케케묵은 비유이기는 하지만, 이는 '절반이나 차 있는 유리잔'과 '절반밖에 남지 않은 유리잔'과 같다. 세상을 어떻게 보는지에 따라 우리는 자신의 현실을 만들어낸다. 세상을 부족과 결핍의 렌즈로 보면, 부정적인 면만 찾도록 자신을 훈련하면서 절대 만족하지 못한다. 하지만 세상을 풍부함의 렌즈로 보면, 자신이 가진 것에 만족하면서 모든 것이 나눌 만큼 충분히 있다고 생각하게 된다.

풍부하다는 느낌이 없다면 우리는 줄 수도, 받을 수도 없다. 자신이 가진 것을 너무 꽉 움켜쥐면, 세상이 우리에게 주고 있는 모든 것을 열린 눈으로 볼 수 없고 열린 손으로 받을 수 없다.

스스로 충분히 가지고 있다고 믿기 위해서는 먼저 자신이 충분하다고 믿어야 한다. 하지만 우리는 "너는 충분치 않아"라는 메시지에 둘러싸여 있다. 이 메시지들은 전혀 다른 종류의 풍부함에서 나온 것으로, 서구 사회에 이미 만연한 엄청난 소비와 지칠 줄 모르는 구매 행위를 조장한다.

가족과 친구가 다행스럽게도 우리를 있는 그대로 온전하고 완벽하게 봐줄지라도, 언론 매체는 그렇지 않다는 메시지를 퍼붓는다. 잡지들은 우리에게 부족한 패션 아이템이나 우리가 잃어버린 젊은 피부를 보여준다. 텔레비전은 광고와 할리우드의 미적 관점을 기준으로 삼고 우리가 충분함과 거리가 멀다고 말한다. 우리 중 어떤 사람은 너무 작고, 어떤 사람은 너무 크다고 한다. 또 우리 옷은 패션 감각이 부족하고 머리카락은 윤기가 부족하지만, 희소식은 우리의 결함을 고쳐줄 제품이 있다고 한다. 체중, 피부, 머리카락에 관한 광고들은 온라인에서 우리를 괴롭히며, 우리의 고민을 해결해주려고 대기 중인 특효약이나 세럼이 있다고 끈질기게

목청을 높인다.

우리는 자신이 부족하다고 믿도록 미묘하게, 때로는 노골적으로 가르침을 받았다. 우리가 충분치 않고, 우리에게는 무엇인가가 부족하다고 말이다. 이때 우리의 고민을 해결해주거나 우리를 온전하게 만들어줄 '상품'은 항상 존재한다. 그래서 이런저런 물건을 사고 놓친 마법의 재료를 습득하며 일단 그렇게 소비의 세계에 발을 들이면, 끝없이 더 많은 것을 찾아다니게 된다.

하지만 이렇게 헤매는 대신 풍부함을 포용하면, 비교하고 부러워하는 욕구와 자신이 부족하다는 기분까지 억누를 수 있는 만족감이 생긴다.

친절의 렌즈로 바라보는 풍부함은 즐거움과 의미와 봉사로 가득한 삶을 사는 데 필요한 것을 우리가 이미 갖고 있다고, 있는 그대로 괜찮다고 말한다. 상품화의 렌즈로 바라보는 풍부함은 우리가 충분치 않고, 충분해지려면 더 많이 구매해야 한다고 속삭인다. 우리는 두 가지 이야기를 모두 듣는다. 어떤 목소리가 더 깊은 울림을 주는가? 당신은 어떤 목소리에 귀를 기울일 것인가?

💙 **실천하는 친절**

다른 이의 성공이나 부에 시기나 질투를 느낀 적이 있는가? 그럴 때마다 혹시 왠지 모를 위축감을 느끼는지는 않았는가? 왜 그랬는지 그 이유에 대해 생각해보자. 당신의 세계관은 풍부함의 세계관인가, 결핍의 세계관인가? 그런 메시지가 어디에서 오는지 생각해보자. 당신이 불완전하다고 말하는 메시지, 즉 지금 이 순간 뭔가가 더 많아야 한다거나 뭔가를 더 덜어내야 한다고 말하는 메시지는 어디서 오는가? 어떤 상업적 메시지가 당신에게 완전해지기 위해서는 무엇인가를 사야 한다는 생각을 주입할 때, 그 메시지가 어떻게 만들어졌고 당신이 무엇에 걸려들었는지 생각해보라. 그런 다음 부드럽지만 단호하게 그 메시지를 차단하고 말해보라. "감사합니다만, 나는 지금의 나대로 괜찮습니다." 자신이 지금 그대로 완벽하며, 어떤 모습이든 내일도 완벽할 것임을 되새기는 간단한 주문을 만들어보자. 이를테면 "나는 충분히 가졌고, 지금의 나는 충분하다"라고 말하는 것이다. 일단 시도해보고, 그 주문을 진짜라고 믿게 될 때까지 반복해서 사용하라.

감사할 줄
아는 삶

당신이 삶을 통틀어 말했던 유일한 기도가 "감사합니다"라고 해도, 그것으로 충분하다.

마이스터 에크하르트Meister Eckhart

많은 나라와 문화에는 감사함을 기리는 휴일이 있다. 미국인과 캐나다인은 비록 날짜는 다르지만, 모두 추수감사절을 기념한다. 그날은 우리가 일상을 멈추고 나라의 문화유산에 감사할 기회이므로, 집단적으로나 개인적으로나 모두 감사할 줄 알아야 한다. 이상적으로는 이러한 감사를 우리 삶에서 매일 실천하면 좋겠지만, 바쁜 업무와 일정 때문에 우리는 감사함을 느낄 겨를이 없다.

나는 친절하게 1년 살아보기를 시도하면서 친절과 감사가 밀접하게 관련되어 있으며, 서로가 서로를 증가시킨다는 것을 알게 되었다. 내가 자연 속에서 시간을 보낼 때 이 깨달음은 더없이 분명해졌다. 등산할 때, 캐스케이드 산맥을 바라보며 우리 집 데크에서 휴식을 취할 때, 우리 동네를 산책할 때, 나는 주변의 자연 앞에 마음이 열리는 것을 자주 느낀다. 새들의 비행과 노랫소리, 엄청나게 다양한 나무들과 계절이 변하면서 그 모습이 바뀌는 광경, 겨울에는 불어나고 여름에는 느긋하게 흐르는 개울물, 마당에 떨어진 사과를 먹으려고 우리 집을 찾아오는 사슴까지, 모두 나를 반겨주는 듯했다. 이런 것들을 마주하고 있노라면, 우리 지역사회와 지구에 내가 받은 것을 돌려주고 싶은 마음이 든다.

감사와 친절의 시너지 효과

친절하게 1년 살아보기를 하는 동안, 나는 피츠비그에서 열리는 한 주말 콘퍼런스에 참석하게 되었다. 날씨가 눈부시게 아름다운 5월 말이었다. 어느 날은 오후에 자유시간이 있어서 근처 공원으로 걸어가 책 한 권을 들고 자리에 앉았다. 잔디 위에서 노는 아이들, 손을 잡고 산책하는 커플, 다람쥐, 강아지, 꽃, 끝도 없이 다양한 종의 나무와 새들이 모여 공원은 마치 하나의 살아 있는 유기체 같았다. 거기서 그 모든 것들(콘퍼런스, 여행, 내가 만났던 사람들, 내가 접한 아이디어들)을 경험할 수 있어서 내가 얼마나 축복받았는지 가슴 벅차게 느꼈던 기억이 난다. 그러자 감사함이 뼛속까지 스며드는 것 같았다. 얼마 후, 나는 레스토랑으로 걸어가서 점심을 주문했다. 레스토랑 테이블에서도 공원의 풍경과 피츠버그의 부산스러운 거리가 잘 보였다. 과일 샐러드와 먹다 남은 샌드위치 반쪽이 훌륭한 저녁 식사가 되리라 생각하며 웨이트리스에게 그것을 포장해달라고 부탁했다. 호텔로 돌아오는 길에 나는 삶이 충만함을 느꼈고, 내가 사는 시대와 장소와 방법이 엄청난 특권이라고 생각했다. 그런데 내가 묵던 호텔에서 한 블록쯤 떨어진 곳에 휠체어에 쓰러지듯 앉아 있는 노인 한 명이 있었다. 그의 옆에는 동전이 몇 개 들어 있는 깡통과 함께 '도와주세요'라고 쓰인 마분지로 만든 작은 게시판이 있었다.

나는 멈춰서 그 노인에게 인사했다. 그러고는 "제게 칠면조 샌드위치 반쪽하고 과일 샐러드가 조금 있는데, 드시겠어요?"라고 물었다.

그는 눈을 휘둥그레 뜨고 대답했다. "먹다마다요." 나는 그에게 레스토랑에서 가져온 음식이 든 봉투와 지갑에서 꺼낸 2달러를 같이 건네주었다. 우리가 얘기를 나누던 1~2분 동안, 노인의 눈은 정말로 생기 있게 반짝였다. 내가 호텔을 향해 다시 걷기 시작했을 때 내 발걸음은 전보다 훨씬 가벼웠고, 기분은 더없이 행복했다. 그 노인과 나눈 짧은 소통이 너무 기분 좋았다. 노인이 내가 건네준 샌드위치와 몇 달러에 고마워한 것은 틀림없겠지만, 그보다는 내 눈에 띈 것을 훨씬 더 고마워했으리라고 생각했다. 그는 외면하는 사람들, 빨리 지나치며 무시하는 사람들, 또는 동전 몇 개나 지폐 몇 장을 깡통 안에 떨어뜨리면서도 말 한마디 없이 황급히 떠나는 사람들에게 익숙해져 있었다. 내가 온몸 가득 느꼈던 감사함이 친절을 베풀도록 내 마음을 열었고, 음식이나 돈이라는 선물뿐 아니라 진정한 관심이라는 선물도 내밀게 했다. 그날 오후, 큰 선물을 받은 쪽이 오히려 나였다고 확신한다.

나는 감사함을 가득 느꼈을 때 친절이 자연스럽고 쉽게 흘러나온다는 것을 깨달았다. 친절을 베풀기 어렵게 느껴진다면, 내 환경이나 친구들, 사랑하는 이들이나 나를 기쁘게 했던 작은 일들에 감사하는 시간을 갖도록 해보자. 그런 짧은 시간이 친절이 우러나오도록 우리를 고무할 것이다.

친절과 감사가 어우러지면 거의 연금술과 같은 결과를 만들어내는데, 여기서 몇 가지 구체적인 예를 소개하고자 한다.

1. 속도를 늦추게 한다

감사와 친절은 모두 우리에게 속도를 늦추라고 요구한다. 빡빡한 스케줄과 바쁜 삶 속에서 살아가는 우리에게 이런 일이 늘 쉽지만은 않다. 너무나 긴 할 일 목록에 지배되어 이번 마감에서 다음 마감으로, 하나의 의무에서 다른 의무로 급히 달려가고 있는 기분이 들 때가 많을 것이다. 하지만 일출, 활짝 핀 크로커스꽃, 아이스 스케이트 선수처럼 원을 그리며 나는 새들의 존재를 알아차리고 그런 것들에 감사하고 싶다면 반드시 속도를 늦춰야 한다. 또한 마트 계산원의 미소, 우리를 위해 누군가 잡아주는 문 그리고 매일 우리 앞에 펼쳐지는 무수한 친절의 기회를 알아차리고 싶을 때도 속도를 늦춰야만 한다. 감사하는 태도와 친절이 곧 우리에게 일상 속의 여유를 찾아주는 것이다.

2. 열린 마음을 갖게 한다

감사를 경험하면 마음이 활짝 열린다. 감사는 풍부하고 충분하다는 느낌이며, '나는 이것만 있으면 돼'라는 생각이기도 하다. 감사는 또한 현재에 대한 충실함이다. 5분 전에 일어난 일은 중요치 않고, 5분 후에 일어날 일도 중요치 않으며, 나는 현재에 존재한다는 사실을 받아들이는 마음인 것이다.

마찬가지로 친절의 경험은(친절을 베풀었든, 받았든, 그냥 보기만 했든) 내 마음을 열어 내가 현재에 온전히 존재한다고 느끼게 해준다. 그 짧은 순간에는 친절만이 중요하다. 이것은 앞에서도 소개한 바 있는 헨리 제임스의 말을 다시 떠올리게 한다. "인간의 삶에는 세 가지가 중요하다. 첫 번째가 친절이요, 두 번째도 친절이요, 세 번째도 친절이다."

앞에서 보았듯, 풍부함은 친절의 동반자이기도 하다. 우리가 충분하다고 믿으면, 우리가 충분히 가졌음을 쉽게 믿을 수 있다. 이런 믿음은 모두 우리가 섣부른 판단을 보류하고 친절을 베풀도록 돕는다. 풍부하다는 느낌은 감사나 친절 중 어느 것과 관련 있든(양쪽과 동시에 관련이 있을 확률이 높다), 우리가 시간, 말, 행동, 자원에 대해 너그럽게 행동하도록 격려한다.

3. 부정적 감정을 다스리게 한다

사람들은 감사함을 느낄 때 쉽게 화를 내지 않고 쉽게 두려워하지도 않는다. 마음이 고마움으로 가득하면, 운전할 때 앞에 다른 차가 끼어들거나 남이 거친 말을 해도 분노하지 않게 된다. 게다가 낯설거나 주눅 드는 상황에서도 두려움을 덜 느끼게 된다. 내가 감사함으로 충만해 있을 때는 이런 감정이 들어설 자리가 없다. 고마워하는 마음에는 이런 부정적인 감정을 중화시키는 마법이 있기 때문이다.

이런 믿음도 테러 공격이나 무차별 총기 난사 사고를 들을 때면 종종 흔들린다. 그런 사건들은 직접 관련된 사람들은 물론이고 전 세계 사람들에게서까지 공포와 분노를 자아낸다. 물론 자신의 가족들과 친구들이 그 사고를 피할 수 있었음에 감사하고, 희생자들에게 도움의 손길이 쏟아지는 것에 감사하지만, 그렇다고 감사가 두려움과 분노를 완전히 없애버릴 수 있을까? 그렇지는 않다고 생각한다. 하지만 적어도 감사함이 두려움을 이겨내, 테러 공격과 자연재해, 또는 개인적 재앙의 와중에도 사랑과 인류애와 같은 삶의 가치를 발견하게 할 것이다. 우리에게 닥칠 수 있는 최악의 상황을 극복하도록 돕는 것이 바로 감사함이다.

4. 지구에 봉사하게 한다

우리는 본능적으로 고마움을 느끼는 대상을 보호하고 지킨다. 대양의 끝에 서서 경외심을 느낄 때나 지붕처럼 우거진 나무들을 보며 경탄할 때, 우리는 타고난 욕구에 따라 그것들을 해로움으로부터 지키고 우리와 미래 세대가 감상할 수 있도록 보전하게 된다. 감사함은 우리를 생명에 봉사하도록 한다. 그 밖에 무엇이 더 중요할 수 있겠는가?

친절함도 생명을 소중히 여기도록 한다. 우리는 친절한 행동을 할 때 주변 환경과 사람들에게 물리적으로 연결되어 있음을 느낀다. 친절한 행동도 이런 느낌도 모두 궁극적인 친절이란 지구와 지구의 생명체에 대한 존중임을 인식하는 데서 생겨난다. 건강한 지구와 지속가능한 생활은 우리가 서로와 다음 세대에게 제공할 수 있는 가장 친절한 선물이다.

감사에도 연습이 필요하다

감사가 우리에게 자주, 쉽게 찾아온다면 더할 나위 없이 좋겠지만 항상 그렇지만은 않다. 하지만 다행히 감사도 친절, 테니스, 피아노 연주처럼 연습으로 강화될 수 있다. 더 많이 감사할수록 더 많이 감사를 경험하게 되고, 마침내 더 잘 표현할 수 있다. 인터넷에서 '감사 연습'을 검색하면, 명상부터 감사 일기 쓰기와 기도까지 셀 수 없이 많은 제안을 발견할 수 있다. 나는 매일 아침 일어나기 전에 잠시 감사해야 할 것들을 생각한다. 다른 창의적인 접근법은 감사하는 습관을 들이기 위한 촉매제가 될 일을 만들어내는 것이다. 예를 들어, 적색 신호 앞에 멈출 때마다 그 순간을 감사할 일들을 생각하는 시간으로 활용하면 된다.

내가 좋아하고 자주 연습하는 인상적인 감사 연습법이 있다. 의사이자 교수인 레이첼 나오미 레멘Rachel Naomi Remen 박사는 문화 인류학자 안젤레스 에리엔Angeles Arrien에게 이 연습법을 배운 뒤 스스로 널리 전파하고 있다. 이것은 간단하고 시간도 거의 걸리지 않는다. 하루가 끝날 때, 몇 분간 앉아서 몇 가지 질문에 대답하기만 하면 된다.

여기서 직접 해보기를 권한다.

· 오늘 나를 놀라게 한 것은 무엇인가?

· 오늘 내게 감동을 주거나 마음을 울린 것은 무엇인가?

· 오늘 내게 영감을 준 것은 무엇인가?

당신의 답이 그냥 단어 몇 개뿐이라도 괜찮다. 이 질문들의 의도는 감동을 줬던 것들에 대한 기억을 소환하는 것이다.

레멘은 이렇게 설명한다. "그때 가장 흥미로운 일이 일어납니다. 사람들은 어떤 일이 일어나고 8~9시간이 지나 그 일을 일부러 되돌아볼 때에야 비로소 놀라는 경우가 많습니다. 하지만 이 연습을 통해서 그 시차를 줄이면 결국 무엇인가가 그들을 놀라게 하고, 그들에게 감동을 주고, 영감을 준 바로 그 순간에 알아챌 수 있게 됩니다. 그러면 모든 것이 바뀝니다. 세상은 변하지 않았지만, 사람들이 세상을 제대로 보기 시작하면 그 경험을 주고받을 수 있습니다. (……) 그러면 정말 모든 것이 바뀝니다. 단지 주의를 기울이는 것일 뿐인데 말이에요."

이 말은 사실이다. 처음에는 주의를 기울이기 어렵다. 당신은 매일 아무 기억도 나지 않을지 모른다. '나를 놀라게 한 것 없음' 혹은 '나에게 영감을 준 것 없음'처럼 대답할 수도 있다. 하지만 계속 찾는다면 무엇인가 생각이 날 것이다. 그리고 점차 '그래, 맞아. 공원에서 놀고 있는 아이들을 봤을 때 감동했어' 등의 반응을 보일 수 있게 된다. 레멘이 말했듯, 연습을 통해 감동하거나 놀라거나 영감을 받는 순간에 그 일을 알아차릴 수 있다. 그런 자각이 현재에 느껴지는 감사함뿐 아니라 계속 존재하는 감사함을 만들어낸다.

우리가 자신에게 줄 수 있는 가장 큰 선물 중 하나는 시간을 내 감사해야 할 것들을 생각하는 일이다. 감사할 것에는 명백한 것들부터 작고 숨겨진 것들, 심지어 예기치 못하게 일어나 삶을 풍부하게 해준 사건들까지 포함된다. 감사해야 할 수많은 크고 작은 것들을 매일 인식하는 일은 하루하루를 추수감사절로 사는 놀라운 방법이다.

 실천하는 친절

매일 사람들을 만날 때 "감사합니다"라는 말을 더 많이 하려고 노력해보자. 그 말에는 진심을 담아야 한다. 자신만의 감사 연습법이 없다면, 스스로에게 가장 효과적일 일일 감사 연습법을 생각해보라. 감사 일기, 짧은 반성의 시간, 촉매제가 되는 행동, 아니면 레이철 레멘 박사의 간단한 연습법도 좋다. 무엇이든 일단 3주간 시도해보자. 그 뒤에 당신의 태도에 변화가 있는지 주목해보자. 또한 자신과 다른 이의 친절을 더 잘 인식하게 되었는지도 살펴보라. 자기도 모르게 분노나 공포를 유발하는 상황에 놓여 있다면, 그 감정에 대응하기 위해 감사함을 떠올려보자. 가족과 함께 감사함에 관한 얘기를 나눠볼 것을 권한다. 저녁 식사 테이블에서 감사함을 대화 주제로 삼아도 좋고, 긴 시간 자동차를 타고 이동할 때 감사해야 할 일을 나열해보는 것도 좋다.

돈보다
중요한 것

너그러움은 표현으로 이어지는 단계마다 행복을 불러온다. 우리는 너그러워지겠다는 의도
를 품을 때 즐거움을 느끼고, 실제로 무엇인가를 줄 때 한 번 더 즐거움을 느끼며, 베풀었다
는 사실을 떠올릴 때도 즐거움을 느낀다.

석가모니Gautama Buddha

우리는 앞서 친절과 풍부함의 연관성에 대해 이야기했다. 이제 이 세상
을 결핍이 아닌 풍부함의 렌즈로 보게 되었다면, 우리가 도전할 다음 단
계는 너그러움을 통해 풍부함을 표현하는 것이다.

나는 많은 너그러움을 누리며 축복받은 삶을 살아왔다. 친구들과 비영
리 단체 고객들을 비롯해 동료들, 가족들, 심지어 낯선 사람들에게서도
많은 너그러움을 받았다. 그들은 내가 최선을 다해 행동하고 있지 않을
때조차 기꺼이 용기와 시간을 나누어주고, 사려 깊은 행동, 친절한 말과
이해심을 베풀어주었다.

너그러움에 관해 생각할 때, 처음 떠오르는 생각은 아마 물질적 선물이
나 현금의 기부일 것이다. 이것들은 너그러움의 기본적인 표현이겠지만,
유일한 표현은 아니다.

세 가지 T

비영리 단체의 세계에는 이사회 임원들이 세 가지 T, 즉 시간Time, 재

능Talent, 재물Treasure을 기꺼이 내주어야 한다는 말이 있다. 재물은 특히 자선 단체에서는 보통 금전적인 용어로 해석된다. 이사회 임원들이 그 단체에 기부하지 않는다면, 다른 사람들에게 그렇게 하라고 설득하기 어려울 것이다. 따라서 지원금 신청서에는 종종 이사회 임원 100퍼센트가 그 단체에 기부했는지 묻는 질문이 등장한다. 손 큰 기부자로 구성된 이사회는 보통 쉽게 '예스'라고 답하겠지만, 이사회 구성원 중 일부가 그 단체의 도움을 받는 지역의 주민인 경우에는 재정적인 면에서 그리 여유가 없을 수도 있다. 그래서 지원금 신청서는 이사회 구성원들이 기부했다면, 얼마를 기부했는지까지는 묻지 않는다. 기부를 위해 식사 한 끼를 걸러야 하는 사람이 내놓는 10달러는 한 기업의 CEO가 기부하는 5만 달러만큼이나 중요하고, 어쩌면 그보다 훨씬 값질 것이다.

재능에 관한 너그러움은 가장 잘하는 것을(모금 활동이든, 마케팅이든, 예산 확립이든, 잡담 나누기든, 컵케이크 굽기든) 기꺼이 나누는 일로 표현된다. 우리는 각자 독특한 재능이 있는데, '사람 노릇'에는 그런 재능을 인지하고 그것을 가장 필요로 하는 곳에서 나누는 일도 포함된다.

시간의 너그러움은 비영리 단체와 다른 모든 곳에서 필수적인 요소다. 우리는 자주 시간의 압박을 받고, 종종 일정을 과도하게 짜서 친절을 베풀 기회를 날려버린다. 각종 마감을 맞추려 급하게 서두르는 바람에 친절을 베풀 기회를 보지 못하기도 한다. 따라서 시간이 한정되어 있을 때 너그럽게 시간을 내 베푸는 친절은 헤아릴 수 없을 만큼 의미가 크다고 할 수 있다. 특히 친절을 받는 사람에게 우리의 스트레스나 불편함을 전혀 전달하지 않는다면 더더욱 그렇다.

너그러워지는 다른 방법들

세 가지 T 외에도, 우리가 너그러워질 수 있는 다른 방법은 무수히 많다. 여기서는 가장 기본적인 몇 가지 방법을 소개한다.

1. 우리는 행동으로 너그러워질 수 있다

너그러움은 누군가를 위해 문을 잡아주거나, 무거운 짐을 같이 들어주거나, 도움의 손길을 내미는 것처럼 간단한 일로도 실현된다. 이웃에게 막 만든 신선한 수프를 가져다주거나, 투덜대지 않고 다른 이의 더러운 접시를 닦아주어도 좋을 것이다. 크든 작든, 우리가 할 수 있는 너그러운 행동은 너무나 많다. 그 실행은 대개 도울 수 있는 일을 찾도록 우리의 눈을 훈련하는 데 달려 있다.

2. 우리는 말로 너그러워질 수 있다

친절한 말로 누군가를 즐겁게 하는 데는 많은 것이 필요치 않다. 마크 트웨인Mark Twain은 "나는 기분 좋은 칭찬으로 두 달은 너끈히 살 수 있다"라고 말하기도 했다. 그는 이런 말도 했다. "나는 수도 없이 칭찬을 들어왔지만, 들을 때마다 항상 당황스럽다. 늘 사람들이 칭찬을 충분히 표현하지 못한다고 느끼기 때문이다." 두 인용문은 모두 마음을 다해 말한 칭찬이 얼마나 강력할 수 있는지 보여준다. 사실 놀랍게도 칭찬은 매우 쉽다. 우리는 좋은 서비스를 칭찬할 수 있고, 예리한 관찰력이나 잘 쓴 보고서를 칭찬할 수 있으며, 방을 환하게 밝히는 사람들의 미소를 칭찬할 수 있다. 그저 주의를 기울이기만 하면 된다. 친절한 말은 말로 하거나 글로 쓸 수 있고, 그 영향력은 영원히 계속된다. 나는 여전히 수십 년 전에 들었던 친절한 말을 기분 좋게 회상하고, 내 마음을 울렸던 쪽지와 카드를 파일로 만들어 소중하게 간직한다. 그것들을 들여다 보고 있노라면 늘 기분이 좋아지기 때문이다.

3. 우리는 정신으로 너그러워질 수 있다

불교의 개념 '자비'는 '인자함'으로 자주 풀이되는데, 수행법에서는 수행 자들에게 그 실천을 반복하라고 가르친다. 먼저 자신에게 자비를 베풀 고, 다음에는 사랑하는 사람들에게, 그다음엔 지인과 낯선 이에게, 마 지막으로는 적에게도 자비를 베풀라는 것이다. 자비는 행복과 안전, 평 화, 고통으로부터의 해방 등을 위한 소망을 표현한다. 불교 법사인 샤론 잘츠부르크Sharon Salzberg는 이렇게 말한다. "갈등이나 어려움을 느끼게 하는 사람, 우리에게 상처를 주고 분노케 한 사람에게 자비를 베풀면 우 리는 서로가 필연적인 인연으로 이어져 있음을 인지하게 됩니다." 그녀 는 또한 "우리를 힘들게 하는 사람에게 자비를 베푼다고 해서 나쁜 짓 이나 상처 주는 행동을 용납하는 것은 아닙니다. 그것은 오히려 우리의 가슴속을 깊이 들여다보면서 우리 안에서 상황과 성격에 좌우되지 않 는 인자한 능력을 발견하는 일입니다"라고 말한다. 우리는 타인뿐 아니 라 우리 자신에게 너그러움을 표현할 수 있다. 동정심을 느끼는 능력이 야말로 우리가 세상에 주는 선물이다.

상대에게 내어줄 것이 하나도 없다고 해도, 적어도 상대를 의심하지 말 고 믿어줄 수 있다. 이런 너그러움은 조금 아는 지인이나 낯선 사람보다 는 가족과 친구에게 베풀기 더 쉬울 것이다. 친구나 사랑하는 사람에게 상처받는 말을 듣는다면, "진심으로 한 말은 아니었을 거야" 또는 "요즘 스트레스를 엄청나게 받고 있어서 그런 거야"와 같은 말로 쉽게 용서한다. 우리는 왜 낯선 사람이 미심쩍거나 상처가 되는 말이나 행동을 할 때 똑같은 이해심을 발휘할 수 없을까? 우리는 보통 그들에게 최악의 동기가 있으리라 짐작하며 '못된 인간'이라는 꼬리표를 붙인다.

우리 회사나 함께 일하는 비영리 단체에서는 꾸준히 "서로에게 선의가 있다고 추정하자"라고 말한다. 간단한 말이지만, 그 말에는 엄청난 힘이 있다. 할 수만 있다면, 모든 회의 안건 상단에 그 문구를 인쇄하고 사람들이 모이는 모든 사무실과 회의실 벽에 붙여두고 싶다. 그 문구는 만나는 모든 사람의 말을 믿어주는 단순한 너그러움을 발휘하자는 뜻이다.

너그러움은 우리가 다른 누군가를 위해 발휘하는 것이 아니다. 너그럽게 행동하기로 마음먹으면, 가장 큰 수혜자는 항상 나 자신이 된다. 내 삶의 풍부함을 표현하고, 내가 충분히 가졌을 뿐 아니라 나 자신도 충분하다는 자신감을 표현하는 데 이보다 나은 방법은 없다. 베푸는 것은 이 세상의 모든 생명체와 혼연일체를 이루는 즐거운 느낌을 만들어낸다.

> ### 🫶 실천하는 친절
> 세 가지 T, 즉 재물, 재능, 시간이 주어졌던 때를 생각해보라. 기분이 어땠는가? 오늘 T 중 하나로 도움을 준 사람이 있는가? 당신의 재능은 무엇인가? 어쩌면 당신은 자신의 재능을 당연하게 여기며 그 가치를 인식하지 못하고 있을지도 모른다. 스스로 과소평가했던 사업적 능숙함, 사교적 기술이나 창의적 능력에 당신의 재능이 있을지도 모른다. 잠깐 시간을 내 당신이 줄 수 있는 모든 것을 인식해보자. 오늘 당장 말 한마디로 너그러워질 수 있는 방법을 찾아보라. 이를테면, 당신이 표현할 수 있는 진심 어린 칭찬을 하거나 누군가의 하루를 행복하게 해줄 감사의 쪽지를 써보는 것이다. 그것은 받는 사람을 기쁘게 하는 만큼 당신도 기쁘게 할 것이다. 이렇게 말로 베푸는 선물을 주며 하루를 보내보라. 다른

사람들이 당신의 성품을 칭찬하고 친절에 감사하기 위해 보낸 쪽지와 카드, 이메일 따위를 모아두지 않았다면, 오늘부터 모으기를 권한다. 당신이 세상을 나은 쪽으로 바꾸고 있다는 사실을 떠올리고 싶을 때마다 그것들을 찾아보면 큰 도움이 될 것이다.

오늘에
집중

당신이 무엇에 주의를 기울이는지 알려주면, 당신이 어떤 사람인지 내가 말해주겠다.
호세 오르테가 이 가세트José Ortega y Gasset

어린 시절이나 청소년기에 나는 선생님들에게 반복적으로 들었던 "집중!"이라는 말이 얼마나 짜증 났는지 모른다. 가끔 그 말은 "이게 시험에 나올 거야"라는 의미의 암호이기도 했다. 선생님들은 수업에 관심이 없는 학생들의 주의를 환기시키기 위해 자주 그 말을 했다. 어쩌면 기하학이나 18세기 유럽사를 흥미롭게 할 새로운 방법을 탐색하기보다 쉬워서 그랬는지도 모르지만 말이다.

그런데 학창 시절이 한참 지난 지금 나는 '집중!'이라고 쓰인 작은 쪽지를 내 책상 옆에 붙여두고 있다. 이제 나는 그것이 훌륭한 삶을 사는 비결 중 하나이자 친절한 삶을 사는 데 필수 요건이라고 생각한다.

주변에서 일어나고 있는 일을 인식하지 못하면, 친절을 베풀 기회를 놓치기 쉽다. 친절은 낯선 사람을 위해 문을 잡아준다든가, 상대와 눈을 맞추고 미소를 짓는다든가, 무거운 짐을 들고 힘겨워하는 사람에게 도움의 손길을 내미는 것처럼 간단한 일일 수 있다. 반대로 그리 간단한 일이 아닐 수도 있다. 예를 들어, 친구의 얼굴에 비친 절망을 알아차리고 시간을 들여 이야기를 들어주거나, 아이가 누군가에게 실망하거나 거부당했을 때 잘 대처할 수 있도록 적당한 조언을 해주기는 그리 쉽지 않다. 그러나 우리가 주변을 의식하지 못하면, 세상을 바꿀 수 있는 이런 기회들을 모두 놓치고 만다.

친절을 베풀 기회는 주변 어디에나 있지만, 우리가 주의를 기울이지 않으면 놓치기도 쉽다. 그리고 요즘 우리는 전자기기에 너무 정신이 팔려서 바로 코앞에서 일어나고 있는 일도 알아차리지 못할 때가 많다.

전자기기 대신 사람과 접속하라

회의는 내 직업에서 주요한 구성 요소 중 하나로, 교육 세미나, 콘퍼런스, 이사회, 위원회 회의, 식사 모임 등 그 종류도 다양하다. 그 모임을 통해 우리는 배우고, 네트워크를 만들고, 비영리 단체 고객을 위한 서비스를 수행한다.

회의와 콘퍼런스에는 보통 휴식 시간이 있는데, 과거에는 그때 사람들이 편하게 커피를 마시거나 다른 참석자들과 수다를 떨었다. 요즘 사람들은 여전히 커피를 손에 쥐고 있지만, 서로 1미터쯤 거리를 두고 혼자 서서 이메일이나 소셜미디어를 확인하고, 문자를 보내거나 인터넷 서핑을 한다. 그들은 방 안에 있는 다른 사람들과 소통하지 않는다. 그런데 내가 물어보니, 다들 그렇게 하고 있고 딱히 말할 사람도 없이 있자니 남의 시선을 의식하게 되어 가끔 이미 다 확인한 이메일을 보는 척한다고 실토했다. 솔직히 나도 그런 적이 있다.

과거에는 일대일 네트워크가 회의의 공식적인 교육만큼 중요할 때가 많았다. 그런 소통에서 업무와 관련된 인맥을 쌓고 친구를 사귀는 것은 물론이고, 실용적이며 허물없는 학습이 이루어질 수 있었다. 게다가 직업의 세계에 막 발을 들인 젊은이들은 그곳에서 발전에 필수적이라 할 수 있는 사교적 기술을 연마할 수 있었다. 전자기기와의 연결과 실제 인간과의 연결 사이에서 우리는 균형을 찾을 수 있을까? 나라면 얼굴을 맞대고 나누는 구식 소통을 회복하기 위해 당분간은 기꺼이 전자기기 접속을 포기할 것이다.

경계를 정하는 것은 우리의 능력이자 의무이지만, 요즘 우리는 이를 망각하고 있다. 그 결과 우리가 기기를 지배해야 할 때, 기기가 우리를 지배하도록 내버려 두게 되었다.

요즘 공원에 나오는 부모들은 종종 휴대전화에 열중하느라, 아이들이 열심히 옆으로 재주를 넘거나 그네를 타고 의기양양하게 높이 올라가는 모습을 보지 못한다. 여기서 누구의 손실이 더 클까? 최근에 한 교향곡 연주회에서 많은 소형 전자기기 불빛들을 본 적이 있다. 기기를 작동하는 사람들은 시벨리우스 협주곡의 웅장함을 음미하지 못하고 있었다. 온전히 현재에 존재하지 않는 쪽을 택할 때, 우리는 무엇을 잃고 있을까?

나는 이런 생각이 구식이라는 말을 들어왔다. 우리가 기기에 항상 연결되어 있을 필요는 없다고 말한다는 이유로 심지어 '고루한 옛날 사람'이라고 불리기도 한다. 그들은 내게 "기술이 미래입니다. 연결되지 않으면 그만큼 뒤처지는 거예요"라고 충고한다. 그러면 나는 결정은 각자 내리는 것이라고 말하며 한발 뒤로 물러난다.

나는 기관이나 단체의 전략적 계획에 관해 강의할 때, 우리가 '예스'라고 말하는 모든 것은 반드시 '노'라고 말해야 하는 것들을 수반한다는 사실을 강조한다. 그리고 그런 이유로 무엇이 가장 중요한지 골똘히 생각해야 한다고 말한다. 이는 개인에게도 마찬가지로 적용되는 얘기다. 끊임없는 접속에 '예스'라고 말할 때, 우리는 무엇에 '노'라고 말하고 있을까?

유념이 동정심을 만든다

매사추세츠대학교 의과대학의 존 카밧진Jon Kabat-Zinn과 연구원들은 유념이 동정심과 이타주의를 촉진한다는 연구 결과를 발표한 적이 있다. 그들의 실험은 유념하기를 훈련하면 대상이 아는 사람이건 모르는 사람이건, 도움이 필요한 상황을 더 잘 인식하고 돕는 경향이 있음을 보여준다. 유념한다는 것은 눈을 뜨고 우리 앞에 놓인 것을 보는 일이다. 우리가 현재에 집중하면(주의를 기울이면), 언제 우리의 선물(미소나 친절한 말 한마디 혹은 도움의 손길)이 필요한지 인식할 수 있다.

자신을 향한 친절의 경우에도 마찬가지다. 삶을 인식하고 깨어 있으면 자신이 피곤하고 휴식이 필요하다는 것을, 또는 스트레스를 받고 있으니 잠깐 멈춰야 한다는 것을 더 잘 인식한다. 자신의 삶에 대한 이런 자각 능력을 키울 때, 남들의 욕구를 더 잘 인식하고 그에 반응할 수 있을 것이다. 자신에게 친절하지 못하면, 남들에게도 친절을 베풀며 살 수 없다.

친절은 현재에 집중하고, 무엇에 주의를 기울일지 반복해서 선택하는 단순한 행동에서 시작된다.

 실천하는 친절

주위를 의식하지 못하거나 휴대전화 등의 전자기기에 빠져, 멋진 무엇인가를 놓친 적이 있는가? 많은 사람이 그러하듯, 당신도 급한 일을 처리하느라 삶에서 중요한 것들을 몰아낸 적이 있을지 모른다. 현재에 충실하고 주변을 의식하기 위해 당신이 정할 수 있는 경계가 있는가? 자신의 경계를 정한 뒤 하루만 그것을 지켜보고, 무슨 일이 생기는지 살펴보자. 또한 잠시 멈춰서 당신이 느끼는 것에 주의를 기울이는 연습을 해보라. 쉬고, 먹고, 심호흡하거나, 그냥 몇 분 만이라도 조용히 있을 필요를 깨닫게 될지도 모른다. 만약 그렇다면 자신에게 그 선물을 주고, 기분이 어떤지 살펴보자.

계절의 끝에서 :
두 걸음 나아가기 위해 물러서는 한 걸음

내 종교는 매우 단순하다. 그것은 바로 친절이다.

달라이 라마

    친절하게 행동하도록 우리를 이끌고, 친절을 경험하고 인식하게 하는 데 있어 멈춤의 힘이 얼마나 중요한지 앞서 이야기했다. 그 지극히 중요한 멈춤은 우리가 새로운 것을 배우려고 할 때도 힘을 갖는다. 그것은 우리가 가늠하고, 평가하고, 질문하며 새로운 목표를 세우도록 해준다. 이미 이야기한 것처럼, 멈춤은 비어 있는 공간이 아니라 선택하는 지점이다. 여기서 잠시 멈추고 앞의 내용을 돌아볼 기회를 갖도록 하자.

    당신은 친절을 어떻게 생각하고 있는가? 친절을 받는 상황, 배푸는 상황, 목격하는 상황에서 친절을 어떻게 경험해왔는가? 사소한 방식일지라도 친절을 매일 실행에 옮길 수 있는가? 친절해지려고 할 때 가장 어려운 부분은 무엇인가? 어떤 사람, 또는 어떤 상황이 당신을 가장 힘들게 하는가? 이제 주변에서, 또는 책이나 뉴스에서 친절을 더 많이 알아차리고 있는가? 자신에게 다정한 보살핌이 필요할 때, 그것을 인식하는 능력이 개선되었는가?

    혹시 사람들이나 상황에 즉각적으로 반응한 후, 나중에야 잠시 멈춰서 어떻게 반응할지 조금 더 생각했더라면 좋았을 것이라고 후회한 적이 있는가? 가끔은 친절이 어렵게 느껴지고, 오해받고, 기대에 미치지 못할 때도 있을 것이다. 하지만 그럼에도 쉽게 친절을 택하고 다시 친절을 베풀기 위해서는 어떻게 해야 할까?

잠시 짬을 내 당신이 베풀었던 친절을 떠올리고 그 친절이 불러온 파급 효과를 생각해보라. 축하한다! 당신은 지금 적극적으로 더 친절한 세상을 만들고 있다. 앞으로 다가올 며칠과 몇 주간 실천할 친절 계획을 세워보자. 삶의 어떤 부분에서 더 많은 친절을 보기 원하는가? 또 어떤 부분에서 더 기꺼이 친절을 받아들이겠는가?

먼저 다음 사항을 확인해보자.

· 두렵고, 창피하고, 거절당하거나 상처받을까 봐 무례하게 행동하거나 버럭 화를 내는 경향이 자신에게 있다면, 스스로 그것을 인정할 수 있는가?

· 친절을 일정을 방해하는 것이 아닌 우선순위로 볼 수 있도록 시간에 대한 태도를 다시 확립할 수 있는가?

· 당신이 베푼 친절이 거절당할 때 그 거절을 개인적인 모욕으로 여기지 않고, 창피함이나 상처받은 기분을 받아들이면서도 자신이 최선을 다했다고 인정할 수 있는가?

· 자신에게 친절해질 방법을 알고 있는가? 자연 속에서 산책하기, 낮잠 자기, 한 시간 동안 책 읽기, 거품 목욕 등도 좋고, 음악을 들으며 엉덩이를 흔들어도 좋다.

· 칭찬과 친절을 정중하게 받아들이는 법과 더불어 그것을 베푼 사람에게 돌려주는 법을 배우고 있는가?

· 사소한 친절 하나하나가 궁극적으로 더 긍정적인 세상을 만드는 데 기여하고 있다는 사실을 깨닫고 있는가? 또한 이런 미시적 친절을 베풀 방법을 찾고 있는가?

· 언론 매체, 친구들, 가족들이나 심지어 스스로가 자신에게 더 똑똑해 지고, 더 예뻐지고, 더 날씬해지고, 더 성공해야 한다고, 또는 지금과는 달라져야 한다고 메시지를 보내고 있지는 않은가? 만약 그렇다면, 이로 인해 자신이 부족하다고 느낄 때 전보다 잘 극복할 수 있는가? 그 메시지를 듣지 않고, 현재의 자기 모습과 자신이 가진 것에 감사하며 그만하면 충분하다고 생각할 수 있는가?

· 감사와 친절 사이의 연관관계를 경험한 적이 있는가? 감사 연습을 하거나 자신을 되돌아보는 시간을 갖고 있는가? 또한 "감사합니다" 라는 말을 더 자주, 진심으로 하면서 매일 감사하는 생활을 하고 있는가?

· 당신의 '세 가지 T'를 평가하는 시간을 가져본 적이 있는가? 너그러움을 표현하기 위한 경제력이 없다 해도, 당신이 가진 특별한 재능과 시간을 제공할 수 있다. 어디에, 또는 누구에게 이런 선물을 줄 수 있는지 생각해보자.

· 간단한 행동, 친절하고 동정심 어린 말을 통해 너그러움을 표현할 수 있는가? 또한 예전에는 매몰차게 판단했던 상황에서 일단 믿어주는 너그러움을 발휘할 수 있는가?

· 자신이 무엇에 주의를 기울이고 싶은지 파악하고, 친절함이 가득한 삶을 살기 위해 어떤 선택을 해야 하는지 생각할 시간을 가졌는가?

· 아이들이 있다면, 친절과 그에 관련된 가치(감사, 너그러움, 행복 등)에

관해 대화를 나누기를 권한다. 아이들이 관찰하고 경험한 것을 귀 기울여 듣는 일도 잊지 말아야 한다. 아이들은 작지만 강력한 친절의 홍보대사일 수 있다.

· 남을 쉽게 판단하는 경향이 줄었는가? 스트레스를 받지 않고 친절해질 시간을 낼 수 있는가? 당신을 당황스럽게 한 사람에게도 친절을 베풀 수 있는가? 인간관계에서 점수 매기기를 그만두었는가?

당신이 세상에 더한 모든 친절에 감사할 시간을 가져보라. 직접 눈으로 확인할 수 없을지는 모르지만, 그 친절은 틀림없이 세상을 바꿨다. 친절을 당신의 새로운 슈퍼파워로 널리 알려보자. 당신이 친절을 베풀 때마다 그 힘이 계속 강해져서 세상에 더 큰 변화를 불러올 것이다.

PART III

선택의 계절

CHAPTER 7

친절의 도구

친절한 삶에는
용기가 필요하다

사람의 삶은 그의 용기에 비례하여 축소되거나 확대된다.

아나이스 닌Anais Nin

학교에서 자신을 괴롭히는 아이에게 맞서거나 남들이 외면하는 아이와 친구가 되는 데는 용기가 필요하다. 심한 편견이나 부당함을 선동하는 영향력이 있는 사람에 대항하여 목소리를 내는 데도 용기가 필요하며, 뭐라고 말해야 좋을지 모를 때 누군가에게 위로의 말을 건네는 데도 용기가 필요하다.

친절하게 1년 살아보기라는 모험을 하는 동안, 나는 친절해지려면 용기가 필요하다는 사실을 새삼 깨달았다. 남에게 친절을 베푸는 일뿐 아니라, 심지어 자신에게 친절해지는 일에도 거부당할 위험이나 대세를 거스르는 행동이라고 비난받을 위험이 있다. 가끔은 친절을 베풀려다 상처받거나 바보처럼 보일 가능성도 있다. 그런 모든 위험을 극복하려면 우리에겐 용기가 필요하다. 웨인 멀러가 말했듯 "친절한 삶은 근본적으로 용기 있는 삶이다."

우리는 대부분 용기가 무엇인지에 관해 제한된 견해를 지니고 있다. 보통 용기를 위험이나 극도의 위기에 직면했을 때에야 소환하는 자질로 여기는 것이다. 비행기에서 뛰어내려야 할 때나 불타는 건물 안으로 달려

들어갈 때, 혹은 목숨을 위협하는 질병과 맞닥뜨렸을 때나 용기가 필요하다고 생각한다. 그런 상황에서 용기가 정말로 필요한 것은 의심할 여지가 없지만, 진정한 삶이 우리에게 요구하는 용기는 이와는 좀 다르다.

용기에 관한 전문가 샌드라 포드 월스턴Sandra Ford Walston은 영웅적 행위와 일상적 용기를 구분한다. 영웅적 행위가 충격적인 사건이나 아주 위험한 상황에 대한 즉각적인 반응이라면, 일상적 용기는 더 평범하지만 미묘한 상황에 대한 반응이다. 월스턴은 이렇게 말한다. "가끔은 작은 행동에 큰 용기가 필요합니다. 우리는 직장에서 오래 지연된 임금인상을 요구할 때나 옮겨갈 직장도 없이 사표를 던질 때, 또는 직장 내 괴롭힘에 맞설 때 용기가 필요한 경우를 봅니다. 삶의 다른 곳에서는 연인관계를 끝내거나 새로 시작할 때 용기를 발휘해야 합니다. 특히 여성은 자신이 원하는 바를 요구하는 법을 배우는 것이 용기 있는 행동일 때가 많습니다."

월스턴은 더 나아가 '용기courage'란 단어가 '마음과 정신'을 의미하는 옛 프랑스어 'corage'에서 유래했다고 설명한다. 그녀는 "용기란 위험에 직면했을 때 용감하게 대처하는 것이라는 좁은 사전적 정의를 넘어서 정신적, 또는 도덕적 힘까지 아우르는 개념으로 볼 수 있습니다"라고 설명한다.

친절한 행동으로 인해 우리가 나약해 보일 때가 있고, 우리의 친절이 거부당하고 심지어 조롱당할 때도 있다. 가끔 친절은 무관심해지지 않기로 마음먹는 것이나 남들이 우리에게 기대하는 바와 반대로 행동하는 것을 의미한다. 때로는 소리 높여 말하는 것이 친절일 수 있고, 때로는 조용히 있는 것이 친절일 수 있다. 아무튼 분명한 것은 이 모든 위험을 극복하고 가장 진정한 자아에서 우러나오는 친절을 베풀려면 용기가 필요하다는 사실이다.

그런 용기를 내려면 우리는 주의를 기울여야 한다. 유념은 친절에 필수 요소인 것처럼 용기에도 필수 요소다. 우리는 용감해질 기회를 놓치거나, 언제 용감하게 행동해야 하는지 인식하지 못하기가 쉽다.

친절과 용기는 괴롭힘을 당하고 있는 사람을 위해 나설 때나 부당함에 대항하여 목소리를 높일 때, 또는 조롱당하거나 거부당할 위험을 무릅쓰고 도움의 손길을 내밀 때 교차한다. 가끔은 원하는 것을 요구할 용기, 자신이 틀렸음을 인정할 용기, 대화의 어조를 바꿀 용기도 필요하다. 윌스턴은 이렇게 말한다. "용기에 집중하고 있으면, 자연스럽게 친절을 실천하게 될 것입니다. 이때 용기와 친절이 맞닿게 됩니다."

나는 친절과 만난 용기의 효과를 분명히 확인할 수 있었다. 내가 목소리를 찾고 더 자주 내 의견을 말할수록, 누군가를 대신해서 말하거나 위로의 말을 건네기가 쉬웠고, 낯선 사람의 일에 관여해 도움의 손길을 내밀기도 더 쉬웠다.

우리는 너무 자주 용기를 영웅적 행동이나 슈퍼히어로의 위업과 동일시하여, 작고 일상적인 용기의 중요성을 간과한다. 작은 친절이란 없는 것처럼 용기 있는 행동 중에 하찮은 것은 없다. 회의에서 윗사람이 편협하거나 몰상식한 이야기를 할 때 처음으로 반대를 표명하는 사람이 되려면 용기가 필요하다. 슬픔에 잠긴 친구의 손을 잡고, 도저히 무슨 말을 해야 할지 알 수 없을 때조차 진심 어린 위로의 말을 건네는 일에는 용기가 필요하다. 길을 잃었다고, 남에게 상처를 줬다고, 어려운 시기를 헤쳐나가려면 도움이 필요하다고 인정하는 일에도 용기가 필요하다.

때로는, 똑똑하고 성공적이고 흥미로운 사람인 척했지만 실은 그만큼 대단하지는 않다고 우리 자신이나 남들에게 털어놓을 용기, 즉 진실을 말할 용기도 필요하다. 그런 용기는 우리의 진정한 모습뿐 아니라 타인에 대한 신뢰를 드러내게 해준다. 그런 용기를 발휘하는 것은 궁극적인 친절이며, 남들이 우리를 있는 그대로 받아들이고 존중하게 할 신뢰를 보여주는 행동이다. 아무도 우리가 한 일을 알거나 볼 수 없을지라도 두려움을 딛고 진실을 선택하는 것은 극한의 용기가 필요한 일이며 궁극적으로 친절한 일이다.

누군가는 내 친절을 나약하거나 하찮다고 무시할 줄 알면서도 친절한 삶에 전념하는 것은 진정으로 용기 있는 행동이다. 자기 자신을 약하고, 불완전하고, 결함 있는 사람으로 보이도록 취약성을 드러내는 일에도 비슷한 용기가 필요하고, 매일 진실하게 사는 일에도 용기가 필요하다.

친절과 마찬가지로 용기 역시 연습으로 강화될 수 있다.

 실천하는 친절

시간을 내 당신의 삶의 어디에서 용기가 나타나며, 어디에서 용기와 친절이 교차하는지 생각해보라. 당신이 용감하고 친절했던 모든 순간을 떠올려보라. 당신은 두려워서 친절한 행동을 억눌렀던 적이 있는가? 그렇다면 다음에 기회가 생길 때 어떻게 용기를 내 친절을 베풀지 미리 생각해보라.

호기심이
배려를 부른다

호기심은 인간이 타고나는 가장 중요한 본성이다. 어떤 것을 발견하거나 알고자 하는 단순한 욕구를 넘어서, 호기심은 매스나 서치라이트와 같은 강력한 도구다. 호기심은 우리를 바꿔놓을 방법이자 세계적으로 변화를 일으킬 방법이기도 하다.

로렌 로즈Loren Rhodes

친절이 호기심과 동일시된다는 말을 처음 들었을 때 나는 깜짝 놀랐다. 그 상관관계가 분명히 이해되지 않았지만, 어쨌든 그 말은 나의 호기심을 끌었다. 호기심이 풍부하고 통찰력 있는 삶을 살기 위한 가장 중요한 자질이라고 늘 생각해왔기 때문에, 나는 친절과 호기심이라는 강력한 두 힘 사이의 상관관계를 너무나 기쁘게 받아들였다.

「코칭에서의 친절과 호기심Kindness and Curiosity in Coaching」이라는 제목의 글에서 경영 컨설턴트이자 임원 전문 코치인 루스 헨더슨Ruth Henderson은 자기 엄마가 다른 사람의 행동을 어떻게 항상 친절의 눈으로 바라보았는지 설명했다. 운전하다가 속도위반 차량이 앞으로 불쑥 끼어들면 그녀의 엄마는 이렇게 추측했다고 한다. "아마 저 사람은 아내가 출산 중이라서 급히 병원으로 가는 길일 거야."

분노와 불쾌감은 도움과 이해로

나중에 헨더슨이 경영 분야의 전문가가 되었을 때, 그녀의 코치는 그녀에게 어렵거나 불만스러운 상황에 호기심 많은 자세로 접근하라고 격려했다. 코치는 "친절과 호기심은 분노와 분개가 들어설 여지를 남기지 않습니다"라고 말했다.

나는 그 말이 옳다고 생각한다. 직장에서 어떤 동료가 매우 부적절해 보이는 일을 하거나, 어떤 고객이 불같이 화를 내며 주변 사람들을 불쾌하게 하는 상황에서는 그 사람을 혹독하게 비난하거나 같이 화를 내기 쉽다. 하지만 호기심을 활용한다면, 매우 다른 반응을 보일 수도 있다. 무엇 때문에 저 동료는 부적절하게 행동하게 되었지? 두려움 때문에 저렇게 행동하는 걸까? 무슨 오해가 있었나? 자신이 왜 그런 행동을 하는지 그 본질적 이유를 깨닫지 못하고 있는 것일까? 혹시 내가 모르는 어떤 일이 저 사람의 삶에서 일어나고 있는 걸까?

무엇 때문에 저 고객은 불같이 화를 냈지? 그런 분노의 표출 뒤에는 두려움이 숨어 있을 때가 많은데, 무엇이 저 사람을 두렵게 했을까? 자신이 인정받지 못하고 있다고 생각하고 있는 걸까? 혹시 저 사람의 삶에 인내심을 한계에 이르게 하는 개인적인 재앙이 벌어진 것은 아닐까? 저 사람의 행동을 설명할 수 있는 이유 중에 내가 모르는 것은 무엇일까?

호기심을 가지고 그들을 바라보며 그들에게 내가 모르는 어떤 일이 일어나고 있을지도 모른다고 생각하자, 마침내 분노나 불쾌감이라는 내 반사적 반응은 돕고 이해하고 싶은 욕망으로 바뀌었다. 호기심은 이렇게 친절로 이어진다.

호기심의 또 다른 효과

《하버드 비즈니스 리뷰Harvard Business Review》는 다른 사람들을 관리

감독하고 있거나, 그러길 바라는 사람이라면 누구나 읽어야 하는 잡지 중 하나다. 그런데 이 잡지에 실린 기사에서 스탠퍼드대학교의 연구 심리학 자인 에마 세팔라Emma Seppälä 박사는 제 기량을 발휘하지 못한 직원이나 심각한 실수를 저지른 직원을 대할 때, 실망감을 표시하거나 질책하기보 다 동정심과 호기심을 보이는 것이 더 효과적인 반응이 될 수 있다고 설 명한다.

전통적이고 권위주의적인 관리법은 질책과 비난, 심지어 두려움 조장 에 초점을 맞추는 경향이 있다. 두려움과 수치심이 그 사람에게 자신의 잘못을 깨닫게 해주어, 그가 다시 질책을 받지 않으려고 변화할 것이라고 생각하기 때문이다. 그러나 연구 결과는 질책이 주로 충성심과 신뢰를 무 너뜨리고, 창의력과 혁신을 지연시키는 역할을 한다고 말한다.

직원의 실수나 실적 부진에 대한 더 효과적인 반응은 먼저 자신의 감 정을 통제한 다음, 전체적인 상황을 그 직원의 눈으로 보는 것이다. 그러 면 이 지점에서 호기심이 작동하기 시작한다. 무엇이 실수를 유발했을 까? 무엇이 부진한 실적의 원인일까? 자신이 저지른 실수에 대해 그 직원 은 어떻게 느끼고 있을까? 아마 충격을 받았거나, 창피하거나, 두려울 것 이다. 여기서 친절한 반응을 보이면 충성심과 신뢰, 심지어 헌신이 그에 게 스며들게 될 것이다(물론 그 실수를 눈감아주라는 것이 아니라, 이때를 동정 심을 보이며 가르치거나 코치하는 기회로 활용하라는 의미다). 친절한 반응은 앞 으로 그 직원이 같은 실수를 피하는 데 질책이나 처벌보다 훨씬 더 효과 가 좋을 것이다.

친절한 반응으로 유발되는 충성심은 그 특정 직원을 넘어서 전 조직으 로 확대된다. 세팔라는 이렇게 말한다. "당신이 직원에게 더 동정심을 보이면, 그나 그녀가 당신에게 더 충성하게 됩니다. 이뿐 아니라 당신의 행동을 보는 다른 사람들도 자존감이 높아져 당신에게 더 헌신할 것입니다." 이미 앞에서 살펴보았듯, 남을 향한 친절을 그저 목격하기만 해도 우리 자신의 감정적 행복이 증가한다.

세팔라의 말은 일리가 있다. 사람은 누구나 실수를 하기 마련이다. 그런데 상사가 부하 직원의 실수에 친절하게 반응하는 모습을 본다면, 그것을 목격한 직원은 자신이 실수할 때에도 상사가 비슷하게 동정심을 보이며 대응할 것임을 알고 안심할 수 있다. 이것이 안전한 문화, 즉 혁신과 창의력, 생산성과 충성심을 격려하는 문화를 육성한다. 그리고 이는 가장 뛰어나고 영리한 직원들이 직장에서 추구하고 있는 특성들이다.

"호기심이 고양이를 죽인다"라는 말은 누가 했는지 모르겠지만, 잘못된 말이 틀림없다. 호기심은 우리가 계발할 수 있는 가장 이로운 자질 중하나다. 호기심을 친절과 결합해보라. 그러면 마법과 같은 일이 일어날 것이다.

🤍 실천하는 친절

당신이 명백하게 무례함이나 불친절의 대상이 될 때, 분노나 불만을 드러내기 앞서 호기심을 불러일으키려 노력해보자. 상대의 행동에 다른 이유가 있을지도 모른다고 생각하고, 그가 당신을 의도적으로 겨냥하지 않았을 가능성에 마음을 열어라. 그 행동이 악의나 무관심에서 비롯됐다는 강한 확신이 들 때조차도 그럴듯한 이유를 떠올리려 노력하고, 일단 믿어주어라. 그렇게 하는 것이 나약한 느낌이나 이용당하는 느낌이 들게 한다면, 친절을 베푼다는 맥락에서 그런 느낌을 포용할 수 있을지 생각해보자. 대답이 '노'라고 해도 아무 문제가 없다. 어떤 기분이든 있는 그대로 간직해도 된다. 그저 어떤 기분을 느끼고 싶은지 인지 해보라.

당신이 만났던 최고의 상사와 최악의 상사는 누구인가? 무엇이 그들을 그렇게 만들었는가? 실수가 생기면 그 자리에서 반응하며 질책하는 상사가 있었는가? 또 시간을 두고 무슨 일이 일어났는지 조사하고 이해해서 문제를 해결하고, 그런 문제가 재발하지 않게 할 방법을 찾도록 도와주는 상사가 있었는가? 관리자 나 감독관의 직책을 맡고 있는 사람의 경우에는, 보통 자신이 어떤 방식으로 반응하는지 되짚어보자. 그리고 건강한 호기심으로 삶에 접근하도록 상기시켜줄 '아마 ○○ 때문일 거야'라는 간단한 주문을 만들어보기를 권한다.

취약함을
활용하기

선물은 씨앗과 같아서 그 자체로는 감동을 주지 않는다. 감동을 주는 것은 그 씨앗으로부터 자라나는 결과다. 우리가 씨앗을 심기도 전에 나무가 되기를 기다린다면, 씨앗은 흙에 심어지기를 기다리다가 결국 죽고 말 것이다. 기적도 선물 자체에 있는 것이 아니라, 그 선물을 주는 데 있다. 우리가 주지 않으면 누가 주겠는가?

웨인 멀러

첨단 용어로 '취약성vulnerability'은 해커가 사용자의 허락 없이 컴퓨터에 접근할 수 있게 허용하는 약점이나 결함을 말한다. 인간에게 적용할 때 이 용어는 상처 입거나 다치기 쉬운 성질이나 위험과 질병, 또는 비난에 대한 민감함을 말한다. 그래서인지 많은 사람이 취약성에 약함이 암시되어 있다고 여겨 그것을 피해야 한다고 생각한다.

하지만 정말 그럴까? 취약성은 세상에 우리 자신을 드러내는 방식이자 세상이 우리와 반대되지 않음을 믿는 방식이다. 미스터리를 받아들이고, 미지의 세계와 보이지 않는 것들을 우리에게서 밀어내지 않는 방식이다. 또한 이것은 우리 삶에 '예스'라고 말하는 가장 진실한 방식이기도 하다.

연인관계에서 먼저 사랑한다고 말할 때 취약하게 느낄 수 있고, 무엇인가를 모르거나 도움이 필요하다고 인정할 때도 취약하게 느낄 수 있다. 다른 사람에게 줬다고 생각하는 그 '힘'에 의해 우리의 안락과 안전은 위협받는다. 상대도 나를 사랑한다고 답해줄까? 내가 도움을 요청하면 그 사람이 내 약점을 이용하지 않을까? 그렇다. 이런 두려움은 실재한다. 하지만 상황을 다른 방식으로 바라보면, 두려움이 드러내는 힘을 인정하고 그 힘의 주도권을 쥘 수 있다. 비록 내가 사랑하는 사람이 나를 사랑해주지 않는다고 해도, 사랑에는 수치스러울 것이 없다. 요청한 도움을 받지 못한다 해도, 도와달라고 요청하는 데는 수치스러울 것이 없다. 진짜 약점은 감정을 묻어버리고 욕구를 부인하는 데 있다.

휴스턴대학교의 연구 교수인 브렌 브라운Brené Brown 박사는 취약성이 왜 마음을 다하는 사람들이 공유하는 특징인지 설명해준다. 그녀가 테드TED 강연과 자신의 오디오북 『취약성의 힘: 진정성, 관계 맺기, 용기에 관한 가르침The Power of Vulnerability: Teachings on Authenticity, Connection, and Courage』에서 말하듯이, 취약성은 불완전해질 용기이자 결과가 보장되지 않는 무언가를 할 용기이며, 당연시되는 허울을 진정한 자신이 되기 위해 놓아버리는 용기다. 이러한 결심은 삶을 온전히 포용하기 위해 자신의 모든 불완전함과 더불어 자기 본연의 모습을 보이도록 허용한다.

브라운은 많은 사람들이 선택적으로 감정을 마비시킬 수 있다고 착각한다고 말한다. 다시 말해 즐거움, 감사와 행복을 온전히 지니면서도 한편으로 슬픔과 수치심, 두려움과 실망을 억누를 수 있다고 생각한다는 것이다. 사실 그렇게 되지는 않는다. 부정적인 감정을 억누른다면, 긍정적인 감정도 똑같이 억눌린다. 취약성을 받아들이고 진심으로 사는 것은 좋은 것, 나쁜 것, 심지어 추한 것까지 모두 우리를 진실하고 아름답게 만드는 것임을 이해한다는 의미다. 브라운은 그러한 취약성이 있는 곳에서 즐거움과 창의력, 소속감과 사랑이 싹튼다고 말한다.

이 세상의 어느 분야에 전념하든, 어디에나 우리를 부족하다고 생각하는 사람은 항상 있을 것이다. 우리는 이 사실을 알면서도 마음을 다해 그 일을 할 용기를 지녀야 한다. 이 진리를 알면 믿을 수 없이 자유로워진다. 우리는 결코 모든 사람을 만족시킬 수 없다. 그러니 모두를 즐겁게 하려 애쓰지 말고, 우리가 의도하는 사람이 되는 데 집중해야 한다.

나는 생각을 거듭할수록, 친절과 취약성의 상관관계를 더 깊이 이해하게 되었다. 앞에서 착함과 친절함의 차이를 이야기한 바 있다. 착함은 취약해지라고 요구하지 않는다. 우리는 위험을 무릅쓰지 않고, 자신을 너무 많이 노출하지 않고 착해질 수 있다. 관계를 맺지 않고 착해질 수 있고, 또 상대의 이익에 무관심한 채 착해질 수 있다. 착함은 유쾌하기는 하나, 진실성이나 헌신이 필요하지 않다. 착한 사람일 때 우리는 노출되지 않고 보호되어 안전하게 있을 수 있다.

친절함은 매우 다르다. 친절함은 관계를 맺는 것을 의미하고, 우리의 말과 행동이 미치는 영향을 잘 알고 의도적으로 선택한다는 것을 의미한다. 또 에너지와 노력을 쏟고, 결과에 신경을 쓴다는 것을 의미하기도 한다. 그것은 우리의 모든 불완전함에 숨어 있는 가장 진정한 자아를 노출한다는 뜻이다. 또한 섣부른 판단을 유보하며 사람들을 있는 그대로 받아들인다는 뜻이다. 친절은 골치 아픈 일일 수 있고, 우리를 어색하고 말문이 막히는 상황으로 데려다놓기도 한다. 친절은 내게 위험을 무릅쓰라고 요구한다. 간단히 말해서, 친절해지려면 취약해져야 한다.

친절하게 1년 살아보기를 시도한 이후로 나는 착함을 친절함으로 바꾸려 애써왔다. 그 차이는 나 말고는 누구에게도 눈에 띄지 않을지 모르지만, 자신이 알아차리는 것이 정말로 중요하다. 누군가의 도움에 감사를 표시하든, 새로 온 직원에게 업무를 설명하든, 도움이 필요한 사람 손에 몇 달러를 쥐어주든, 비록 찰나의 순간이라 할지라도 나는 관계를 맺으려 노력했다. 눈을 맞추고 몇 마디 말을 주고받는 것처럼 상대의 가치를 알아보았음을 알리는 작은 행동들이 우리가 공유하는 인류애와 취약성을 서로에게 전달한다. 그러고 나면 정말로 기분이 좋아진다.

비단 우리 부모님만 그러지는 않았으리라 생각하지만, 부모님은 훈육하실 때 똑똑함을 강조하셨다. 그들에게는 점수가 중요했기에 나는 좋은 점수를 받으면 그에 따라 보상을 받았다. 우리 집에서 A보다 낮은 점수는 무엇이든 나쁜 점수였고, 나는 나쁜 점수를 받으면 낙담했다. 부모님을 실망시킨다는 생각에 두려웠다. 따라서 똑똑하고 옳은 것이 내 정체성의 중요한 부분이 되었다. 학교와 직업 세계는 일반적으로 그러한 자질의 중요성을 강화했다. 하지만 내가 항상 똑똑하지는 않고, 항상 옳을 수는 없음을 분명히 알게 되는 시점이 찾아왔다. 처음에는 위협감을 느꼈다. 내가 이 주제나 신기술에 관해 거의 알고 있는 바가 없음을 인정하면, 사람들이 나를 무지하다고 생각하지 않을까? 내가 어떤 가상의 이익을 포기하고 있는 것은 아닐까? "이해가 안 돼요" 혹은 "이걸 어떻게 작동하는지 알려주세요"라고 말하는 데는 기꺼이 취약해지겠다는 열의와 용기가 필요하다. 처음 들은 설명이 이해되지 않을 때 다시 알려달라고 요구하는 데는 훨씬 더 큰 취약성과 용기가 필요하다.

질문을 했을 때 사람들은 나를 나무라기보다 오히려 내 태도를 환영했다. 그들은 자기 분야의 지식을 공유할 기회를 얻은 것을 감사히 여겼다. 나는 더 깊게 이해하려면 어떻게 질문해야 하는지 배우게 되었다. 남들이 내가 모든 것을 알고, 모든 것을 이해하며, 항상 옳기를 기대하지는 않는다는 사실에 안도의 한숨을 내쉬었다. 나는 모르는 지식을 아는 척할 필요가 없었다. 주위에는 똑똑한 사람들이 많았고, 집단으로서 우리는 훨씬 더 똑똑했다. 내가 기꺼이 취약성을 보이고 무지나 경험 부족을 인정할 때, 남들도 더 편하게 다가와 도움을 청하거나 자신이 도움이 필요하다고 인정한다는 사실도 깨닫게 되었다. 스스로가 항상 답을 알고 있거나 그 방에서 가장 똑똑한 사람이어야 한다고 느낀다면, 당신은 틀림없이 매우 외로울 것이다.

친절함에 관해 글을 쓰거나 말을 하면서 사람들에게 내 생각을 읽거나 들으라고 요청하는 일에도 취약성이 있다. 내가 지닌 가장 깊은 생각을 공유하는 것은 내게 가장 중요한 일이지만, 사람들이 판단하고, 어쩌면 비난하도록 나를 드러내는 일이기도 하다. 내가 전하려는 생각 외에 자신에 관한 말을 너무 많이 늘어놓았나? 아니면, 너무 적게? 내가 거들먹거리며 말하고 있나? 지금 하는 말을 전에 했었고, 심지어 저번에 더 잘하지 않았나? 혹시 내가 요점을 벗어나고 있지는 않은지?

자신이 취약해지도록 허용한다면, 이 모든 질문에 대한 대답은 "그런 건 중요치 않다"일 것이다. 브라운이 힘 있게 설명하듯, 관계 맺음은 우리 모두가 지구라는 행성을 공유하며 여기 있는 이유이자 우리의 삶에 의미와 목적을 주는 일이다. 깊이 관계를 맺기 위해서는 우리 자신을 드러내 보여야 한다. 그리고 그것은 불완전해질 용기, 결함을 노출할 용기, 기꺼이 취약해지려는 용기를 의미한다.

처음 친절의 부름에 주의를 기울이기 시작할 때는, 어색하고 노출된 기분이 들어 불편할 것이다. 그건 좋은 신호다. 그건 취약성을 활용했다는 뜻이니, 그 기분을 포용하고 계속 당신의 친절이 자라나게 하자.

진실한 삶을 살려면(우리 각자에게 그것이 무슨 의미이든) 방패를 놓아버리고, 자신의 결함과 취약성을 포용해야 한다. 그것이 바로 친절을 선택하는 일이 될 것이다. 두렵기는 하지만, 그 뒤에 찾아올 진실한 삶의 보상은 헤아릴 수 없을 만큼 풍부하다.

 실천하는 친절

당신이 취약하게 느끼는 때는 언제인가? 그 상황과 당신의 반응을 떠올려보라. 그때 안전을 향해 뒷걸음질 쳤는가, 아니면 앞으로 나아갔는가? 어느 쪽이든 당신이 했던 것과 정반대로 행동했더라면, 그 상황의 결과가 어떻게 달라졌을지 상상해보자. 기분이 더 좋아지거나 더 나빠질 수 있지만, 자신의 취약성을 받아들일 때 당신의 반응이 주는 힘을 느껴보기 바란다. 당신은 남들에게 진정성 있고 진실한 모습을 보여주는가? 아니면 당신 생각에 남들이 보고 싶어 하는 모습만, 또는 남에게 보여줘도 안전하다고 느끼는 모습만 보여주는가? 완벽함과 당신의 관계는 어떤가? 당신은 완벽해지려고 노력하는가? 사실 '완벽'은 우리 모두의 내면에 숨어 있는 흥미롭고 모순되고 가끔은 엉망진창인 진짜 모습을 드러내지 못하게 방해하는 잘못된 통념에 불과하다. 어린 시절에 받은 훈육 중에 더는 도움이 되지 않지만 계속 품고 있는 메시지가 있는가? 아이가 있는 경우에는 당신의 메시지가 자녀가 진실하고 취약한 아이가 되도록 격려하는지, 아니면 불가능한 완벽을 위해 노력하라고 부추기고 있는지 생각해보자. 브렌 브라운의 테드 강연을 보지 못했다면, 커피 한 잔을 들고 인터넷을 검색해보기를 권한다. 그 강연은 당신의 20분을 투자할 가치가 충분하다.

찬성과 반대,
어느 쪽을 택할 것인가

우리는 친절을 베풀면서 정말로 친절해진다.

에릭 호퍼Eric Hoffer

요즘 신문을 읽거나 뉴스를 볼 때면 나도 모르게 친절에 관한 이야기를 찾게 된다. 마치 내면에 일종의 레이더가 생겨 친절을 추적해 인식하는 것 같다. 나는 우리는 무엇이든 찾는 것을 보게 된다고 굳건히 믿는 사람이다. 우리가 잘못된 것을 찾으며 시간을 보낸다면, 망가지고 불충분하거나 결함이 있는 것을 귀신처럼 찾아내게 될 것이다. 하지만 좋고 옳고 희망적인 것을 찾는다면, 바로 그런 것들을 발견하게 된다.

"존재하지 않는 것도 열심히 찾으면, 결국 그것이 나타날지 모른다." 이것은 영국 작가 애슐리 브릴리언트Ashleigh Brilliant의 말인데, 나는 이 말이 쓰인 오래된 엽서를 수년간 책상 옆에 핀으로 꽂아두었다. 얼마 전, 친구 하나가 집을 방문했을 때 그녀는 내게 왜 저런 말을 벽면에 붙여두었느냐고 물었다.

나는 당황스러워하며 그녀에게 대답했다. "저 말이 어때서? 내가 믿는 것을 얻기 위해 계속 노력하라는 말이잖아. 지금 내 눈에는 보이지 않을지라도, 어딘가에서 내가 발견해주길 기다리고 있을 테니까. 넌 저게 무슨 뜻이라고 생각해?"

친구는 꽤 다르게 이해하는 것 같았다. 그녀는 "남편이 바람피우고 있다고 생각하고 열심히 증거를 찾으면, 결국 그 의심이 사실로 드러난다는 말이잖아"라고 대답했다. 우리끼리 하는 말이지만, 그 친구는 결혼생활을 그다지 오래 지속하지 못했다.

나는 우리가 자신의 현실을 만든다고 믿는다. 내가 아는 사람 중에는 남들보다 많은 몫의 상실과 질병, 불운을 겪고도 긍정적인 관점을 유지하는 이들이 있다. 그들은 무엇을 경험하든 여전히 좋은 점을 찾아내고야만다. 그런 사람들 주위에 있으면 즐겁다.

이에 반해, 세상이 자신을 거스르고 삶이 불공평하다는 증거로서 사사건건 상실과 불운만을 바라보는 사람들도 있다. 그들은 새로운 경험을 할 때마다 실망하거나 어떻게든 자신이 이용당하리라는 예상을 하며, 대개 그 생각이 옳았음을 증명한다. 그들이 삶에 기대하는 모든 것들에 대해서도 마찬가지의 태도를 보이며, 그 만연한 우울감을 남들에게도 전달한다. 이런 '에너지 뱀파이어'와 시간을 보내면 불쾌하고 진이 빠지기 쉽다.

지나친 낙천주의를 지지하는 것은 아니다. 계속적이고 아무 이유 없는 명랑함은 꾸준한 비관주의만큼 사람을 지치게 한다. 하지만 우리의 레이더가 열 추적 미사일처럼 실수와 모욕, 단점을 찾는 데 집중되어 있다면, 아마도 삶이 꽤 암울할 것이다. 여기서 우리는 다시 한번 '절반이나 차 있는 유리잔이냐, 절반밖에 남지 않은 유리잔이냐'의 오래된 난제에 부딪힌다.

우리는 각자 삶을 어떻게 볼지 선택해야 한다. 그리고 무엇을 옹호하고, 언제 옹호할지 선택해야 한다. 나는 그것을 자기 삶의 사회 운동가가 되는 일로 여긴다. 이는 나무에 자기 몸을 묶거나 붐비는 거리에서 연좌 농성을 벌여야 할 필요는 없지만, 자기만의 방식으로 자신이 믿는 것을 옹호해야 함을 의미한다. 불친절, 부당함이나 편견을 볼 때 우리는 친절과 정의와 포용을 소리 높여 외치고 주장해야 한다. 그 실천 방법이 우리가 냉혹한 부정성이 가득한 삶을 살지, 비옥한 낙천주의가 가득한 삶을 살지 결정한다.

테레사 수녀는 이렇게 말했다. "나는 왜 전쟁 반대 시위에 참여하지 않는지 질문받은 적이 있습니다. 이때 나는 결코 전쟁 반대 시위에는 참여하지 않겠지만, 여러분이 평화 찬성 집회를 한다면 한달음에 달려갈 것이라고 말했습니다."

《시애틀 타임스》의 칼럼니스트 제리 라지Jerry Large는, 시애틀 북쪽에 있는 시골풍의 작은 마을 스노호미시Snohomish에 사는 한 여자의 이야기를 소개했다. 팸 엘리엇Pam Elliott은 고등학생을 위한 기독교 단체인 '영 라이프Young Life'에서 자원봉사 리더로 일하다가 해고되었다. 현지에서 제법 자리 잡은 그 단체가 말하는 엘리엇의 '범죄'는 그녀가 다른 엄마들과 함께 '시애틀 프라이드 퍼레이드Seattle Pride Parade'[12]를 위한 장식 만들기에 동참하고, 관련 사진들을 자신의 페이스북 페이지에 올린 것이다. 그녀는 자신의 친구와 그 친구의 게이 아들을 지지하기 위해 그리고 모두가 평등하다는 믿음에서 그렇게 행동했다.

엘리엇은 이렇게 말했다. "저는 대단한 활동가가 아니고, 그저 제 친구를 지지할 뿐이에요. 이것은 사랑하는 사람을 위해 하는 일입니다. 우리는 서로의 아이들을 자기 자식처럼 사랑하니까요."

12　성적 소수자들을 위한 축제

영 라이프 사람들은 엘리엇에게 선택권을 주었다. 만약 페이스북 게시물을 내리고 게이 인권 운동에 동조하는 것을 멈추면, 그녀가 좋아했던 자원봉사자 리더 일을 계속하게 해주겠다고 통보했다. 그녀가 내린 선택은 친구와 친구의 아들을 계속 지지하는 것이었다. 테레사 수녀처럼 그녀도 다른 무엇인가에 반대하기보다 지지하는 쪽을 선택한 것이다.

부정적인 것보다 긍정적인 것을, 나쁜 면보다 좋은 면을, 무관심보다 친절을 더 많이 선택할수록 우리는 모두 살고 싶은 세상, 미래 세대에게 남겨주고 싶은 세상을 구현하는 데 한 발 더 가까이 다가갈 수 있다. 나는 신문을 읽을 때 그런 기사를 찾는데, 하나하나 발견할 때마다 희망으로 마음이 부풀어 오르는 것을 느낀다..

> ### 💙 실천하는 친절
>
> 가장 최근의 경험을 떠올려보라. 당신은 그 경험에 두려움을 안고 다가갔는가, 긍정적인 기대를 하고 다가갔는가? 어떤 결과나 반응이 긍정적이거나 부정적인 당신의 관점에 의해 영향을 받았던 때가 있는가? 당신의 삶에서 언어적 표현을 달리해서 바꿀 수 있는 태도가 있는가? 다시 말해, 무언가를 싫어하는 대신 그 반대를 좋아하는 쪽으로 초점을 맞출 수 있는가? 이를테면, 심한 편견을 비난하는 대신 뛰어난 포용력에 갈채를 보내는 것이다. 다음 며칠간, 경험하고 마주치는 것들을 바라보는 당신의 관점에 주의를 기울이고, 그 관점이 어떤 식으로든 결과에 영향을 주는지 그렇지 않은지 생각해보자

CHAPTER 8

친절 선택하기

당신은 어떤 유산을
남기고 싶은가?

중요한 것은 일의 속성이 아니라, 그 일에 바치는 헌신이다.

마르틴 부버Martin Buber

데이비드 브룩스David Brooks는 저서 『인간의 품격The Road to Character』의 머리말에서 '이력서 덕목'과 '추도사 덕목'의 차이점에 대해 말한다. 이력서 덕목은 당신이 이력서에 나열하는 기술과 능숙함, 다시 말해 취직을 하고 그 직종에서 성공하는 데 도움이 될 능력이다. 반면에 추도사 덕목은 당신의 장례식에서 언급될 자질이다. 이것은 당신이 친절하거나, 용감하거나, 정직하거나, 성실한지 또는 어떤 종류의 인간관계를 형성했는지 등과 관련이 있다. 즉, 이것은 내면의 핵심에 존재하는 자질인 것이다. 브룩스는 자신도 많은 다른 사람들처럼 인생의 많은 시간을 추도사 덕목보다는 이력서 덕목에 우선순위를 두고 살았다고 고백한다.

이력서 덕목이라는 개념을 알게 된 직후에 나는 예기치 못하게 죽음을 맞은 이웃의 추도식에 참석했다. 슬픔이 낮게 깔린 가운데 여기저기에서 웃음이 터졌다. 친구들, 가족들, 이웃들과 직장 동료들이 모여서 고인의 너그러움과 배려가 돋보이는 일화들을 이야기했다. 그가 얼마나 인내심 있게 손주들에게 낚시하는 법을 가르쳤는지, 손주들이 겁먹었을 때 어떻게 그 어린 녀석들을 달래주었는지, 이웃에게 어떻게 도움의 손길을 내밀었는지, 얼마나 이야기를 맛깔나게 잘 풀어냈는지 알려주는 이야기가 끊이지 않았다. 그는 매우 수완이 좋고 성공한 사업가였지만, 그의 직장 동료들은 그의 유머 감각과 너그러움, 넓은 마음 씀씀이에 대해 칭찬했다. 아무도 그의 기술적인 능력이나 재정적인 성공을 언급하지 않았다. 그의 삶에서는 능력이나 성공이 중요했겠지만, 사람들이 기억하는 그의 모습은 그런 것이 아니었다.

자신의 장례식에 관해 생각하고 싶은 사람은 별로 많지 않을 것이다. 사람들이 침울하게 연단에 서 있는 모습이나, 그들이 미트볼과 감자 샐러드를 먹으면서 자신에 대해 뭐라고 말할지 생각하는 것은 별로 유쾌한 일이 아닐지 모른다. 하지만 확실한 것은 그들이 우리가 축적한 부나 재산에 관해 말하지는 않을 것이라는 사실이다. 게다가 파워포인트나 엑셀을 다루는 우리의 재주나, 자동차를 팔고 코딩 프로그램을 만들고 난방 시스템을 디자인하는 우리의 능력을 칭찬하지도 않을 것이다. 혹시 그런 재주나 능력을 칭찬한다면, 그 기술 자체보다는 우리가 그에 대해 가졌던 마음과 정신에 대한 얘기를 할 것이다.

아마 조문객들은 직업, 유머, 인내심, 진실성, 친절에 대한 우리의 열정을 이야기할 것이다. 그리고 직업과는 별개로 그들의 눈에 띄었던 우리의 자질에 관해 말할 것이다. 그들이 회상할 우리의 자질은 저마다 다르겠지만 보통 용기, 충성심, 신뢰, 헌신, 동정심, 전념 등이 될 것이다. 친구들과 동료들은 각자 우리를 다르게 볼 수도 있다. 우리는 어떤 사람에게는 멘토로, 다른 사람에게는 단짝으로, 또 다른 사람에게는 사교적인 이웃이나 재치 있는 직장 동료로 기억될 것이기 때문이다. 각자 관계와 상호교류, 욕구에 따라 저마다 다른 특별한 자질을 떠올릴 것이다. 이와 같이 우리는 보통 남들이 우리의 유산으로 인식할 대단히 중요한 자질 몇 가지를 지니고 있다.

의사, 정치인, 작가, 과학자 등 지역사회나 더 나아가 전 세계의 행복에 크게 기여하는 직업을 가진 사람들의 경우에도, 추도식에서 언급될 내용은 기술이나 성취가 아닌 그에 수반되었던 헌신과 의지일 것이다. 외과의사가 자신의 환자들과 그 가족들 그리고 수술실에 있는 동료들에게 보이는 동정심은 매스를 다루는 기술과 똑같이 중요하다. 이를테면, 위대한 문학 작품을 쓴 작가가 현실 세계에서는 천하의 망나니라면, 그는 기껏해야 허울뿐인 찬사를 얻은 것에 불과하다.

우정이나 용기, 신념이나 친절의 유산을 남기고 싶다면, 또 삶의 끝을 후회 없이 맞이하고 싶다면, 지금 어떻게 살지 생각해야 한다. 직업적인 면이나 사회적인 면에서 성공을 성취하기 위해 기술을 갈고닦는 것처럼, 개인적인 성공의 자질도 갈고닦아야 한다. 그리고 이런 자질은 기술적, 또는 업무적 능숙함을 넘어서야 한다. 매일 아침 일어날 때는 오늘 어떤 가치나 덕목을 추구할지, 또 매일 저녁 침대에 누울 때는 어떤 가치나 덕목을 꿈꾸며 잠들지 생각해보라. 그것이 신념, 친절, 진실성, 우정, 용기든, 아니면 그 모든 것이든, 하루하루를 추도사에 남을 덕목대로 살도록 하자.

> ### ❤️ 실천하는 친절
> 당신의 이력서 덕목과 추도사 덕목은 무엇인지, 또는 무엇이길 바라는지 생각해보라. 당신은 어디에 관심을 집중시키고 싶은가? 당신이 내일 죽는다면, 사람

들은 당신에 관해 뭐라고 말하고 기억할까? 당신은 어떻게 기억되고 싶은가? 현재 당신의 삶이 그런 바람과 일치하지 않는다면, 당신이 가장 바라는 유산대로 살기 위해 오늘 무엇부터 시작하겠는가? 우리가 의도하는 대로 살기에 너무 늦은 시기란 없다.

조건을
붙이지 말 것

남을 배려하는 마음은 자녀들의 삶을 어떤 대학 학위보다도 멀리 데려다줄 것이다.

메리언 라이트 에덜먼Marian Wright Edelman

친절하게 1년 살아보기 프로젝트를 시작하자, 친절을 베풀고 받는 나 자신의 경험뿐 아니라 다른 사람들의 상호작용에 대해 더 많이 알아차리게 되었다. 그런 상호작용이 항상 아름답지만은 않았다. 어느 진료소에서는 접수 데스크 직원이 나이 든 환자에게 무례하게 말하는 소리를 들었다. 직원은 노인이 의료보험의 본인 부담을 이해하지 못하자 숨기지 않고 짜증을 냈다. 샌디에이고의 한 리조트 호텔에 투숙할 때는, 데스크 직원이 불만스러운 고객에게 업그레이드해줄 방이 없어서 연신 죄송하다며 사과하는 말을 들었다. 고객은 화가 나서 고개를 돌리고는, 자신의 비서에게 호텔에 방을 예약하면서 어떻게 이런 엄청난 실수를 저지를 수 있냐며 큰 소리로 질책했다. 체크인할 차례가 되자, 나는 일부러 데스크 직원에게 호텔이 너무나 사랑스러워서 여기 투숙하는 날을 손꼽아 고대했다고 말했다. 그는 감사의 미소를 지었다. 친절한 말을 몇 마디 건네는 데 필요한 것은 거의 없었다.

가끔은 사람들이 그저 친절해질 수 있는 기회를 의식하지 못하는 것처럼 보인다. 하지만 가끔은 업무적 상황 속에서, 또는 거리나 상점에서 남들을 어떻게 대할지 결정하기 전에 상대의 중요성에 대한 판단을 내리는 것 같다.

몇 년 전, 여기 워싱턴 주의 한 뉴스 채널은 주 동부에서 있었던 어느 사건을 보도했다. 자기가 소유한 건물을 리모델링하고 있던 어떤 남자가 잠깐 일을 쉬는 참에 수표를 현금으로 바꾸려고 거래하던 은행으로 갔다. 그는 일을 본 다음 주차권을 승인해달라고 부탁했다. 은행 직원은 그의 옷차림을 힐끗 보고는 수표를 현금으로 바꾸는 일 정도로는 60센트짜리 주차권을 승인할 수 없다고 말했다. 남자는 은행 지점장에게 다시 얘기했지만, 지점장도 그를 위아래로 훑어보더니 마찬가지로 주차권 승인을 거부했다. 두 직원은 그가 궁핍하다고 짐작했기에 그에게 무례하고 오만하게 대했다. 불친절한 대우에 대한 응답으로 남자는 백만 달러가 넘는 예금을 전부 인출하여 거리 아래쪽에 있는 다른 은행에 맡겼다.

그 이야기가 다른 뉴스 매체에서도 보도되자, 일부 사람들은 그 교훈을 '사람을 겉만 보고 판단하지 마라'로 받아들였다. 하지만 그렇게 이해한다면 핵심을 놓치는 것이다. 그 말은, 만약 정말로 그가 가난한 사람이라면 그를 무시해도 괜찮다는 뜻이 된다. 누군가를 무시하는 것은 절대 괜찮지 않다. 그 이야기의 진정한 교훈은 친절은 상황에 따라 달라지는 것이 아니며, 어떤 사람에게만 준비되어 있고 다른 사람에게는 준비되어 있지 않은 무언가가 아니라는 것이다.

"당신에게 친절하고 웨이터에게 무례한 사람은 진짜 친절한 사람이 아니다." 이 오래된 속담 또한 같은 메시지를 전한다. 우리 모두 그런 사람들을 봐왔다. 웨이터나 계산원이나 노동자는 중요하지 않은 사람이고, 그들은 오직 자신에게 봉사하기 위해 존재한다고 생각하는 바보 멍청이들 말이다.

자기가 상대하는 사람이 돈이나 명성, 권력이 있는 '중요한' 사람이면, 간이라도 빼줄 듯 상냥하게 굴면서, 나머지 사람들은 눈에 보이지 않거나 신발 바닥에서 떼버려야 할 껌처럼 여기는 사람들도 있다.

우리 회사에서도 앞서 소개한 뉴스와 비슷한 경우가 있었다. 어떤 사람이 내게 전화해 전국적인 강연자인 자신의 상사를 홍보하며, 우리 고객이 주최하는 콘퍼런스에 발표자로 세우는 것이 어떻겠냐고 제안했다. 갖은 아첨을 떨며 상냥하게 말하는 것으로 보아 그는 우리와 함께 일하고 싶은 마음이 간절해 보였고, 나를 마치 그 문으로 가는 열쇠로 여기는 것 같았다. 우리는 유쾌한 대화를 나눴고, 나는 그에게 상사에 관한 자세한 정보를 보내달라고 말했다. 내가 전화를 끊자, 우리 접수 데스크 직원인 앨리슨Alison이 사무실로 들어와 그가 자기에게 무례하게 굴었는데 내게도 혹시 그랬느냐고 물었다. 그는 앨리슨에게 아랫사람 대하듯 윽박지르면서, 강압적이고 무례하게 당장 나와 통화해야 한다고 고집을 부렸다고 한다. 앨리슨은 나와 정반대의 차별적인 대우를 받았다. 두말할 필요도 없이, 우리는 그의 상사가 우리 고객 중 누구와도 일하는 일이 없도록 했다. 나는 사람들을 괴롭히는 행위를 용인하거나 부추길 생각이 전혀 없다.

영국의 작가 로버트 루이스 스티븐슨Robert Louis Stevenson은 "언젠가 누구나 결과의 향연이 펼쳐진 테이블에 앉게 된다"라는 유명한 말을 남겼다. 바로 이 남자가 새겨들어야 할 교훈이다. 꾸준히 친절을 선택한 사람은 그런 향연에서 훨씬 근사한 식사를 할 수 있을 것이다.

어떤 사람들은 자신의 목표를 성취하는 데 도움이 되는 사람에게만 친절하게 대해야 한다고 생각하는 것 같다. 그래야 직업적으로 이로운 연줄을 만들거나 출세할 수 있을 테니까 말이다. 그들은 뉴스에 나온 은행 직원들처럼 '이 사람은 중요한 사람이니까, 또는 중요한 사람이 아니니까 그에 따라 대할 거야'라고 결정하는 듯하다.

이들은 대체 어디에서 웨이터나 접수 직원, 서비스직 종사자나 노숙자에게는 친절할 필요가 없다고 배웠을까? 아마도 남들을 보고 배웠을 것이다. 처음에는 부모님에게서, 그다음엔 교사들, 상사들, 친구들이나 낯선 이들에게서 배웠을 것이다. 어쩌면 텔레비전에서도 배웠는지 모른다. 아이들은 자신이 보는 광경의 이유를 늘 이해하지는 못해도, 곧잘 그대로 흉내 낸다. 부모들과 교사들은 이 글의 문을 연 메리언 라이트 에덜먼의 말을 현명하게 기억하고 친절을 실천한다면, 그 가치가 평생 얼마나 엄청날지 아이들에게 가르쳐야 한다.

친절한 행동이 자신에게 어떤 이익을 가져다주지 않으면, 그 가치를 보지 못하는 사람들이 있는 것이 사실이다. 솔직히 말해 어디를 가나 그런 멍청이들은 항상 있기 마련이다. 하지만 우리 대부분은 그렇지 않다. 우리는 그저 친절이 더 큰 친절을 낳고, 친절을 선택하는 데는 돈이 들지 않는다는 사실을 이따금씩 기억하기만 하면 된다.

진정한 친절은 선택적이지 않다. 친절한 사람은 누구에게 친절할지 고르고 선택하지 않는다.

💙 **실천하는 친절**

친절에 전념할 때 무엇을 알아차리게 되는가? 그 행동이 가끔 선택적으로 보이지는 않는가? 누군가 혹은 당신 자신이 지위나 외모 때문에 친절이나 존중을 더 많이 받거나 적게 받는 일이 있었는가? 당신이 자기도 모르게 남들에 관해 판단을 내리고 있다면, 어디서 그런 판단을 내리는 법을 배웠는지 되짚어보고 그 판단을 놓아버리도록 노력하자. 당신이 만나는 모든 사람이 친절과 존중을 받을 자격이 있음을 기억해야 한다.

우리는 왜 마음대로
추측하는 것일까?

개인적인 변화의 시작은 터무니없이 쉽다. 그저 관심 자체의 흐름에 주의를 기울이기만 하면
된다.

마릴린 퍼거슨Marilyn Ferguson

우리는 생물학 시간에 누구나 어쩔 수 없는 사각지대, 즉 맹점을 지니고 있다고 배웠다. 눈의 형태와 구조 때문에 눈 안에는 빛이 닿을 수 없는 부분이 있고, 그 결과 시야가 차단되거나 시야에 결함이 생긴다. 그러나 우리의 뇌가 그 차이를 메꾸어 주변까지 아우른 그림이 온전해 보이게 한다. 이렇게 우리는 그 결함을 잘 보상하기 때문에 맹점을 절대 인식할 수 없다.

마음의 맹점이 이야기를 만든다

신체적인 수준을 넘어 정신적인 수준에도 맹점이 있다. 그래서 우리의 뇌는 부족한 자료로 상황을 설명하려고 시도하다가 잘못된 결론을 내리기도 한다. 아마 모두 그런 경험이 있을 것이다. 정보가 부족할 때 뇌는 공백을 메우기 위해 이야기를 만들어내는데, 종종 그 이야기가 사실과 전혀 달라 악영향을 주기도 한다.

다음과 같은 상황을 상상해보자. 자주 점심을 같이 먹는 직장 동료 두 명이 당신에게 같이 가겠느냐고 묻지도 않고, 자기들끼리 점심을 먹으러

나간다. 어리둥절한 당신은 이야기를 지어낸다. 당신이 어제 예산안의 수치를 확인해줄 시간이 없다고 말하는 바람에 캐리Carrie가 기분이 상했다고, 또 오늘 아침에 잠깐 멈춰서 수다를 떨지 않았다는 이유로 에리카Erika가 화났다고 생각한다. 지금 그들은 점심을 먹으면서 당신에 관해 고약한 이야기를 하고 있을 것이다.

약 30분 후에 캐리와 에리카가 점심을 먹고 돌아올 즈음이면 당신은 그런 배신의 이야기를 잘도 엮어서, 그들이 이제 당신의 친구가 되기를 원하지 않고 사무실의 그 누구도 당신과 친하게 지내기를 원하지 않을 것이라고 확신한다. 그들이 왜 친구가 되기를 원하겠는가? 당신은 끔찍하고, 불쾌하고, 매우 나쁜 인간인데!

캐리와 에리카가 패스트푸드 테이크아웃 봉지를 들고 들어올 때, 당신은 에리카가 자기 차를 서비스 센터에 맡겼다는 사실을 알게 된다. 그래서 캐리가 에리카를 뒤따라갔다가 그녀를 태우고 다시 사무실로 돌아온 것이다. 그들은 서비스 센터에서 시간이 너무 오래 걸려서 패스트푸드를 테이크아웃해 올 시간밖에 없었고, 이제 그걸 책상에서 먹어야겠다고 말한다.

결국 당신이 만들어낸 이야기는 완전히 틀렸다. 아무도 화가 나지 않았고, 아무도 기분이 상하지 않았다. 아무도 당신에 관해 고약한 뒷말을 하지 않았으며, 당신은 끔찍하고 불쾌하고 매우 나쁜 인간이 아니다.

이 이야기가 우습게 들리는가? 아마 조금 과장은 있겠지만, 이것은 우리가 늘 겪는 일이다. 때로 우리는 상대의 행동 뒤에 있는 이유를 알 수 없기 때문에, 실제로는 전혀 근거가 없는 동기를 지어낸다. 그렇게 우리가 지어내는 동기는 현재의 우리 기분이나 불안감의 수준, 아니면 극적인 이야기를 지어내는 우리 재주에 따라 구성되는 것인지도 모른다.

배우자나 다른 중요한 누군가가 소원하게 느껴질 때 이런 생각을 하는 사람이 있을 것이다. 저 사람이 화가 났나? 아니면, 관심이 부족해서 그러나? 그것도 아니면, 내가 점심을 먹고 설거지를 하지 않아서? 그런데 알고 보면, 사실 상대는 그냥 8학년 때의 수학 선생님 이름이 아무래도 기억나지 않아 짜증을 내고 있었을 뿐이다.

아주 오래전에, 내가 상임이사로 일하고 있던 어떤 단체가 나한테 말도 없이 이사회를 소집한다는 소식을 들은 적이 있다. 나는 24시간 내내 마음을 졸였다. 그들이 왜 나를 쏙 빼고 만나지? 내가 없는 자리에서 논의해야 하는 끔찍한 짓을 내가 저질렀나? 혹시 나를 해고하려는 걸까? 이런 생각으로 괴로워하다 나는 마침내 용기를 내 이사장에게 전화했다. 나는 그 협회의 이사회는 상임이사가 모르게, 또 상임이사 없이 회의를 진행해서는 안 된다고 설명했다. 그들이 독점 규제나 비영리 법규를 위반하지 않도록 감독하는 것이 내 일이었다. 나는 대체 무엇 때문에 나를 빼고 회의를 소집하려 하느냐고 물었다. 수화기 너머에서는 침묵이 이어졌다. 아주 긴 침묵이었다.

마침내 이사장 더그Doug가 말했다. "도나, 우리도 그건 잘 알아요. 보통은 당신에게 말하지 않고 회의를 하지 않지만, 콘퍼런스가 다가오고 있으니 그간 당신이 우리를 위해 보여준 헌신과 노고에 감사를 표시하고 싶었어요. 우리는 특별한 의식을 치를 최적의 때가 언제인지 그리고 감사 선물로 당신에게 무엇을 사줄지 논의하려고 했어요."

나는 비밀을 말하라고 강요한 불한당이 된 기분이 들었다.

그 당황스러운 순간 이후로, 나는 설명할 수 없는 남들의 행동에 대해 부정적인 이유가 아닌 긍정적인 이유를 상상하려 애썼다. 내가 만든 긍정적인 스토리는 부정적인 스토리만큼 자주 틀린다. 하지만 상황을 모르는 불확실한 상태에 놓여 있다면, 고민하고 초조해하느니 상상력을 즐기는 편이 좋지 않은가?

친절의 지침을 활용하라

이유를 알 수 없는 상황이 발생할 때 기분이 어떤지, 무엇을 해야 할지 생각해보자. 이때를 위해 알아두면 유용할 친절에 관한 지침 몇 가지를 소개한다.

1. 남들이 항상 우리에 관한 얘기를 하는 것은 아니라는 사실을 기억하라

우리는 자기 자신의 우주에서만 중심적인 존재다. 따라서 다른 이들의 머릿속에서는 그렇게 높은 지위를 차지하고 있지 않을 확률이 높다. 이렇게 생각하면 마음이 한결 편안해진다. 다른 이들이 당신을 어떻게 생각하는지는 잊어라. 아마 그들은 당신을 전혀 생각하고 있지 않을 것이다.

2. 몰라서 생기는 호기심에 굴복하라

영문을 모르는 상황에서 친절하고 동정심 어린 대답을 찾으려면 호기심을 이용해보라. 열린 마음으로 호기심을 유지하면 짜증과 분노가 들어설 자리는 없지만, 놀랍게도 친절이 들어설 자리는 항상 있을 것이다.

3. 상대에게 선의가 있다고 추정하라

상대의 침묵이나 말을 악의나 분노 때문이라고 생각하지 말고, 간단히 혼잣말을 해보자. "그런 의도로 한 말은 아닐 거야. 나는 그 사람의 의도가 긍정적이었다는 걸 알아." 최악보다는 최선을 믿고 싶지 않은가?

4. 어떤 이야기를 만들어낼지 스스로 선택하라

작은 문제로 호들갑을 떠는 성격이라 할지라도, 긍정적인 추정을 바탕으로 이야기를 지어낼 수 있다. 자신의 입장에서 상황을 잘 인식하기만 하면 된다.

5. 늘 평화를 선택하라

우리는 자신의 인식과 반응을 통제할 수 있다. 따라서 우리를 평화로 이끌어주는 길을 선택할 수도 있다. 연습이 필요하겠지만, 그것은 우리 능력 안에 있는 일이다.

우리가 자기 자신에게 하는 이야기에는 힘이 있다. 앞의 지침을 기억하며 그 힘을 이용하면 삶을 바꾸고, 더 나아가 세상을 바꿀 수 있을 것이다.

> **💙 ～ 실천하는 친절**
>
> 인식의 공백을 메우기 위해 이야기를 지어낸 적이 있는가? 가장 최근의 사례를 떠올려보자. 그것은 긍정적인 이야기였는가, 부정적인 이야기였는가? 다음에 그런 상황이 다시 닥친다면 어떻게 하겠는가? 누군가 혹은 무엇인가에 관한 추측이 너무나 어긋나서, 그때 일을 생각만 해도 웃음이 나거나 민망해지는 경험이 있는가? 가끔 남의 시선을 의식하느라 이러지도 저러지도 못할 때가 있는가? 사람들은 모두 자기가 남들 눈에 어떻게 보이는지 걱정하느라 너무 바빠서

당신에 대해 판단하고 있지 않을 가능성이 크다. 이런 생각을 하면 도움이 되는가? 다음에 상상력을 동원해 잘 모르는 상황을 스스로에게 설명하려고 할 때에는, 그것을 상상할 수 있는 가장 긍정적인 이야기나 당신에게 평화를 가져다줄 이야기를 만들어낼 기회로 삼아보라.

자신이 찾고자 하는 것을
확실히 알기

옳은 것과 친절한 것 중에 하나를 선택해야 한다면, 친절을 선택하라.

R. J. 팔라시오R. J. Palacio

친절하게 1년 살아보기를 실천할 때, 나는 그것을 친절을 실천하는 기회인 동시에 전력을 다하며 친절을 더 자주, 더 자연스럽게 베푸는 법을 배우는 기회로 삼았다. 또한, 남들이 친절하게 행동하는 모습을 보면서 있는 그대로 그 행동을 인정할 수 있도록 친절에 관한 내 인식을 확대하는 기회로 삼기도 했다.

나는 불친절을 보여주는 사례들이나 친절을 베풀 기회를 놓치는 사례들을 많이 목격할 것으로 예상했고, 거기에는 내 경험도 포함되리라 생각했다. 하지만 그런 부정적인 사례들을 찾아 그에 초점을 맞추는 데 많은 시간을 쓰고 싶지는 않았다. 앞에서도 소개한 에스파냐의 철학자 호세 오르테가 이 가세트의 명언을 생각해보라. "당신이 무엇에 주의를 기울이는지를 알려주면, 당신이 어떤 사람인지 내가 말해주겠다"라고 하지 않았던가.

내가 삶에 대한 이런 접근법을 자연스럽게 터득하게 된 것은 아니다. 우리 엄마가 보여준 본보기는 매우 달랐기 때문이다. 엄마의 기본 방침은 사람들을 믿지 말고, 믿을 만한 가치가 있음을 그들 스스로 증명할 때까지 거리를 두는 것이었다. 엄마는 새로운 상황에 접근할 때도 마찬가지로, 자신을 해치거나 적어도 실망하게 할 무엇인가가 도사리고 있다고 예상했다. 자라면서 내가 들어온 메시지는 이러했다. "삶은 안전하지 않으니 조심스럽게 나아가고, 대부분의 사람이 호시탐탐 너를 이용하려 들 테니 절대로 사람을 너무 가까이 두지 마라."

엄마의 선례에도 불구하고, 내 경험상 세상은 나를 이용하려 들지 않았다. 대부분 일상생활에서, 우리는 기대한 대로 대접받는다. 내가 정중하게 대접받고 존중받기를 기대한다면 대개 그렇게 대접받았고, 달리 대접받는다면 매우 놀랄 만한 일이 되었다. 물론, 중년의 중산층 백인 여성의 입장에서 하는 말이기는 하다. 내가 연령대, 인종, 성별, 배경이나 상황이 달랐다면, 매우 다르게 대접받을 수 있다는 것을 모를 만큼 순진하지는 않다. 너무 많은 사람이 여전히 편견과 두려움, 무지에서 나오는 반응을 보인다. 그러나 자신과 타인에게 항상 최선을 기대하고 그를 위해 노력한다면, 곧 우리가 살고 싶은 세상을 일구게 될 것이다.

직업이 진정한 자신이 되는 데 방해가 될 때

잘못된 것을 찾도록 사람들을 훈련하고, 그들의 노력에 보상하는 직업을 가진 사람 중에는 똑똑하고 너그럽고 친절한 사람이 많다. 비영리 단체들을 관리하는 회사에 몸담는 동안 여러 고객들을 만나면서 이런 모습을 수년간 보아왔다. 건축물 준공 검사자나 임상 진단 전문의나 회계 감사관 등과 같이 직업적 성공이 실수나 일탈, 부정확함을 잘 찾아내는 능력에 달려 있는 경우, 그들은 가끔 그 능력을 삶의 다른 부분까지 확대한다. 그들은 오류를 찾아내는 일이 적절하지 않거나 고맙게 여겨지지 않을 수도 있음을 전혀 인지하지 못할 때가 있다. 그들은 항상 신문에 있는 오자를 지적하는 사람들이다. 그들은 울타리를 고정한 방식이나 잔디를 깎은 방식에서도 흠을 찾아낸다. 태국 음식점에서는 메뉴판에 쓰인 'Wellcome'의 철자가 틀렸다고 웨이트리스에게 알려주고 싶은 충동을 느낀다(당신과 내가 방콕으로 이주해서 레스토랑을 연다면, 모든 것을 똑바로 할 수 있을지 생각해보자). 안타깝게도 그들은 음악을 듣기보다 잘못된 음을 찾아내느라 시간을 소비한다.

이런 사람들은 때로 말 몇 마디로 다른 사람들의 삶과 즐거움을 앗아가 버릴 수도 있다. 자기 딴에는 결함을 지적해서 '도와주려는' 의도겠지만, 지적받는 사람은 짜증이 나고, 사기가 꺾이며, 심지어 의욕을 잃을 수도 있기 때문이다. 그런 행동이 중역 회의실에서 어떤 피해를 일으키는지 본 사람이 많을 것이다. 나는 그토록 비판적인 사람이 배우자나 부모라면 어떨지 상상만 해볼 뿐이다.

여기서 교훈은 누군가를 직업적으로 뛰어나게 만드는 자질이 좋은 부모나 동료, 좋은 친구나 회사 중역이 되게 하는 기술과는 다를 수 있다는 것이다. 가끔 우리가 할 수 있는 가장 친절한 행동은 중요하지 않은 실수나 틀린 발음, 잘못된 발언을 모른 척하는 것이다. 결함을 찾도록 훈련받아왔다면, 또는 자신이 얼마나 똑똑한지 모두에게 알리는 것을 중요하게 여긴다면 그것은 어려운 일일 수 있다. 나는 그 상황을 "당신은 옳음과 행복 중에 무엇을 택하겠는가?"라는 질문으로 요약할 수 있다고 생각한다. 우리가 항상 옳으면서 행복할 수는 없기 때문이다. 이것은 우리가 배우고 또 배우는 교훈이고, 선택하고 또 선택해야 하는 문제다.

도서 편집자인 친구 하나는 자기 머릿속에 있는 '편집자 모드'를 꺼버릴 수가 없어서 가끔은 책을 즐겁게 읽기 어렵다고 털어놓았다. 그는 저자의 열정이나 이야기의 줄거리를 즐기지 못하고 자기도 모르게 오타를 고치고 문장을 더 매끄럽게 만들 방법을 찾게 된다고 말했다.

내가 가장 좋아하는 책 중 하나이자 이 책에 실린 많은 명언의 출처이기도 한 『그러면 우리는 어떻게 살 것인가?How Then, Shall we Live』에서 웨인 멀러는 비판적 기술을 남들을 배제하는 쪽으로 연마하는 위험성에 대해 우아하게 묘사했다. "우리는 모두 우리가 생각해온 것들의 결과다. 에너지의 가장 큰 부분을 우리 내면이 잘못됐다고 말하는 것들을 찾아내는 데 집중한다면, 우리는 점점 더 잘못된 것을 잘 보는 사람이 될 것이다. (……) 그러면 아름다움과 의미가 있는 삶을 만들어내는 대신 망가진 것만을 더 잘 보게 될지도 모른다."

우리 삶의 초점을 망가진 것에 집중시키는 건 인생을 사는 그리 만족스러운 방법이 아니다. 더구나 이런 방법은 좋은 죽음으로 이어지지도 못할 것이다. 물론, 남기고 싶은 마지막 말이 "내가 그렇게 말했잖아"가 아니라면 말이다.

갈등에 대처하는 여러 가지 방식

우리는 세상을 바라보는 관점뿐 아니라 세상과 상호교류하는 방법도 선택할 수 있다. 신랄하면서도 독실한 종교인인 앤 라모트Ann Lamott는 경이로운 책 『우리를 살아가게 하는 것들Grace(Eventually): Thoughts on Faith』에서 어느 카펫 판매원에게 사기를 당한 이야기를 들려준다. 그녀는 교회에서 쓸 깔개를 샀는데, 사고 보니 곰팡이가 피어서 사용할 수가 없었다. 판매원과 몇 날 며칠을 악의에 불타는 설전을 주고받은 끝에 그녀는 이미 지불한 50달러를 되찾았다. 하지만 이내 승리보다는 평화를 택하기로 마음을 고쳐먹었다. 그녀는 사과 편지를 보내며, 데이지 한 다발과 함께 카펫 판매원에게 수표를 돌려주었다. 그런데도 그 남자는 최후의 일격을 가하며, 그녀가 심하게 행동했다고 책망했다. 그가 무척 못되게 굴었고 자신은 50달러를 날리고 깔개를 얻지도 못했지만, 라모트는 그냥 너그러이 넘어갔다.

라모트의 사연을 읽으면서 나는 그런 상황에서 어떻게 행동했을지 생각해보았다. 나라면 누군가(내가) 옳아야 하고, 누군가(카펫 판매원이) 틀려야 한다는 생각을 포기했을까? 마지막에 결정적인 발언을 내뱉는 만족감을 포기했을까? 마음의 평화를 얻으려고 마땅히 내 것이던, 5달러도 아닌 50달러를 포기했을까? 화합을 옳음과 맞바꿀 수 있었을까?

나는 날카로운 말과 비난, 또는 과소평가하는 촌평이 나를 향했을 때, 과거에 어떻게 반응했는지 돌아보았다. 그리고 미래에는 어떻게 반응할 것인지 계속 생각하고 있다.

다음은 가능한 반응의 목록이다. 부디 내가 현명한 선택을 할 수 있기 바란다.

1. 되돌려주기

받은 대로 되받아쳐서 다음과 같이 똑같이 날카롭고 비판적으로 말할 수 있다. "내가 들은 말 중에 가장 바보 같은 말이네요." 하지만 이런 응답은 상황을 악화시킬 가능성이 크다.

2. 우월성 보이기

내가 다른 이들의 옹졸한 비난보다 우위에 있음을 보여주는 방식으로 응답할 수 있다. "험담에나 의지하다니 부끄러운 줄 아세요." 여기서 암시하는 속뜻은 '안됐구나, 이 덜떨어진 멍청이야'다. 그 말은 상황을 더 심하게 악화시키지는 않을지 모르나, 상대방은 여전히 자기 손에 미지근한 똥이 떨어진 기분일 것이다.

3. 무시하기

그 사람과 그의 말이나 행동을 완전히 무시할 수 있다. "나는 굳이 너의 존재를 의식하지 않을래." 상대방이 정신병 환자나 완전히 괴짜 같은 사람이라면 안전한 방식일 수 있겠지만, 이런 반응은 상황을 거의 개선하지 못한다. 또한, 이 메시지도 나의 우월성을 암시하고 있다. 하지만 그래 봐야 상황은 조금도 나아지지 않는다.

4. 평화 선택하기

내 두려움과 자긍심을 인식하고, 상대의 두려움과 자긍심이 존재하는 지점에서 그 사람과 어떻게 관계를 맺을지 생각할 수 있다. 그리고 이렇게 말할 수 있다. "당신이 그렇게 느꼈다니 유감입니다. 내 행동이 당신을 화나게 했다면 미안합니다. 다음번엔 더 유의하도록 노력하겠습니다." 문제는 그 말을 할 때 진심이어야 한다는 것이다. 그래야만 대립이 끝나고 화해가 시작된다. 그러나 이 말을 냉소나 우월감, 위선이 비치는 어조로 말한다면, 우리는 손안에 똥을 쥔 지점으로 다시 돌아가게 될 것이다. 그 말을 하는 내내 사실은 내가 옳은 줄 아는데도 틀렸다고 인정해야 하는 사실에 분개한다면, 아무 효과가 없다. 비록 상대가 거들먹거리거나, 비난하거나, 명백히 의도된 일갈을 날린다고 해도, 기꺼이 입을 다물고 내 의도를 지켜야 한다.

최선의 선택을 하기 위해서는 연습이 필요하다. 처음에는 서툴고 어색해서, 가끔은 우리가 피하고 싶은 상황을 초래하기도 할 것이다. 하지만 피아노를 치거나 테니스를 칠 때와 같이 우리의 기술이 발전하는 것을 보려면 꾸준한 연습이 필요하다. 작가 줄리아 캐머런Julia Cameron은 "나아지면서 동시에 능숙해 보이는 것은 불가능하다"라고 말했다. 나는 이 지혜로운 말을 위안으로 삼는다.

최근 몇 년간 나는 말로 공격당할 때 되받아쳤던 일이 없다. 그건 내 스타일이 아니고, 그러기에 나는 너무 '착하다.' 하지만 슬프게도 내가 무관심과 무시와 심지어 우월감으로 반응했던 때는 너무나 많다. 일반적으로 내 반응은 상대가 가족이든, 친구든, 직장 동료든, 서비스업 종사자든, 완전히 낯선 사람이든 간에 그들로부터 내가 인지했던 느낌에 대한 응답이었다. 인정하건데, 내 인지가 항상 정확하지는 않았을 것이다. 하지만 다행히 내게는 내 인지와 반응을 모두 통제할 능력이 있다. 앞에서 보았듯, 바로 여기가 친절이 들어설 자리다.

굴복이 꼭 포기하거나 놓아버리는 것을 의미하지는 않는다. 나는 굴복이 가능성을 열어주거나 다른 것을 들이는 기회가 될 수도 있다고 생각한다. 바로 그것이 앤 라모트가 이상한 카펫 판매원과의 일화에서 보여준 사실이다. 그런 관점에서 보면, 친절한 응답을 선택하기가 더 쉽다는 것을 알게 된다. 친절한 응답은 항복이 아니고, 약함을 드러내는 행동도 아니다. 그것은 더 나은 자아가 친절에 목소리와 힘을 실어주도록 허용하는 일이고, 평화를 선택하는 일이다.

실천하는 친절

새로운 경험 혹은 새로운 지인에게 보통 어떻게 접근하는가? 그런 접근이 잘되리라고 예상하는가, 장애에 부딪힐 것이라 예상하는가? 당신은 비난하거나 흠잡을 거리를 찾는 경향이 있는가, 아니면 마주한 대상으로부터 가장 좋은 부분을 찾으려고 노력하는가? 처음부터 사람을 믿을 수 있는가, 아니면 그의 행동을 믿을 수 있다는 사실이 드러날 때까지 판단을 보류하는가? 다음 며칠간, 당신이 남들과의 상호관계에서 보이는 태도와 그들에 대한 당신의 기대에 주의를 기울이고, 그들의 동기가 무엇일지 생각해보라. 그것은 두려움, 불안감, 올바르고 싶은 욕구 등이 될 수 있을 것이다. 그런 다음, 당신이 부정적인 것에 초점을 맞췄음을 알아차린다면, 당신의 예상을 바꾸는 것을 목표로 삼아보라.

행복이나 마음의 평화를 얻기보다 정당함이나 승리를 택했던 경험이 있는가? 당신의 반응이 달랐다면, 결과가 어떻게 달라졌을지 생각해보라. 논쟁에서 지거나 약간의 돈을 잃는다 해도 친절을 선택하는 것이 진정으로 힘 있고 용기 있는 행동임을 알겠는가? 친구, 직장 동료, 가족 구성원이나 낯선 사람과 의견이 맞지 않을 때, 너그럽게 인정하고 그들의 의견을 따라준다면 기분이 어떨지 상상해보라. 무엇인가 잃었다고 느끼겠는가, 아니면 얻었다고 느끼겠는가?

CHAPTER 9

불친절에 대처하기

남을 괴롭히는
가해자들

당신의 마음을 들여다보고, 당신을 고통스럽게 하는 것이 무엇인지 찾아라. 그리고 어떤 상황이 닥쳐도 그 고통을 다른 누군가에게 가하지 마라.

카렌 암스트롱 Karen Armstrong

우리 중에 가장 선한 이도 안 좋은 일이 겹치는 날에는 불친절하게 행동하거나 말할 수 있다. 나는 테레사 수녀도 한두 번쯤은 다른 사람에게 짜증스럽게 대꾸한 적이 있으리라 확신한다. 하지만 지속적이고, 반복적이며, 부끄러움이 없는 불친절은 실수라고 치부할 수 없고, 종종 괴롭힘의 징후일 때가 많다.

대체로 만성적으로 불친절한 사람들은 잘못된 특권 의식이나 통제되지 않는 분노, 두려움 때문에 그런 행동을 한다. 위협감을 느끼는 것일 수도 있고, 거절이나 창피를 당할까 봐, 또는 약하거나 어리석어 보일까 봐 두려워하는 것일 수도 있다.

여러 해 전에 나는 자신의 인생철학이 '즉각적인 공격'이라고 공개적으로 자랑하는 한 남자와 함께 일한 적이 있다. 그는 어떤 상호관계에서든 우위를 점하고 싶어 했고, 그래서 소통하는 상대를 수세에 몰 수 있는 방법을 즉시 찾아냈다.

전직 야구 선수였던 그 남자는 덩치가 컸기 때문에, 자신의 몸집이 사람들에게 위압감을 줄 수 있음을 알고 있었다. 하지만 그걸로 충분치 않으면, 사람을 위아래로 훑어보며 곤란한 질문을 하거나 눈알을 굴리며 조롱하듯 말하면서 상대의 말을 무시했다. 그는 자신이 상대를 둔하다고 여기고 있음을 효과적으로 전달하는 방법을 알고 있었다. 당시에는 깨닫지 못했지만, 그는 그저 약자를 괴롭히는 깡패에 불과했다.

몇 년이 지난 후, 나도 모르게 그 남자가 무엇을 두려워하고 있었는지 궁금해졌다. 누군가 자신의 허울을 꿰뚫어 보고 내면에 있는 불안정한 자아를 알아차릴까 봐 두려웠을까? 자기 자신이나 타인의 기대에 미치지 못하고 살아서, 주변에서 그런 진실을 알아차리기 전에 먼저 공격함으로써 자신에 대한 실망감을 덮으려 했을까? 예전에 깊이 상처받은 적이 있던 터라 남에게 상처를 줘서 그런 경험이 되풀이되는 것을 피하려 했을까? 어쩌면 그는 그것이 '진정한 남자'가 행동하는 방식이라고 배웠을지도 모른다. 아니면, 그냥 남을 괴롭히고 위협하는 데서 즐거움을 얻으면서 부끄러운 줄도 모르는 얼간이였을 수도 있다.

나는 가능할 때마다 그 남자를 피했고, 그가 우리 고객사의 직원이었음에도 다행히 소통할 기회가 많지 않았다. 이제는 그를 만나, 시간이 약이 되어 그가 부드럽게 변했는지 확인할 수 있다면 흥미로울 것 같다.

괴롭힘에 관한 웹사이트 '불링스태티스틱스BullyingStatistics'에 따르면, "남을 괴롭히는 어른은 어렸을 때 괴롭히는 쪽이었거나 괴롭힘을 당하는 쪽이었을 가능성이 크다." 이 사이트는 더 나아가 남을 괴롭히는 성인을 다섯 가지 유형으로 설명한다.

여기서 그 이름과 특성에 대해 살펴보자.

1. 자기도취형 가해자

이런 종류의 가해자는 자기중심적이고, 남들의 감정에 공감하지 못한다. 게다가 결과에 관해 거의 불안해하지 않는다. 그들은 자신에게 만족하는 것 같지만, 사실은 남들을 깎아내려야만 하는 불안정한 자아도취에 빠져 있다.

2. 충동형 가해자

이 범주에 속한 가해자는 즉흥적이어서 상대를 어떻게 괴롭힐지 미리 계획하지 않는다. 결과만 놓고 보면 그렇게 보이지 않지만, 이런 유형은 자신의 행동을 억누르는 데 어려움을 겪는다. 때로 스트레스가 큰 상황에서 이런 유형의 괴롭힘이 무심코 일어날 수 있다.

3. 물리적 가해자

성인의 괴롭힘은 거의 신체적인 대결에 의존하지 않지만, 그런데도 물리적인 폭력을 사용하는 경우가 있다. 실제로 피해자에게 물리적인 해를 가하지는 않지만, 해를 주거나 신체적인 우위를 행사하겠다며 서서히 압박하는 방식을 택하기도 한다. 때로 이런 유형의 괴롭힘은 물리적 접촉보다는 피해자의 재산을 빼앗거나 파괴하는 것을 의미하기도 한다.

4. 언어적 가해자

말은 꽤 심한 상처가 될 수 있다. 이런 전술을 사용하는 가해자는 주로 피해자에 관한 악의적 소문을 퍼뜨리는 것으로 괴롭힘을 시작한다. 그리고 피해자에게 굴욕감을 주거나 지배력을 행사하기 위해 빈정대거나 모욕적인 말을 한다.

5. 부수적 가해자

이런 사람은 괴롭힘을 주도하지는 않지만, 자신이 피해자가 되지 않으려고 가담하는 유형이다. 부수적으로 남을 괴롭히는 가해자는 자신이 하는 짓에 죄책감을 느낄지도 모르나, 피해자를 돕기보다는 자신을 보호하는 데 더 관심이 많다.

이 웹사이트는 "성인의 괴롭힘은 보통 정해진 패턴 안에서 발생하기 때문에 우리가 할 수 있는 일이 거의 없다. 가해자는 상황을 해결하는 데 관심이 없고, 타협에도 관심이 없다. 오히려 힘과 지배력에 더 관심이 많다. 그들은 자신이 중요하고 우선권이 있는 듯 느끼기를 원하고, 남들의 콧대를 꺾어서 이를 성취하려 한다"라고 설명한다.

나는 이 주장을 쉽게 인정하지 않을 것이다. 약자를 괴롭히는 가해자에 맞서서 그 행동이 용인되지 않음을 알릴 방법이 틀림없이 있을 것이다. 더구나 그들이 괴롭힘이 지닌 힘이라 여기는 위협과 비난의 전술에 의존하지 않고 그렇게 해낼 수 있을 것이다. 무안을 주거나 질책해서 괴롭힘의 가해자를 수치스럽게 하려는 시도는 오히려 괴롭힘의 경향을 증가시키는 역효과를 불러올지도 모른다. 그렇다면 그들은 내 예전 거래처 남자 직원처럼 즉각적인 공격 모드로 돌입해서 목표물로 보이는 곳이라면 어디든지 폭격하고 말 것이다.

친절이 그 남자 직원의 괴롭힘에 대한 효과적인 억제제가 되었으리라고 생각하지는 않는다. 그는 아마도 친절을 약함과 동일시하면서 더욱더 힘으로 사람들은 위협했을 것이다.

하지만 그런 행동이 용납되지 않는다는 것을 알려주는 방법은 다른 효과가 있었을 것이다. 동료들은 조용히 있는 대신 상황에 개입하여 침착하게 "너 하나도 안 멋있어"라고 말해야 했다. 목격자들이 단결하여 피해자를 지지하는 모습을 본다면, 대부분의 가해자는 괴롭힘을 철회되거나 적어도 물러나기 때문이다.

자신이 괴롭힘의 목표물이 될 때 할 수 있는 가장 똑똑한 행동은 그 자리를 벗어나는 일일 것이다. 더 이상 말려들지 말고, 반응하지도 말고, 그냥 벗어나서 그 후에도 마주치는 일을 피하는 것이다. 물론, 이것이 항상 가능한 일은 아니다. 가끔 우리는 살면서 남을 괴롭히는 가해자를 피할 수 없는 경우를 만난다. 하지만 우리가 가해자의 직접적인 목표물이든 주변의 목격자든, 절대로 괴롭힘이 오랜 악습이 되도록 허용해서는 안 된다. 당신이 남을 괴롭히거나 학대하는 사람과 직면했을 때, 도움을 청하는 것은 부끄러운 일이 아니다.

"최고의 복수는 잘 사는 것"이라는 세간의 말이 떠오른다. 그것은 아마 괴롭힘을 장기적 관점에서 바라보는 좋은 방법일 것이다. 하지만 우리가 한창 왕따나 괴롭힘을 당하고 있을 때 '이봐, 10년 후를 두고 보자고. 나는 성공한 인생을 살 거고, 너는 여전히 엄청난 얼간이일 거야'라고 생각하는 것은 별 도움이 되지 않는다.

괴롭힘의 대상에서 비켜서 목격자나 방관자의 입장에 놓여 있다면, 우리는 상황에 개입해서 그런 행동이 용납될 수 없다는 것을 가해자에게 확실히 알려주어야 한다. 가해자가 사이코패스나 미치광이라면 법적 혹은 전문적 도움을 요청하고 피해야 하겠지만, 우리 주변에 흔한 괴롭힘의 가해자는 신중한 표현과 적극적이고 자신감 있는 대처로 어느 정도 저지할 수 있다. 우리가 분노나 경멸을 표현하지 않고 개입할 수 있다면, 상황을 진정시킬 수 있을지 모른다.

친절에는 행동이 필요하고, 행동에는 종종 용기가 필요하다. 괴롭힘을 목격할 때, 우리는 그것을 무시하고 그저 방관자로 있으면 안 된다. 괴롭힘은 침묵으로 조장된다. 상황에 개입하여 목소리를 높이고, 옳다고 믿는 바를 위해 맞서야 한다. 말이 아닌 행동으로 옮기기는 어렵지만, 친절이 늘 쉬운 것은 아니라는 사실을 다시 한번 기억하자. 친절은 어렵지만 항상 옳다. 우리는 모두 하나가 되어 괴롭힘을 막아야 한다. 괴롭힘은 정상이 아니고, 사람답지 않으며, 절대로 용납되어서는 안 된다.

🤍 실천하는 친절

성인이 된 후에 당신의 삶에서(직장에서든, 이웃에서든, 심지어 가족 내에서든) 남을 괴롭히는 가해자를 만난 적이 있는가? 그들의 목표가 당신이든 다른 누구든, 그들의 행동을 완화할 방법을 찾을 수 있는가? 다른 사람이 당신의 친절을 깎아내린다 해도 친절이 지닌 힘을 인정할 수 있는가? 안전이 가장 중요함을 인식하면서 괴롭힘을 목격하거나 경험하면 어떻게 반응할지 그 방법을 미리 생각해보라. 가해자에게 괴롭힘을 당하는 피해자를 위해 어떻게 맞설지 전략을 세워보자. 피해자는 타인이 될 수도 있고 자기 자신이 될 수도 있다. 비슷한 상황에 직면할 가능성이 있는 아이들이나 다른 이들과 이 문제를 논의해볼 것을 권한다.

모든 것은
사소한 괴롭힘에서 시작된다

자상함과 친절함은 나약함과 체념의 징후가 아니라, 용기와 결단력의 징후다.

칼릴 지브란Khalil Gibran

어른이 되어 괴롭힘에 맞설 때는 선택할 수 있는 대안과 경험이 더 많고, 다양한 관점으로 더 힘 있게 대처할 수 있다. 하지만 괴롭힘에 직면하는 아이들은 엄청난 충격을 받고, 결과적으로 평생 계속되는 씻을 수 없는 후유증을 겪는다.

친절함을 탐구하는 동안, 어린이와 청소년은 물론이고 성인의 세계에서도 얼마나 자주 괴롭힘이 문제로 떠오르는지 목격하며 매우 걱정스러웠다. 그런 행동이 장기적으로 미치는 파괴적인 영향을 보는 일은 두렵기 그지없다. 성인 가해자의 대다수가 어린 시절 자신이 괴롭힘을 당하거나 학대받았던 피해자였다. 따라서 괴롭힘에 대해 더 일찍 고심하고 대응할수록, 그것을 막거나 그 악순환을 멈출 가능성이 커진다.

『친절한 학교를 만드는 법How to Create Kind Schools』의 저자 제니 흄Jenny Hulme은 괴롭힘은 성장 과정의 일부가 아니며, 그렇게 여겨져서도 안 된다고 말한다. 그녀는 이렇게 설명한다. "괴롭힘은 괴롭히는 쪽에도 괴롭힘을 당하는 쪽에도 아무런 이익을 불러오지 않습니다. 오히려 평생 지속하는 피해를 유발할 뿐이에요. 연구 결과에 따르면, 괴롭힘 피해자는 학업 성취율이 현저히 낮아질 확률이 높고, 성인이 되어서도 우울증과 불안감을 겪으며 신체적으로도 허약해질 가능성이 커집니다."

내가 어렸을 때는 남을 괴롭히는 아이들이 그리 많지 않았다(물론 노화의 좋은 점 중 하나가 선택적 기억이기는 하다). 초등학교 시절을 통틀어, 남을 괴롭히는 가해자라고 할 만한 아이는 두 명 정도가 있었던 것 같다. 그들은 자기보다 더 작은 사내아이들을 골라 괴롭히면서 밴텀급 복싱 선수처럼 거들먹거리며 다녔다. 괴롭힘을 당하는 아이들은 그들을 '깡패'라고 불렀겠지만, 우리는 그렇게 부르지는 않았다. 그 둘 다 별로 똑똑하지 않았다. 우리 초등학교에서는 똑똑해야 보상을 받았는데, 녀석들은 또래 4학년 수업도 따라가기 벅찼다. 아마 그래서 그에 대처하는 나름의 방식으로 나쁜 행동을 일삼았으리라 짐작한다.

그러나 오늘날의 괴롭힘은 무시무시하다. 남자아이와 여자아이 모두 괴롭힘을 행하고 경험한다. 요즘은 운동장에서 그냥 놀리는 정도(그것도 나쁘기는 매한가지이지만)를 넘어, 소셜 미디어를 통해 상상할 수도 없을 만큼 잔혹하고 조직적인 괴롭힘이 이루어진다. 특히 사이버 폭력은 한 번 일어났다가 사라지는 것이 아니라, 소셜 미디어 사이트 여기저기로 널리 퍼져나가며 거의 불멸의 생명력을 갖게 된다.

괴롭힘은 여러 유형을 보인다. 운동장에서의 놀림으로 시작된 것이 나중에는 성희롱, 폭력 조직 활동, 가정 폭력, 직장 내 위협, 또는 노인 학대까지 악화할 수 있다. 우리가 어떤 형태의 괴롭힘도 용납될 수 없음을 더 빨리 분명히 할수록, 가해자들이 더 빨리 다른 행동을 배우고 이런 공격이 더 빨리 줄어들게 될 것이다.

괴롭힘의 충격적인 결과에 관한 이야기는 어디에서나 들을 수 있다. 재키 제임스Jacki James는 그녀의 아들 페이턴Peyton이 오랫동안 당한 괴롭힘 때문에 결국 극단적인 선택을 하고 말았다고 이야기한다. 수년간 괴롭힘을 당한 조용한 아이가 마침내 폭발하여 가해자와 방관자는 물론이고 자기 자신에게까지 총을 겨눴던 사건도 있다.

재키 제임스는 아들이 극단적인 선택을 한 이후에 친절을 장려하고 괴롭힘에 맞서는 사회 활동가가 되었다. 그녀가 만든 웹사이트 '카인드니스 매터스kindness-matters'는 사람들이 서로 소통하는 방식을 바꾸고 전 세계적으로 친절을 육성하고자 노력한다. 제임스는 이렇게 설명한다. "아이들이 남을 괴롭히는 이유는 그 행동을 통해 자신이 삶의 다른 부분에서 놓치고 있는 '힘'을 느낄 수 있기 때문입니다. 남을 괴롭히는 아이들은 집이나 스포츠팀 등 다른 환경에서는 피해자일 때가 많습니다. 그래서 떨어진 자존감을 회복하려고 남들을 몰아세우고, 그 상황에서 자신에게 힘을 부여합니다. 그것은 자기 자신에게 느끼는 감정을 다른 누군가에게 향하게 하는 방법이기도 합니다."

제임스는 이렇게 말하기도 한다. "남을 괴롭히는 사람들은 자신의 말이 가할 수 있는 피해에 대해 알아야 합니다. 그들은 피해자가 어떤 악마와 싸우고 있는지 모르고 있어요. 또한 미소를 짓거나 웃는다고 해서 자기가 학대한 피해자가 괜찮다고 생각해서는 안 됩니다. 그것은 피해자가 진짜 감정을 숨기며 내면에 잘 붙들고 있다는 뜻이고, 언제든 폭발할 수 있다는 의미입니다." 제임스는 자기가 내뱉은 잔인한 말이 다른 사람을 극단적인 선택으로 몰았다는 사실, 즉 그를 죽음에 이르게 한 장본인이 바로 자신이라는 사실을 깨달았을 때 느낄 죄책감을 평생 안고 살고 싶은 사람은 없을 것이라고 경고한다. "그 죄책감은 남은 평생 매일 조금씩 당신을 갈가리 찢어놓을 것입니다."

요즘 중고등 학생의 30퍼센트가 괴롭힘을 경험하고, 7~12학년 여학생의 절반 이상이 학교에서 성희롱을 당한다고 한다. 이는 단순한 통계 이상의 의미를 지닌다. 매일 두려움과 마주하며 안전해질 수 없다는 절망에 빠진 어린이와 청소년이 수백만 명이나 된다는 뜻이기 때문이다. 괴롭힘이 어린 시절의 '통과의례'라고 말하는 사람도 있다. 그건 매우 그릇된 말이다. 우리는 어른으로서 모든 아이를 보호하기 위해 무엇이든 해야 한다.

친절은 어린 시절 우리가 배우는 것, 또는 배우지 못하는 것이다. 괴롭힘에 대해 생각해볼 때 이런 사실은 꽤 분명해 보인다. 아이일 때 배우거나 배우지 못한 것이 성인이 되어서까지 따라다녀, 우리는 친절한 어른이 되거나 남을 괴롭히는 가해자가 되고, 가끔은 방관자가 되기도 한다.

무엇이 될 것인지 선택하는 일은 모두 우리에게 달려 있다. 아니, 어쩌면 우리가 그 일에 달려 있는 것인지도 모른다.

❤️ 실천하는 친절

당신은 어린 시절에 괴롭힘을 당한 적이 있는가, 아니면 가끔이라도 남을 괴롭혔는가? 둘 다 아니라면, 다른 아이들이 괴롭힘을 당하는 것을 지켜보는 입장이었는가? 당신이 어린 시절에 받은 메시지는 무엇인지, 또 그것이 지금까지 당신에게 남아 있는지 생각해보자. 당신에게 아이가 있다면 괴롭힘에 관해 함께 이야기를 나눠보라. 더 중요하게는, 아이의 이야기를 주의 깊게 들어야 한다. 자녀와 대화의 장을 열어 친절을 선택해야 하는 모든 강력하고 효과적인 이유를 설명하고, 친절한 행동과 운동장에서 놀리는 행위, 사이버 폭력 등에 관해 이야기해보자. 아이가 학교에서 배운 것은 무엇인지 짚어보고, 모든 개인이 존중받아

야 마땅하다는 사실을 어떻게 이해시킬지 생각해보라. 많은 학교가 교과 과정으로 친절 장려와 괴롭힘 방지를 위한 프로그램을 시행하고 있다. 자녀의 학교에 이런 프로그램이 있는지 확인하고, 있다면 자원봉사자로 활동하는 것도 고려해보라.

방관할 것인가,
행동할 것인가?

오직 진실한 사랑과 동정심만이 세상의 망가진 것들을 고칠 수 있다. 상심한 마음을 치유할
수 있는 것도 사랑과 동정심, 이 두 가지 신성한 마음이다.

스티브 마라볼리Steve Maraboli

요즘에는 학교 운동장에서, 대학 캠퍼스에서, 크고 작은 마을과 도시
를 비롯한 전 세계에서 들려오는 심한 편견과 위협이 담긴 소식을 걱정스
러울 만큼 많이 듣는다. 사람들은 화를 내고 두려워한다. 자신이 우월하
거나 특권을 가지고 있다고 믿는 사람들도 있고, 남들(보통 더 작거나 약하
거나 자신과 다른 사람들)을 깎아내리면서 자신을 크게 느끼는 사람들도 있
다. 전문가들은 그런 행동의 원인을 두려움, 무지, 콤플렉스, 카리스마적
폭군에 대한 맹목적인 헌신 등으로 다양하게 설명한다. 그런 사람들이 왜
그렇게 행동하고 생각하는지 인식하고 이해하는 것은 중요하지만, 여기
서 우리의 목적은 그런 행동을 맞닥뜨렸을 때 어떻게 반응할지 논의하는
것이다.

괴롭힘이 일어나는 상황에서 방관하는 것은 가해자를 암묵적으로 승
인하는 일이나 마찬가지다. 하지만 피해자를 보호하기 위해 개입하는 일
에는 우리가 신체적, 또는 언어적 학대를 당할 위험도 있다. 그렇다면 우
리가 해야 할 옳은 일은 무엇이고, 어떻게 그것을 바르게 해낼 수 있을까?

방관을 넘어 행동하기 위한 전략

실제로 증오 범죄의 목격자가 될 일은 거의 없지만, 증오심이 가득한 말과 심한 편견이 깃든 행동은 쉽게 마주할 수 있다. 이때 당신의 반응이 그 역학을 바꿀 수 있다. 심리학에서는 사람은 자기 행동에 대한 단서를 주변 사람들에게서 얻는 경향이 있다고 설명한다. 누군가 남을 괴롭히는 가해자를 보는 즉시 단호하고 확신에 찬 방식(적대적이 아닌)으로 맞서기 시작하면, 다른 사람들도 똑같이 따라 할 것이다. 기꺼이 처음으로 맞설 한 사람만 있으면 된다.

이런 상황이 발생하기 전에 자신이 어떻게 대응할지 미리 생각해두는 것이 현명하다. 당신이 직접 분명히 말하는 모습을 상상해보라. 어떤 태도를 취하며, 무슨 말을 할 것인가? 자신의 신념을 위해 나서는 기분은 어떤가? 나는 아직 누군가와 극단적으로 대립하는 상황에 놓인 적은 없지만, 편협한 의견을 표명하거나 대놓고 편견을 전시하는 사람과 대화를 나누었던 적은 있다. 그때 나는 조용히 있었지만 못마땅해하며 어금니를 깨물었고, 다시는 이 사람과 말도 섞지 않겠노라고 맹세했다. 주위를 둘러보니 다른 이들도 똑같이 혐오감이나 무시를 감추지 못하는 표정을 짓고 있었다. 이제는 소리 높여 말할 것이다. 남에게 상처를 주는 사람을 깎아내리지 않고 그에게 정중하게 표현하려 노력할 것이다. 나는 호기심을 이용해 이렇게 말할 것이다. "왜 그렇게 생각하십니까? 어디서 그런 정보를 얻으셨습니까?" 아니면, 이성에 호소하는 방법을 사용해 이렇게 말할 것이다. "그 문제를 보는 다른 방법이 있습니다. 한 사람의 행동으로 전체 조직을 판단하는 것이 공정할까요? 제 경험은 당신 경험과 달라서 동의할 수 없습니다."

다른 사람이 괴롭힘이나 가해를 당하고 있을 때 우리가 지켜보는 입장이라면, 개입하여 호기심을 표현하는 방법이 효과가 있을 것이다. 이성에 호소하는 방법은 괴롭히는 사람에게 영향을 주지는 않겠지만, 다른 방관자들이 나서서 돕도록 자극할 수 있다. 시간을 두고 천천히 자신이 어떻게 반응할지 생각한 후 그 말을 큰 소리로 연습해보라. 가족(특히 아이들)과 이에 관한 대화를 나누어, 아이들이 괴롭힘에 맞설 전략을 준비할 수 있도록 하자.

『루시퍼 이펙트The Lucifer Effect』의 저자이자 심리학자인 필립 짐바르도Philip Zimbardo는 이렇게 말한다. "남을 돕고 동정심 어린 행동을 보이는 적극적인 영웅이 되는 삶의 여정과 새로운 역할은 다름 아닌 그 사람의 머릿속에서 시작됩니다."

머릿속이야말로 친절을 시작하기 가장 좋은 장소인 것이다.

청소년 대다수는 괴롭히는 가해자도, 괴롭힘을 당하는 피해자도 아닌 방관자다. 우리가 괴롭힘을 과거의 유물로 만들려면 바로 여기에 주목하고 개선의 노력을 집중시켜야 한다. 어른의 경우도 마찬가지다. 직장이나 스포츠 경기장에서, 또는 쇼핑몰 주차장에서 괴롭힘을 볼 때 우리는 그 상황이 마음에 들지는 않지만 어떻게 개입해야 할지 몰라 나서지 않는다.

어린아이든 청소년이든 성인의 경우든, 괴롭힘에 맞서는 전략의 핵심은 괴롭힘을 당하는 사람을 지지하는 행동을 보이도록 방관자들에게 동기를 부여하는 것이다.

『남을 괴롭히는 이들에게: 70명의 저자가 들려주는 이야기Dear Bully: Seventy Authors Tell Their Stories』의 공동 편집자인 메건 켈리 홀Megan Kelly Hall은 이렇게 설명한다. "어른이든 아이든 방관자들은 분위기를 바꿀 힘을 확실히 지니고 있습니다. 아이들의 괴롭힘 사례에서, 방관자 한 명이 개입하면 괴롭힘 상황의 거의 절반이 멈추었습니다. 개입하는 것은 싸울 태세를 갖춘다거나 가해자에게 직접적으로 맞서는 일이 아닙니다. 가끔은 관중이 되어주지 않거나 피해자의 편을 들어주는 것만으로도 당신의 뜻을 전달하기에 충분합니다."

방관자의 두 가지 유형

웹사이트 '아이즈온불링eyesonbullying'은 방관자에는 상처를 주는 유형과 도움이 되는 유형이 있다고 설명한다. 상처를 주는 방관자는 괴롭히는 가해자를 선동하거나 부추기고, 가끔은 괴롭힘이 시작되면 그에 합류하기도 한다. 그들은 괴롭히는 행동을 적극적으로 지지하지는 않지만, 수동적으로 수용하고 용납하며 가해자가 갈망하는 관중의 일원이 된다.

도움이 되는 방관자는 상황을 평가한 후 피해자를 옹호하거나 상황을 전환하기 위해 개입한다. 그렇지 않으면, 그 자리에 있는 다른 이들에게 도움을 받아 괴롭힘에 맞서거나 가해자의 사기를 꺾고, 개입할 권위가 있는 누군가에게 괴롭힘을 알리기도 한다.

우리는 왜 발 벗고 나서지 않는가?

아이즈온불링은 방관자가 개입하지 않는 몇 가지 이유에 대해서도 설명한다.

다음 내용을 살펴보자.

· 상처를 받을까 봐, 또는 자신이 괴롭힘의 대상이 될까 봐 두려워서

- 괴롭힘을 막기에는 자신이 무력하다고 느껴서
- 자기 일이 아니라고 생각해서
- 자신에게 관심이 쏠리는 것을 원치 않아서
- 보복이 두려워서
- 누군가에게 말해봐야 도움이 되지 않고 상황이 악화될지도 모르니까
- 무엇을 어떻게 해야 할지 몰라서

피해자를 돕는 구체적인 행동

방관자의 반응은 다른 목격자들 사이에 분위기를 조성해서, 가해자에게 창피함이나 수치심을 주지 않고도 그를 깨우치는 데 도움이 될 수 있다. 즉, 가해자가 사람들 앞에서 망신을 당했다고 느끼지 않으면서 그 자리를 벗어나게 하는 수단이 될 수 있는 것이다. 어쩌면 가해자는 더 효과적으로 행동할 방법(집에서 배우지 못했고, 배울 수도 없을 방법)이 있다는 것을 깨닫게 될지 모른다. 침묵과 무대응은 괴롭힘을 지속시킨다. 배경이 학교 뒷마당이든, 직장이든, 사회적 혹은 오락적 상황이든, 사이버 공간이든, 괴롭힘은 멈춰져야 한다. 괴롭히는 쪽도 괴롭힘을 당하는 쪽도 아닌 우리 대부분에게는 괴롭힘이나 다른 형태의 잔혹함을 볼 때 나서서 개입할 책임이 있다. "더는 안 돼!"라고 말함으로써 우리가 원하는 좋은 세상을 만들어야 한다.

가해자든 피해자든 방관자든, 모두 보이지 않는 무거운 짐을 지고 있음을 기억하자. 우리 모두가 이 지구에 존재하는 최상의 이유는 아마 저마다의 짐(눈에 보이지 않고 그것이 무엇인지 모를지라도)을 짊어진 타인을 돕기 위해서일 것이다.

웹사이트 '불링bullying'은 다른 사람이 괴롭힘을 당하는 것을 볼 때 아이들이 어떻게 해야 하는지에 대해 뛰어난 조언을 제공한다. 그 조언의 많은 부분이 친절과 직접 관련돼 있다. 그 사이트는 괴롭힘을 당하는 아이에게 말을 걸고, 그 아이와 같이 걷고, 함께 점심을 먹으며 친구가 되어주라고 권한다. 새로 전학 온 아이나 자주 혼자 있는 아이를 무리에 포함시키거나 초대하려고 노력하는 것도 좋은 방법이라고 한다. 가해자와 싸우거나 그를 놀리거나 못된 말로 되받아치면 대개 상황이 더 안 좋아질 뿐이니, 똑같은 방식으로는 대응하지 않는 것이 좋다.

바로 여기서 부모님과 학교와 심지어 언론 매체가 도움이 될 수 있다. 우리가 괴롭힘을 목격할 때 어떻게 해야 하는지 미리 이야기를 나눈다면, 그런 일이 닥쳤을 때 두려움과 혼란, 자신감 부족으로 얼어붙지 않고 더 잘 대응할 수 있을 것이다. 자신이 상황을 바꿀 수 있음을 알고 개입 전략을 잘 인식한다면, 아이나 어른을 막론하고 나서서 개입할 확률이 훨씬 높아진다.

교육이 핵심이다

방관자에 관한 연구는, 동정심을 교육받고 남을 돕는 전략을 배운 사람이 괴롭힘을 당하는 누군가를 도우려 개입할 확률이 높다는 것을 보여준다. 우리는 괴롭힘이 멋지지 않고, 용납되지 않는다는 것을 배워야 한다. 아이들은 그것을 집에서, 학교에서, 언론 매체에서, 또래 집단에서 배워야 한다. 또한 괴롭힘을 당하는 아이들은 자기에게 아무 잘못이 없으며, 다름은 잘못이 아니라는 것을 알아야 한다. 문제가 있고, 그 문제를 고쳐야 하는 사람은 바로 남을 괴롭히는 아이들이다.

학교 관계자들과 부모님들은 진지하게 책임 의식을 가지고 아이들에게 남을 괴롭히지 않는 것만으로는 충분치 않음을 가르쳐야 한다. 괴롭힘을 볼 때 기꺼이 개입해야 하며, 가해자에게 그 행동이 용납되지 않음을 알려야 하는 것이다. 그러려면 용기가 필요한데, 앞서 말했듯 용기는 친절과 마찬가지로 연습으로 강화될 수 있는 능력이다.

이제 방관하는 대신 우리 모두 옳은 일을 하도록 하자.

 실천하는 친절

당신이 부모라면, 자녀와 함께 괴롭힘에 관해 얘기하면서 자녀가 괴롭힘을 목격할 때 어떻게 반응할지 같이 전략을 세워보라. 당신이 직장에서, 버스에서, 또는 지역 모임에서 괴롭힘을 목격하면 어떻게 대처할지도 미리 생각해보라. 뭐라고 말할지, 어떻게 맞서서 자신감 있게 말할지 계획해보라. 어떻게 행동해야 할지 미리 알고 결정하면, 상황이 발생할 때 그대로 실천하는 데 도움이 된다.

트롤에
맞서 싸우기

인류의 진정한 본성은 친절이다. 교육이나 지식을 통해 얻는 다른 자질도 있지만, 우리가 진정한 인간이 되길 바라고 자신의 존재에 만족스러운 의미를 부여하고 싶다면, 반드시 따뜻한 마음부터 지녀야 한다.

달라이 라마

내가 자라던 시절에는 운동장에서 흔히 욕설이 들렸고 대체로 빨리 잊혔다. 발끈하여 내뱉은 말은 마땅히 그래야 하듯이 그냥 넘겨졌다. 내가 괴롭힘이나 잔혹함이 없는 이상적인 세계에서 자랐다고 말하는 것이 아니다. 하지만 당시에는 오늘날 온라인 괴롭힘의 충격적인 위력과 견줄 만한 것은 없었다. 사이버 폭력은 괴롭힘을 한층 교활한 새로운 경지로 끌어올렸다. 나는 사이버 폭력의 정도와 그것이 유발하는 자살과 자살 시도 건수(주로 어린이와 십 대 관련)를 보고 경악을 금치 못했다. 우리는 이 최악의 불친절을 멈춰야만 한다.

《사이언티픽 아메리칸 마인드Scientific American Mind》의 11/12월 호에 실린 「가상 폭력Virtual Assault」이라는 제목의 탁월한 기사에서 엘리자베스 스보보다Elizabeth Svoboda는, 온라인 공간이나 소셜 미디어를 통해 이루어지는 괴롭힘의 다양한 방식과 그 불쾌한 행동에 가담하는 사람들의 심리를 설명했다. 흥미롭게도 그녀는 "사회적 통념과는 반대로, 가해자는 괴롭힘을 통해 낮은 자존감을 보상하고 있는 것만이 아닙니다. 이들은 사회적 위계의 꼭대기에 앉아서 자신의 지위를 굳건히 하려고 남들을 깎아내리기도 합니다"라고 말했다.

사이버 폭력에 가담해서 온라인 게시판이나 소셜 미디어를 통해 남들을 공격하는 사람을 종종 '트롤troll'이라고 부른다. 스보보다는 규범을 확립하고 확실한 어조로 괴롭힘은 용납되지 않는다고 트롤에게 말하는 책임이 온라인 커뮤니티에 있다고 말한다. 또한 그녀는 괴롭힘의 피해에 대처하는 하나의 방법은 적극적으로 개입하여 피해자를 돕는 것이라고 주장한다. 이 경우 침묵은 결코 금이 아니다.

목소리를 높이거나 끼어드는 방법만 있는 것은 아니다. 전자 매체를 통해 친절을 지지하는 다른 방법도 있다. 바로 내가 읽는 글에 주의를 기울이는 것이다.

우리는 불친절한 글을 클릭하지 않음으로써 온라인 게시판과 소셜 미디어를 통한 그 확산을 막을 수 있다. 원한이 가득하고 잔인하고 도발적인 제목을 달고 있거나, 가십이나 부정적인 내용을 실은 기사와 게시물을 봤을 때는 아예 클릭을 하지 말아야 한다. 매우 간단하다. 사람은 자신의 관심을 드러내 보이므로, 우리의 관심이 잔인하고 상스러운 쪽에 쏠려 있다면 같은 속성의 것들을 더 많이 촉진하게 된다. 온라인에는 의도적으로 잔인함을 표방하는 사이트들이 있다. 그들은 거짓말, 욕설, 몸매에 대한 비난, 위협, 인종 차별주의, 성 차별주의나 그 외 다른 편견을 노골적으로 드러낸다. 그리고 사람들이 그에 관심을 두기 때문에 그들은 번성한다. 사람들은 그들의 글을 클릭하고, 링크를 따라가고, 댓글을 남긴다. 댓글이 증오에 반대하는 내용일지라도, 댓글을 남기는 행위 자체가 그들에게 힘을 실어주게 된다. 그리고 그들은 한층 짙어진 증오와 혐오로써 더 공격적으로 대응한다.

　나는 그 사악함을 이해할 수 없고, 앞으로도 못할 것 같다. 하지만 클릭을 하는 행위가 그들의 연료가 된다는 사실은 확실히 안다. 증오를 부추기고 남에게 상처를 주거나 유치한 가십거리를 퍼트리는 사이트에 방문한다면, 그런 비슷한 사이트가 급증하여 이미 부정적인 것들로 뒤덮인 세상에 더 많은 부정적인 것들을 더하게 것이다. 하지만 내가 그와 관련된 모든 것을 클릭하지 않고, 당신도 클릭하지 않으며, 수천 수백만 명이 "이제 그만!"이라고 말하며 클릭을 멈춘다면, 그런 사이트들은 결국 마땅히 그래야 하듯 어둠 속으로 사라질 것이다. 나는 그렇게 믿는다.

　마찬가지로, 우리는 친절을 선택하고 질책보다는 격려를 통해 긍정적이고 건강한 사이버 공간을 육성할 수 있다. 클릭할 때마다 우리는 선택을 한다. 이 얼마나 중요한 일인가!

　블로그를 계획하고 만들기 시작할 때(나는 블로그에 완전히 초보였다), 나는 블로그에 관한 책 두어 권과 함께 많은 기사를 읽었다. 또한, 숙련된 블로거 몇 명과도 이야기를 나눴다. 나는 여러 가지 뛰어난 조언을 얻었지만, 그중에는 수용하지 않기로 선택한 것이 하나 있었다.

　모두 말하기를, 댓글이 공개되기 전에 내가 검토할 수 있도록 설정하라고 했다. 아니면, 적어도 각 방문자의 첫 댓글을 검토할 수 있도록 해야 한다고 말했다. 내가 그 댓글을 승인하면, 그 사람은 앞으로 달 댓글에도 사전 동의를 받은 셈이 되는 것이다. 이에 대한 대안은 위험해 보였는데, 모든 댓글이 곧바로 공개되도록 허용하는 것이었다. 그러면 이상한 사람이나 증오를 퍼트리는 사람이 단 댓글도 따로 걸러낼 수 없었다.

　하지만 나는 환경 설정을 하면서, 어떠한 사전 검토 없이 댓글을 허용하는 버튼을 클릭했다. 내가 친절에 전념하기로 마음먹었다면, 내 블로그를 방문해 일부러 댓글을 남기는 독자는 누구나 좋은 의도를 가지고 있으리라 믿어야 할 것 같았기 때문이다. 나는 한 번도 그 선택을 후회한 적이 없다. 정말로 누군가 무례하거나 악의적인 메시지를 남긴다면, 친절해지겠다는 내 결심을 시험할 좋은 기회가 될 것이다. 온라인에서 공격을 받을 때 나는 과연 자애롭고 동정심 어린 태도를 보일 수 있을까?

내 블로그를 방문한 사람들은 예외 없이 사려 깊고, 현명하고, 또 친절했다. 그들은 내가 생각하도록 격려하고, 가끔은 웃게 하며, 그들이 생각을 공유하느라 들인 시간에 대해 항상 감사하게 한다. 세상에는 이상한 사람이 많다고 하지만, 나는 아직 그런 이들을 만나보지 못했다.

인터넷에서 찾아볼 수 있는 긍정적인 것들도 많은데, 그런 것들은 우리의 삶을 여러 면에서 풍요롭게 한다. 그래서 일부 사람들이 보통 익명으로 가담하는 잔혹하고 악의에 찬 행동에 대해 들을 때면 나는 아직도 깜짝 놀란다. 앞에서도 말했듯이 나는 그런 행동을 이해할 수 없고, 분명 결코 이해하지 못할 것이다. 하지만 우리가 유념하여 클릭하고 친절을 선택하면, 분명 불친절한 목소리들은 언젠가 모두 증발하게 될 것이다.

같은 맥락에서, 당신이 보는 영화와 텔레비전 프로그램이 친절한 세상에 기여하고 있는지 생각해보라. 남편과 나는 몇 년 전에, 몇몇 드라마들을 보고 나면 기분이 별로 좋지 않다는 것을 깨달았다. 대부분 뛰어난 배우들과 강렬한 스토리로 높이 평가받는 드라마였고, 우리가 즐겨 보던 프로그램이었다. 하지만 그 이야기들 속에는 우리가 좋아할 수 있는 캐릭터가 한 명도 없을 때가 많았다. 캐릭터들은 노골적으로 사악하지는 않았지만, 불쾌하고 음흉했다. 그들은 친구가 되고 싶지 않은 사람들이었고, 사실 접촉을 피할 수만 있다면 갖은 노력을 해서 피할 사람들이었다. 그런데 왜 우리는 그들을 매주 우리 집 안으로 들이고 있었을까? 우리는 집안에서 그들의 에너지를 느끼지 않기로 결정했다. 그러자 다음과 같은 의문이 들었다. '비열함을 보기만 해도 우리가 더 비열해지거나 불친절한 행동을 더 쉽게 용인하게 될까?'

인정하건대, 캐릭터들의 폭력성과 부도덕함 또는 몹시 불쾌한 본성 때문에 보지 않기로 선택한 프로그램 중에는 매우 훌륭한 것들도 있다. 우리 부부는 어쩌면 양질의 텔레비전 드라마들을 놓치고 있는지도 모른다. 이것은 개인적인 결정이니, 여러분에게도 똑같이 하라고 말하지는 않겠다. 하지만 무엇을 보든지 매우 유념하여 선택하고, 왜 그것을 보고 있는지, 그것은 어떤 메시지를 보내고 있는지, 거기에서 무엇을 배울 수 있는지 잘 인식하기 바란다.

💙 실천하는 친절

유명인의 외설적인 가십, 공인의 숨겨진 비밀을 폭로한다고 약속하는 링크를 클릭하고 싶을 때, 잠깐 멈춰서 그런(잘못된 것일 확률이 높은) 정보를 퍼트리는 일을 정말로 지지하고 싶은지 생각해보라. 우리가 클릭을 멈춘다면 부정적인 사이트들이 사라지기 시작할지 모른다. 인터넷에서 트롤의 활동을 본다면, 목소리를 높여서 "그러면 안 됩니다"라고 말해보자. 피해자에게 개인적으로 지지와 격려의 메시지를 보내는 방법도 있다. 트롤의 행동이 너무 위험하게 느껴진다면, 사이트 관리자나 관련 기관에 신고를 하는 것도 고려할 수 있을 것이다. 온라인에서 긍정적인 내용을 읽으면, 시간을 내 글쓴이에게 메시지를 보내거나 친절한 댓글을 남겨보자. 또한 당신을 분노하게 하는 글을 읽으면, 어떤 반응이 당신과 세상에 가장 좋을지 생각해보라. 당신의 사이버 목소리는 무엇인지, 또 그것이 어떠하기를 바라는지 스스로에게 질문해보라.

어린 자녀가 있다면, 그들과 사이버 행동에 관해 얘기를 나누길 권한다. 온라인에 게시한 글은 얼굴을 마주 보고 가하는 괴롭힘과 똑같이 잔인한 상처를 줄 수 있으며, 어쩌면 그 피해가 훨씬 심할지도 모른다. 무해하고 재미있어 보이는 것도 재앙과 같은 결과를 초래할 수 있다. 이런 사실을 확실히 이해시키도록 한다.

마지막으로, 당신이 보는 텔레비전 드라마와 그것이 보내는 에너지와 메시지에 관해 가족과 함께 이야기를 나눠보라. 당신이 보는 것을 꼭 제한할 필요는 없지만 무엇을, 또는 누구를 당신의 집 안에 들이고 있는지는 확실히 인식해야 한다.

계절의 끝에서 :
친절한 자신에게 감사와 칭찬을

친절한 것과 옳은 것 중에 선택해야 할 때, 친절한 쪽을 택한다면 당신은 늘 옳을 것이다.

작자 미상

    당신의 삶에서 친절이 어떻게 드러나는지 다시 확인해보자. 크든 작든, 극적이든 미묘하든, 주변에서 보이는 여러 형태의 친절을 잘 인식하는 가? 당신은 불친절을 쉽게 인식하고, 긍정적인 방식으로 불친절에 대응할 수 있는가? 사람은 누구도 친절을 완벽하게 주고받을 수 없다. 하지만 친절 쪽으로 나아가고 있고 무관심과 불친절에서 멀어지고 있다면, 당신은 친절한 사회를 강화하고 있는 것이다. 자신의 삶에서, 심지어 자기 생각이나 행동에서 일어나는 변화를 알아차리지 못할지도 모르지만, 변화가 일어나고 있다고 확신해도 좋다.

    여전히 당신을 힘들게 하거나 심기를 건드리는 부분들이 있을 것이다. 얼굴만 보면 이가 갈리는 사람이나, 순식간에 내면에서 화가 솟구치는 특정한 상황이 있을 수 있다. 이러한 도화선을 인식하는 일이 그것을 상쇄시키기 위한 첫걸음이다. 친절이 당신의 인식 속에서 자라고 있다면, 그래서 기분이 좋고 옳다고 느껴지는지 생각해보라. 누군가가 당신이 긍정적으로 변했다고 말하면서, 당신의 행동이나 말을 언급한 적이 있는가? 다른 사람은 아무도 알아차리지 못했을지라도, 잠깐 짬을 내 더 친절한 세상에 기여한 스스로를 칭찬하고, 자신의 친절이 밖으로(앞에서 말한 세 단계를 통해 당신이 만난 적 없는 사람들과 가본 적 없는 장소까지) 퍼져나가는 모습을 상상해보라. 누구도 당신에게 친절은 약한 것이라거나 아무런 변화도 만들 수 없는 것이라고 말하지 못하게 해야 한다. 당신은 친절의 힘을 보았으므로, 이를 잘 알고 있을 것이다.

이제 앞의 내용을 되짚고, 핵심 사항들을 되새겨보라.

- 친절을 베푸는 데 용기가 필요하다면 그 이유는 무엇인가? 왠지 어색하고 남들이 어떻게 반응할지 몰라서? 또는 스스로 창피하거나 나약하게 느껴져서? 친절을 베풀려고 할 때 느끼는 불안감과 망설임을 극복하는 것은 내면의 타고난 용기를 보여주는 일이다. 누구도 그 용기를 당신에게서 뺏을 수 없다.
- 옳은 것과 비판할 것 중 무엇을 찾는 데 시간을 더 많이 보내는가? 당신은 무엇에 가장 많은 관심을 두는가?
- 친절을 베풀기 위해 자신의 경계를 벗어날 때 취약하다고 느끼는가? 그것은 두려운 감정일 수 있다. 진정으로 친절해지고 자기 모습을 온전히 보여주기 위한 과정으로 여기며, 그 두려움을 극복할 수 있는가?
- 옳은 것과 행복한 것 중 무엇이 더 중요한가? 의견 충돌이 점점 악화하고 끝없이 반복될 때, 상냥하게 침묵을 지키는 어려운 과업을 달성할 수 있는가? 그럴 수 있다면, 그런 당신의 행동을 장점이자 친절이라고 여길 수 있는가? 그렇다면 아주 완벽히 잘하고 있다.
- 어떤 상황에 대한 정보가 부족할 때 그 공백을 긍정적인 가정으로 메

우는가, 아니면 부정적인 추측으로 메우는가? 어느 쪽이 더 마음의 평화를 가져다주는가? 불친절이나 알지 못하는 상황에 직면했을 때 적극적으로 호기심을 동원하려고 노력하고 있는가?

· 당신의 장례식 추도사에서 어떤 덕목이 낭독되길 바라는가? 당신은 어떤 특징으로 알려지고 기억되고 싶은가?

· 당신이 괴롭힘의 목격자나 피해자라면 어떻게 반응할지 생각해봤는가? 자녀가 있는 경우, 그들과 괴롭힘에 관해 대화를 나눠보았는가?

· 당신은 무엇을 클릭하고 있는가? 인터넷을 검색하거나 소셜 미디어에 참여함으로써, 세상을 더 친절하게 혹은 더 불친절하게 만드는 데 일조하고 있음을 인식하고 있는가?

· 우리는 항상 친절을 선택할 수 있다. 그런 선택을 하는 것은 우리가 소망하는 세상을 지지하고 영향력을 행사하는 일임을 기억하라.

친절을 삶 안으로 완전히 끌어들이기 위해 할 수 있는 다른 일은 무엇인가? 지금 당장 세상에 무슨 일이 일어나고 있든 간에, 시간을 내 주위의 모든 친절에 감사하자. 특히 더 친절한 세상을 만드는 데 기여한 자기 자신에게 감사의 인사를 건네보자. 그리고 오늘 당신이 보여줄 친절의 제스처나 표현은 무엇인지 생각해보라.

PART IV

변화의 계절

CHAPTER 10

친절이 쉽지 않은 이유

내 친절이
불쾌함이 될 때

옳음과 그름이라는 판단 너머에는 들판이 있다. 거기서 너희를 만날 것이다.

루미Rumi

내 남편은 아플 때 혼자 있고 싶어 한다. 마치 아픈 몸을 이끌고 호젓한 곳으로 가서 혼자 죽음을 맞으려는 동물처럼 말이다. 나는 남편에게 가서 호들갑을 떨며 베개를 부풀려주고, 이마에 맺힌 땀을 닦아주고, "불쌍한 사람"이라고 말하며 다독여주고도 싶지만, 그건 남편이 원하는 일이 아니다.

반면에, 나는 아플 때 약간의 관심을 받는 것이 좋다. 그냥 가끔 들여다봐 주면서 내가 여전히 잘 숨 쉬고 있는지 확인하고, 진저에일을 먹을 건지, 담요가 더 필요한지 물어봐 주기를 원한다. 남편은 나와 여러 해를 같이 보내며, 어느 정도의 배려와 관심을 보여야 내가 보살핌을 받고 있다고 느끼면서도 숨 막힌다고 여기지 않는지 알아냈다. 어느 쪽이든 조금만 지나치다면, 나는 방치되고 있다고 느끼거나 그의 관심이 성가시다고 생각할 것이다.

다른 사람의 욕구를 만족시키면서 자신의 욕구를 강요하지 않는 것, 그것이 친절의 난제 중 하나다.

이런 이유로 나는 거의 모든 종교가 널리 퍼뜨린 "네가 대접받고 싶은 대로 남을 대하라'라는 '황금률golden rule'을 들으면 마음이 썩 편치 않다. 문제는 어떤 상황에서 내가 원하는 것을 다른 사람은 원치 않을지도 모른다는 것이다. 항상 내가 원하는 것을 기준으로 판단한다면, 다른 사람의 욕구를 만족시키지 못할 확률이 높다.

예를 들어, 나는 꽤 내성적이고 절제된 사람이다. 대체로 나는 관심의 중심에 서는 것을 좋아하지 않는다(손에 마이크를 쥐고 있을 때는 예외지만). 나는 요란한 감사 인사나 과장된 칭찬을 들으면 맘이 편치 않다. 하지만 그런 인사치레를 기꺼이 받아들이고 남들에게도 잘하는 사람들을 알고 있다. 내가 황금률을 따른다면, 나 자신이 선호하는 내성적인 성향대로 남들을 대해야 할 것이다. 그러나 내가 선호하는 것을 모두가 선호하지는 않는다. 따라서 친구가 후하고 아낌없는 찬사를 간절히 원한다면, 나는 친구에게 그런 찬사를 보낼 것이다.

'백금률platinum rule'은 "남들이 대접받고 싶은 대로 그들을 대하라"라고 말한다. 그러려면 우리는 마음 챙김과 공감 능력이 더 많이 필요하다. 그러나 때로는 남이 원하는 것을 잘못 추측할 위험도 있다. 그래서 이런 식의 말이 끊임없이 나오는 것이다. "나는 그녀가 생일날 고등학교 행군악단의 공연으로 떠들썩한 축하를 받으면 틀림없이 좋아할 줄 알았는데, 알고 보니 단둘이 조용히 저녁 식사를 하면서 축하받는 것을 더 좋아했지 뭐야."

다른 예로, 나는 기습적인 이벤트를 좋아하지 않는다. 누가 그런 이벤트를 벌여주면 나는 꿀 먹은 벙어리가 되거나 일종의 '투쟁 도피' 반응을 보인다. 멋진 일이 내게 다가오고 있다면, 나는 그 경험과 그에 대한 기대를 음미할 수 있도록 미리 알기를 원한다. 또한 그리 멋지지 않은 일이 다가오고 있을 때도, 나름대로 준비하고 어떻게 대처할지 생각할 수 있도록 그에 대해 미리 알고 싶다.

하지만 내게는 깜짝 이벤트를 좋아하는 친구들이 있다. 나는 그 매력을 이해하거나 공유하지 못한다는 이유로 그들에게서 그런 이벤트를 즐기는 기쁨을 빼앗지는 않을 것이다. 백금률에 따라 나는 그들의 바람을 잘 살펴서 깜짝 이벤트의 기획을 도울 것이다. 친구들의 선호나 기호에 동의하지 않더라도, 그들이 좋아하는 것을 존중하고 귀하게 여기기 때문이다. 나는 그들도 나에게 똑같이 해주기를 바란다.

우리가 잘 아는 사람에 대해서는 아마 이렇게 하기가 더 쉬울 것이다. 몇 년, 어쩌면 수십 년의 시행착오를 거치며 우리는 그들의 요구와 바람을 이해하고, 어떻게 하면 그들을 기쁘게 할지 알게 되었기 때문이다.

반면에 조금 아는 친구나 동료, 지인이라면 조금 어려울 수 있다. 그래서 그들이 좋아하는 것과 우리가 좋아하는 것이 같다고 짐작하는 실수를 범하기도 한다.

낯선 사람의 의향을 제대로 알기는 훨씬 더 어렵다. 대체 우리가 어떻게 그들이 원하는 것을 알 수 있겠는가? 나는 최근에, 버스에서 여자들과 노인들 또는 장애가 있어 보이는 사람들에게 자리를 양보하는 일을 그만두었다는 어떤 남자의 글을 읽었다. 자신들이 서 있기 힘들 것이라고 짐작한 그에게 무려 여덟 명이나 되는 사람들이 다양한 수준의 불쾌감을 드러내며 앉기를 거부하자, 이제는 책에 코를 박은 채 다시는 자리 양보를 하지 않기로 마음먹었다는 것이다.

친절을 베풀려는 우리의 시도가 거부당할 때, 어색하고 민망한 것은 두말할 나위가 없다. 그러나 나는 그 남자의 친절한 제안을 거절한 사람들의 관점도 이해한다. 자리를 양보받자 자신이 나약하게 느껴지고, 자신의 독립성이 도전받는 기분이 들었을 것이다. 그런 상황에서 나라면 어떻게 반응했을지 생각하니, 나도 아마(기왕이면 상냥하게) 거절했을 것 같다. 나는 특별 대우가 필요치 않고 꼿꼿이 잘 서서 갈 수 있다고 생각하면서 말이다.

그렇다면 문제는 이것이다. 그의 제안을 받아들이는 것과 그가 그냥 앉아 있게 하는 것 중에 어느 쪽이 더 친절한가? 답은 모두 당신의 관점에 달려 있다. 사회성을 발휘하는 게 이렇게 어려운 일이다. 문명을 등지고 떠나 동굴에 은둔하는 사람들이 있다고 해도 이상하지 않을 정도다. 차라리 그 편이 복잡한 세상에서 사회적 관계에 일일히 신경 쓰며 사는 것보다 훨씬 쉬울 테니까 말이다.

모두가 더 쉽게 자리 양보를 제안할 방법은 없을까? 일어나서 이렇게 말할 수도 있겠다. "혹시 제 제안을 고려해주신다면, 자리를 양보하고 싶은데요." 더욱이 만면에 고전 배우 캐리 그랜트Cary Grant처럼 눈부신 미소를 띠고 말한다면, 누가 거절할 수 있겠는가?

우리의 친절이 가끔 환영받지 못한다고 해서 능력과 재능을 다 해 친절을 베푸는 일을 그만두어서는 안 된다. 남들이 원하는 것을 안다고 생각하지 말고 먼저 묻는다면 친절이 거부당하는 일도 줄어들 것이다. 만약 엉뚱한 방향으로 흐른 친절이나 어설픈 친절을 받는 입장이라면, 비록 과녁은 빗맞혔더라도 상대방의 의도에 감사하도록 하자.

실천하는 친절

누군가 자기가 좋아하는 것을 당신도 좋아할 것이라 짐작하고 선물한 적이 있는가? 그리고 사실 당신은 그것에 별 관심이 없었던 적이 있는가? 같은 상황에서 당신이 주는 입장이었을 때는 없는가? 다음에 당신이 누군가를 위해 딱 알맞은 선택이라고 생각하는 것이 있다면, 잠깐 멈춰서 그 선물에 자신의 선호나 기호를 이입한 것은 아닌지 생각해보라. 의심이 들면, 상대에게 물어보는 것이 좋다.

손 내밀기
망설여질 때

내뱉은 말을 후회하거나, 머물렀거나 떠나버린 것을 후회할 수 있다. 또 이기거나 진 것을 후회하고, 뭔가를 너무 많이 써버린 것을 후회할 수도 있다. 하지만 인생을 살면서 친절했던 일을 후회할 일은 결코 없을 것이다.

허버트 프로크노Herbert Prochnow

나는 비영리 단체와 관련된 업무에 관해 알고 싶어 하는 사람들이나 내 직업의 다른 측면에 매력을 느끼는 사람들에게서 전화를 자주 받는다. 예를 들면 행사 관리, 후원, 홍보, 의사소통이나 자원봉사 리더들과 협업하기 등에 끌리는 것이다. 그런 전화는 보통 마감이 임박해 있거나 이미 여러 가지 일을 동시에 처리하느라 정신이 없을 때 자주 걸려온다. 하지만 내가 직업적으로 발전할 때 얼마나 많은 사람이 나를 도왔고, 나의 멘토가 되어주었는지 기억하면서, 거의 항상 커피 한잔을 함께 마시며 면담을 하거나 긴 통화를 할 시간을 내려 애쓴다. 그리고 더 자세히 이해할 수 있도록 기사나 책을 추천하거나, 살펴볼 가치가 있는 단체를 알려주거나, 도움이 될지도 모르는 사람을 소개해주며 그들을 도울 방법을 찾는다. 최근 몇 년간 나는 너무 수줍어하거나 과묵해서 도움을 청하지 못하는 사람들이 있다는 것을 깨닫고, 도움을 제공하기 위해 주도적으로 노력했다. 같은 업종에 뛰어든 젊은이들을 만날 때 나는 그들에게 정보나 도움이 필요하면 언제든지 연락하라고 말한다.

진정한 친절로 가는 길

친절은 항상 간단하고 쉽지만은 않다. 가끔은 불편하거나 어색하고, 실수를 수반하기도 하며, 오해를 불러오기도 한다. 때로 우리가 할 수 있는 것이 짐작과 우리의 친절이 의도했던 결과대로 이루어지기를 바라는 일뿐일 때도 있다. 우리는 밖으로 친절을 내놓을 수 있지만, 어떻게 그 친절이 받아들여지느냐는 통제할 수 없다.

진정으로 친절해진다는 것은 우리가 그러고 싶지 않을 때도(사실 정말로 하고 싶은 일은 자신이 아는 가장 불쾌한 말을 내뱉고 싶을 때조차도, 또는 그냥 그 순간이 지나가길 바라면서 친절의 기회를 못 본 척하고 싶을 때조차도) 친절을 베푸는 것을 뜻한다. 그런 면에서, 진정한 친절은 가끔 '가짜' 친절일지도 모른다. 이런 때 친절을 선택하는 것은 정말로 큰 의미를 지닌다.

모든 일이 순조롭게 진행될 때는 쉽게 행복을 느낄 수 있다. 마찬가지로 친절에 노력이 거의 필요하지 않을 때, 그것이 감사히 받아들여질 것을 알 때, 또는 친절을 받는 사람이 우리가 알고 좋아하는 사람일 때에는 친절해지기 쉽다.

하지만 진정한 친절로 가는 비결은 지옥처럼 힘든 상황이 펼쳐질 때도 우리의 태도를 유지하고 결심을 지켜내는 것이다. 반려묘가 내가 가장 아끼는 스웨터에 토할 때, 자동차가 수상한 소리를 낼 때, 고객 서비스 센터에서 한 시간 넘게 대기 중일 때, 나무에서 떨어진 나뭇잎이 모조리 옆집 마당으로 날아가서 이웃에게 싫은 소리를 들을 때도 우리는 친절해야만 한다. 몹시 운이 없을 때에도 즉각적이고 감정적이며 가끔은 자동적인 반응을 뛰어넘어, 친절을 의식적으로 선택해야 하는 것이다.

유명 동기부여 강사인 마이클 브룸Michael Broome은 이에 대해 다음과 같이 적절하게 표현했다. "좋은 평판은 목표를 세웠던 당시의 기분이 사라진 뒤에도 목표한 일을 끝내는 훈련이 되어 있을 때 따라온다."

친절하게 1년 살아보기 프로젝트를 시작한 지 대략 중반쯤 됐을 무렵, 나는 친절이 내게 얼마나 중요한 가치인지 깨달았다. 시간을 내 속도를 늦추고 내가 무엇을 하고 있는지 그리고 내 삶이 어떻게 바뀌었는지 생각하자, 마음이 충만해지는 것 같았다. 친절해지자 너무 기분이 좋았고, 주변에 가득한 친절을 인식하자 옳은 일을 하는 기분이 들었다. 미약하나마 내가 힘을 보태 세상을 바꾸고 있는 것처럼 느껴졌다. 바로 그것이 내가 여기 이 세상에 존재하는 이유일 것이다.

불친절에 대한 처방

그럼 친절해지고 싶지 않을 때에는 어떻게 해야 할까?

다음은 그럴 때 자칫 불친절의 길로 빠지지 않도록 해줄 간단한 지침이다.

1. 멈추는 법 배우기

최근에 위협을 느끼거나 화가 날 때, 우리의 뇌는 생존 반응이 일어나는 파충류의 뇌로 빠진다는 요지의 글을 읽었다.[13] 이 생존 반응은 폭력, 공격, 복수, 두려움과 텃세 행동 등을 포함한다. 일단 원시적인 파충류의 상태로 진입하면, 생각하고 상황에 대처하는 인간의 전두엽으로

---

13 기본적인 본능을 관장하는 뇌간을 '파충류의 뇌', 감정을 담당하는 변연계의 편도체를 '포유류의 뇌', 이성적 판단과 사고를 담당하는 전두엽을 '영장류의 뇌'라고 부른다.

다시 돌아오기까지 대략 20분이 걸린다. 따라서 그런 파충류의 상태일 때 친절해지는 것은 불가능할지도 모른다. 동종 업계에서 일하는 친구 앤 맥팔레인Ann Macfarlane은 우리의 뇌가 위협으로 인지되는 상황에 노여움과 분노로 대응하는 이 상태를 '편도체 납치'라고 묘사한다.

우리는 우리의 고등한 뇌가 파충류의 본능에 의해 납치되거나 점령되지 않도록 결정할 능력을 갖추고 있다. 우리는 본능적으로 반응하거나 처음 느낀 충동대로 짜증을 낼 필요가 없다. 멈추는 법을 배울 수 있다면, 다음 순간에 어떤 사람이 될지, 그다음에는 또 어떤 사람이 될지 선택할 수 있다. 우리는 항상 친절을 선택할 수 있다. 나는 이구아나나 악어 같은 파충류를 시각화하면서 내 머릿속 운전대를 틀어잡으려고 노력한다. 그러면 곧 차 문을 열고 부드럽지만 단호하게 파충류를 몰아낸 후, 만족스러운 미소를 띠며 운전을 하는 내 모습이 보인다. 나의 목적지는 당연히 친절이다.

2. 인식 유지하기

편도체 납치를 피하는 또 다른 방법은 관심을 기울이는 것이다. 그런 다음 친절을 선택하면, 경이롭게도 우리가 베푼 친절의 경험이 우리를 분노에서 벗어나게 해줄 것이다.

인식의 다른 요소는 우리가 왜 친절해지고 싶은지, 어떻게 불친절에 대응하고 싶은지 이해하는 것이다. 너무나도 무례한 상대에게 내가 더 나은 사람이고, 훨씬 더 많이 진화했음을 보여주고 싶어서 친절하게 행동하는가? 그가 틀렸다는 것을 보여주려고? 그들과 같은 수준으로 내려가고 싶지 않아서? 아니면, 어떤 일이 있어도 내가 친절해지고 싶기 때문에, 또 친절이 삶의 불완전한 곳을 모두 완벽하게 해주고 삶에 도움이 되니까? 나는 친절이 힘들 때도 점점 더 자주 마지막 이유로 친절을 선택하게 되었다. 놀라운 일은 그렇게 하기가 점점 더 쉬워진다는 것이다. 나는 다른 사람을 위해서 혹은 다른 사람을 극복하기 위해서 친절을 베푸는 것이 아니다. 나는 나를 위해, 내가 바라는 내 모습을 위해, 내가 원하는 대로 내 삶을 살기 위해 친절을 베푼다. 삶은 소중히 여겨져야 한다. 그러므로 내가 어디에 있든, 또 얼마나 미약한 존재든 내 삶에 충실할 것이다.

3. 험담하지 않기

우리가 주의를 기울여서 피할 수 있는 불친절의 또 다른 형태는 험담하는 습관에 빠지는 것이다. 남을 험담하는 일은 유혹적일 수 있다. 우리 모두 자리에 없는 동료나 이상한 이웃, 괴짜 친척에 관해 이야기해 본 적이 있을 것이다. 하지만 그러고 나서 뒤돌아서면 결코 기분이 좋지 않고, 사실 불쾌하기까지 하다. 그것을 대체할 방법은 다음과 같이 말하면서 험담의 악순환을 끊는 것이다. "우리 뒷말은 하지 말자." 아니면, "난 이런 대화가 불편해"라고 말하면서 그 자리를 떠나도 좋다.

가끔 우리는 어떻게 거기까지 갔는지도 모르게 한창 험담을 나누고 있는 자기 모습을 발견한다. 바로 이 대목에서 주의를 기울여야 한다. 불편한 감정을 느끼자마자(때로 실제로 우리 중 몇몇은 배, 어깨, 목, 또는 목구멍에서 조이는 느낌을 받을 수도 있다) 여기서 무엇이 옳지 않은지 생각해야 하는 것이다. 이 대화가 남을 제대로 평가하기보다 깎아내리고 있는가? 내가 친절의 기회를 간과하고 있는가? 내가 이 무리의 일원이 되기 위해 내 진짜 감정을 외면하고 있는가?

심리학 저널《사이콜로지 투데이Psychology Today》에 기고하는 페기 드렉슬러Peggy Drexler 박사는 험담에 관해 이렇게 설명한다. "인류학자들에 따르면 험담은 인류 역사 내내 우리가 남들과 유대감을 형성하는 도구였습니다. 그리고 가끔은 조직을 지지하지 않는 이들을 소외시키는 도구였지요."

더 나아가 드렉슬러는 다른 사람의 삶에 대해 궁금해하는 것이 인간의 본성이라고 말한다. 특히 어떻게든 남들에게 자신을 유리하게 비교할 수 있다면 더욱더 그러하다. '그녀는 나보다 돈이 더 많을지 모르지만, 결혼생활은 내가 더 행복해'라고 말이다. 이런 본성을 인식한다면 남들이 누군가의 뒤에서 얘기하는 모습을 보거나 자기도 모르게 그런 얘기에 가담할 때, 그것이 험담이라는 것을 알아차리고 인정하기 쉽다. 또 심술궂은 말투에서 친절한 말투로 스스로 전환하는 데 도움이 될 수도 있을 것이다. 우리는 완벽이 아니라 개선을 목표로 하고 있으니 말이다.

친절이 어려운 순간에 감사를

좋아하는 사람들과 상호작용을 할 때나 활기가 넘치고 기분 좋을 때는 친절해지기가 어렵지 않다. 하지만 좋아하기 힘든 사람과 마주할 때나 무례한 행동에 대응하고 있을 때, 또는 에너지가 바닥났거나 침울할 때는 얘기가 달라진다. 친절이 호스에서 나오는 물이라면 이때는 항상 콸콸 흘러나오기 어렵고, 기껏해야 똑똑 흐르는 정도일 것이다. 이러한 상황에서 친절을 선택한다는 것은 시간을 내 호스를 풀고 물이 막힘없이 흘러나오도록 하는 일을 의미한다. 친절이 쉽지 않을 때 친절해지는 법을 배우는 것은 인생이 우리에게 주는 최고의 가르침 중 하나다. 그것은 반복해서 배워야 하는 교훈이고, 연습을 통해 향상되는 기술이다.

이 끝없는 과정에서 진정한 어려움은, 친절이 힘든 순간이나 친절을 받는 대상이 우리를 머리끝까지 화가 치밀어 오르게 하는 순간에 감사하는 일이다. 하지만 바로 이때야말로 우리가 친절의 약속을 지켜내며 "친절을 선택하기는 쉽지 않았지만, 어쨌든 나는 친절을 택했어"라고 말할 수 있는 순간이다.

 실천하는 친절

모든 일이 잘못 돌아가고 있는 듯 보여서 자신의 분노나 좌절에 '납치당했던' 때가 있는가? 사실 이런 일은 우리 모두에게 일어난다. 무엇이 당신을 탈선시켜서 나중에 후회할 방식으로 행동하거나 말하게 했는가? 다음번에는 어떻게 하고 싶은가? 무기력하게 느껴지거나 친절을 베풀고 싶지 않았는데, 어쨌든 친절을 베풀었던 때가 있는가? 그때 기분이 어땠는가? 험담에 가담하거나 남의 면전에 대고는 결코 하지 않을 뒷말을 해본 적이 있는가? 다음에 그런 대화가 시작될 때는 어떻게 주제를 바꿀 수 있을지, 어떻게 정중하게 그 대화를 끝낼지 생각해보자.

진흙 속에서
진주를 찾아라

나는 수다스러운 사람에게서 침묵을, 인내심 없는 사람에게서 인내를, 불친절한 사람에게서
친절을 배웠다.

칼릴 지브란

우리가 아무리 노력해도 지금도 앞으로도 영원히 절대 좋아할 수 없는 사람이 있다. 여기서 말하는 사람은 현명하게 무시하고 피할 수 있는 사기꾼, 범죄자, 사이코패스가 아니라, 우리 삶의 일부를 차지하면서 달갑지 않은 방식으로 우리를 힘들게 하는 사람이다. 즉, 우리가 매일 마주치는 무례하고 괴팍한 사람을 말하는 것이다.

우리는 성질 고약한 이웃, 고집 센 이사회 임원, 잘난 체하는 지인, 끊임없이 심통을 부리는 고객 등으로 그런 사람들을 가끔 맞닥뜨린다. 심지어 그런 이들이 친척일 때도 있다. 어느 정도는 그들을 무시할 수 있지만, 우리가 무시한다고 그들이 사라지는 것은 아니라서 화창한 마음에 먹구름을 몰고 오는 귀찮은 골칫거리로 남는다.

철저한 친절을 발휘하라

우리가 철저한 친절을 발휘한다면 어떨까? 우리를 아주 힘들게 하는 사람들과 마주할 때 그냥 참는 데서 그치지 않고 좋아할 만한 점, 심지어 존경할 만한 점을 찾으려 노력한다면? 이런 사람들을 우리 삶에서 만나

감사하다고 여길 방법을 배운다면?

살면서 만나는 명백하게 짜증스러운 사람들에게 열린 마음과 탐구하는 자세로 접근한다면, 매일 마주치는 얼간이들에게도 꽤 좋은 자질이 있음을 알고 깜짝 놀랄지도 모른다. 또한 우리를 그런 얼간이로 여기는 사람들이 있을 수 있다는 사실도 인식하게 될 것이다.

앞에서도 말한 바 있지만 우리는 우리가 찾는 것을 발견하게 된다. 그래서 매일 비난할 대상을 찾느라 소일하는 사람들은 어디를 가나 그 대상을 발견하고, 마찬가지로 존경하고 감사할 대상을 찾는 사람들 역시 그 대상을 풍부하게 발견한다.

그럼 짜증 나게 하는 사람들을 피하거나 마지못해 받아들이는 대신, 일부러 그들의 친절을 찾아본다면 무슨 일이 생길까? 시끄럽게 떠든다며 아이들에게 소리를 지르고 모든 일에 불평하는 이웃은 어쩌면 동물을 사랑하고 상처 입은 새들을 돌봐주는 사람일지 모른다. 다만 그의 친절이 수줍음, 두려움이나 사교적인 능력 부족으로 가려져 있는 것이다. 표면적으로는 분명하지 않지만, 더 깊이 들여다보면 그것을 발견할 수 있을지도 모르는 것이다. 부정성과 자기 홍보로 모두를 짜증스럽게 하는 이 사회 임원은 어쩌면 취약 계층을 위해 무료 자문을 하고 있을지 모른다. 그렇다면 우리가 비록 그녀의 소통방식에 감사하는 데는 애를 먹더라도, 그녀가 조직에 바치는 헌신에는 감사할 수 있을 것이다. 우리가 나아갈 길은 때로 좋아할 수 없는 사람들과 교차한다. 그래서 그들의 친절함을 발견하고, 그들의 친절과 우리의 친절이 교차할 길을 찾아야 하는 것이다. 그것은 단지 이를 악물고 그 사람을 참아내는 것을 넘어, 그들이 지닌 최고의 자질을 인식하고 그 자질을 우리의 삶으로 받아들이는 방식을 찾는 일이다.

어떤 영향을 받을 것인가?

다행스럽게도 나는 살면서 싫어하는 사람이 거의 없었다. 여러 해를 거치며, 처음에 싫어했던 사람들도 일단 알고 나면 좋아하게 되는 경험을 했다. 그들이 변한 것이 아니라 내가 변했다. 내 안의 '판단 버튼'을 꺼버리고, 내가 불쾌하게 여겼던 그들의 행동이 사실은 두려움과 불안, 또는 서투름의 결과일지도 모른다고 생각하니 모든 것이 바뀌었다. 우리는 매일 최선을 다하고 있지만, 죽는 날까지 발전하는 과정에 있을 수밖에 없기 때문에 우리 대부분에게 최선이란 항상 불완전하기 마련이다.

에이브러햄 링컨Abraham Lincoln은 "나는 저 사람이 싫다. 그래서 그를 더 잘 알아야겠다"라고 말했다. 얼마나 현명하게 자신을 파악한 말인가! 내가 느끼는 반감을 극복하기 위해 나는 마주치는 몇 안 되는 불쾌한 사람들에게서 친절을 찾으려 애쓰고 있다. 친절은 거의 누구에게나 있고, 그것을 찾아내기란 놀라울 만큼 쉽다. 나는 타인과 그들의 행동을 더 잘 분리하는 법을 배우려 노력했다. 그래서 그들의 어떤 행동은 좋아하지 않고 이해할 수 없지만, 그들의 진가는 인정한다고 말할 수 있게 되었다.

모든 규칙에는 예외가 있으므로, 호감이 가는 면을 찾으려는 우리의 노력을 좌절시키는 사람들도 분명히 있을 것이다. 나는 그런 사람들이 우리 삶에 있는 데는 중요한 이유가 있음을 마침내 깨달았다. 그들로 인해 아량이나 인내심을 배울 수 있고, 또 그들에게서 불쾌함을 느낄 정도로 확대되어 있는 우리 자신의 어떤 속성을 알아차리게 될 수도 있다. 그것도 아니라면, 그들은 남들에게 이렇게 행동하면 안 된다는 것을 보여주는 반면교사의 역할을 하고 있을 것이다. 이런 사람들을 만날 때, 우리는 선택을 해야 한다. 그들이 우리의 행동과 신념에 부정적인 영향을 주도록 내버려 둘지, 아니면 그들의 친절을 최선을 다해 열심히 찾아 배우며 그에 감사할지 둘 중 하나다.

이때 친절을 찾는다면 절대 잘못된 선택이 되지 않을 것이다.

 실천하는 친절

당신의 삶에 정말로 좋아할 수 없고, 싫은 감정을 보완할 만한 어떤 자질도 발견할 수 없는 사람이 있는가? 그들은 당신의 기분을 상하게 하는 행동을 하고, 당신을 불쾌하게 하는 말을 할지도 모른다. 어쩌면 당신과 너무 상반되어 선뜻 받아들일 점을 하나도 찾아볼 수 없는 신념을 가지고 있을 수도 있을 것이다. 하지만 조금 더 열심히 장점을 찾아보라. 당신이 받아들일 수 있고, 심지어 존경할 만한 점은 없는가? 이제 다른 방식으로 바라보자. 그들이 보인 최악의 행동에서 아주 미세한 수준일지라도, 당신 또한 가책을 느끼는 무엇인가가 있지는 않은가? 그렇다면 그들을 최소한 당신이 절대 되고 싶지 않은 것의 본보기로 삼을 수 있을 것이다. 당신은 그들에게서 어떤 교훈을 배웠는가? 당신의 반감을 호기심으로 바꾸도록 노력하고, 그다음에는 동정심과 공감으로 바꾸도록 노력해보자.

솔직함에
당하는 희생자들

오늘 나는 친절해지려고 진실을 왜곡했지만, 후회는 없다. 왜냐하면 무엇이 진실한지보다 무엇이 친절한지가 더 중요하다고 확신하기 때문이다.

로버트 브롤트Robert Brault

"다 너를 위해서 하는 말이야."

"너무 예민하게 굴지 마. 나는 있는 그대로 말한 것뿐이야."

"나는 보이는 대로 말하는 거야."

상처 주는 말을 정당화는 사람들이 자주 하는 말이다. 이렇게 말하는 사람들은 자기가 상대의 외모, 능력, 의견이나 전망에 대해 어떻게 생각하는지 상대가 꼭 들어야 한다고 정말로 믿는 것 같다.

어디에나 있는 '희생자'를 대신해 말하자면, 그럴 필요가 없다. 우리는 틀린 것을 일일이 꼬집어 말해주는 사람이나, 우리가 해야 하는 것은 물론이고 하지 말아야 하는 것을 모조리 지적해줄 사람이 필요치 않다. 이미 우리 머릿속에서 작은 목소리가 끊임없이 속삭이고 있기 때문에, 어떤 도움도 필요 없다.

세상에는 말해야 할 것들과 말할 필요가 없는 것들이 있다. 말하기 전에 잠깐 멈춰서 생각한다면, 대체로 그 차이를 알 수 있을 것이다.

"너희 반 다른 아이들은 확실히 너보다 미술적 재능이 훨씬 많더라"라는 말은 할 필요가 없다. 여덟 살짜리 아이에게서 절대 모네Monet와 같은 재능을 엿볼 수는 없다는 사실을 그 아이를 뺀 모두가 아주 분명히 인식하고 있다고 하더라도 말이다. "너는 7킬로그램만 빼면 훨씬 예쁠 거야"라는 말 역시 할 필요가 없다. 반면에, "프레젠테이션하기 전에 앞니에 낀 시금치는 빼는 게 좋겠어"라는 말은 해야 한다. 이건 고마운 충고(!)다.

거짓말을 옹호하는 것이 아니다. 나는 정직을 가치 있게 여기는 가정에서 자랐고, 스스로도 좋은 사람이 지닌 가장 중요한 특징 중 하나가 정직이라고 생각한다. 그러나 사실을 말하는 것이 반드시 최선의 행동방침이 아닐 때가 있다. 우리는 사실대로 말하기 적절한 때와 침묵할 때, 심지어 신중한 거짓말을 해야 할 때를 알아차릴 수 있어야 한다. 이런 능력은 좋은 사람은 물론이고 친절한 사람이 지닌 또 다른 중요한 특징이라 하겠다.

어떤 거짓말은 명백하지만, 어떤 거짓말은 약간 미묘하다.

"여보, 이 드레스 입으니까 나 뚱뚱해 보여?"라는 질문에 "당신 너무 예뻐!"라거나 비슷하게 안심이 되는 대답을 할 줄 모른다면, 그는 결혼생활에 대해 진지하게 생각해보지 않은 것이다.

볼품없고, 비실용적이고, 완전히 엉뚱한 선물을 받고 보인, "아주 마음에 들어. 사려 깊은 선물 고마워!"라는 반응은 엄청난 거짓말이라 해도 현명한 대답이다. 선물을 준 사람의 감정을 상하게 한 후에 그 일을 후회하겠는가? 원치 않았던 선물이라 해도 정중하게 받는 것은 우리가 쉽게 할 수 있는 친절한 행동 중 하나다.

안부를 물어오는 지인에게 끊임없이 돋아나는 발진이나 곧 다가올 대장내시경 검사, 또는 만성적인 무좀에 관해 굳이 말할 필요가 없을 때가 있다(우리는 보통 그런 때가 언제인지 잘 알고 있다). 그럴 때는 간단히 괜찮다고 답하며 안부 인사에 대한 고마움만 표시한다. 누군가가 악의 없고 무심하게 잘 지내냐고 물을 때 얼마나 많은 세부 사항을 알려주는지는, 그 관계가 얼마나 깊은지 알 수 있는 척도다.

우리가 괜찮지 않을 때, 괜찮은 것에서 가장 거리가 멀 때가 있고, 우리의 고통을 진실하고 좋은 친구와 나누어야 할 때가 있다. 그것이 바로 우정이라는 것이다. 하지만 늘 괜찮지 않고, 항상 불평하는 사람들(누구라도 붙잡고 자기 고민이나 병 이야기를 늘어놓고 싶어 안달하는 사람들)은 남들이 피하는 사람이 된다. 매우 놀랍게도, 그런 다음에도 그들은 불평할 다른 것들을 찾아낸다.

당신에게 늘 불평을 늘어놓는 경향이 있다면, 그 습관을 바꿔줄 간단한 방법이 있다. 바로 미소다. 행복하지 않을 때도 미소를 지으면 행복해진다는 연구 결과가 많다. 처음에는 그 미소를 거짓으로 시작하겠지만, 그러면서 점차 기분이 나아질 것이다. 그리고 그 보답으로 되돌아오는 남들의 미소를 볼 때쯤이면 진짜가 된다.

만약 당신이 거짓말을 할까 생각 중이라면, 숨은 동기를 생각해보라.

1. 당신 자신이 아닌 모습으로 보이고 싶어서 거짓말을 하는가?

더 똑똑하고, 더 강하고, 더 성공적이고, 더 흥미로운 사람으로 보이고 싶은가? 다시 한번 생각하고, 용기를 발휘해보자. 당신은 있는 그대로 괜찮은데, 왜 당신 자신이 아닌 다른 모습인 척하는가? 당신은 진실한 사람이 되겠는가, 아니면 사기꾼이 되겠는가? 당신은 사람들이 있는 그대로의 당신 모습을 좋아하고 존중하기를 바라는가, 아니면 당신이 아닌 다른 누군가의 모습을 좋아하고 존중하기를 바라는가? 게다가 남을 속일 때, 당신은 자신이 날조한 이야기를 기억해야 한다. 그렇지 않으면 나중에 거짓말이 들통나기 쉽고, 그러면 결국 어리석은 기분을 느끼며 더 많은 거짓말을 생각해내야만 할 것이다. 그럴 만한 가치가 없는 일이다.

2. 비난을 모면하거나, 인정받거나, 아니면 경력에서 앞서 나가고 싶어서 거짓말을 하는가?

직원들이 자신이 저지른 실수를 감추려고 거짓말을 했던 적이 있다. 또 발각되지 않기를 바라면서 자신의 실수를 인정하지 않았던 적도 있다. 그러나 실수는 항상 결국에는 알려지게 되어 있다. 우리는 그들이 실수를 감추려다 야기한 문제들을 해결하려 허둥지둥 서둘러야만 했다. 직원들이 실수를 저질렀다는 것을 인지하자마자 그에 대해 털어놓았던 때도 여러 번 있었다. 나는 그들이 그렇게 해주어서 감사했고, 진심으로 고마워했다. 문제를 안다면(빠를수록 좋겠지만), 사실상 무엇이든 해결할 수 있다는 것을 나는 경험으로 습득했다. 우리는 해결책을 생각해내려 함께 노력했는데, 종종 그 해결책이 상황을 굳건히 다져주기도 했다. 진실을 말한 직원을 향한 내 존중과 신뢰는 늘 커졌던 반면, 거짓말을 하거나 감추려던 직원을 향해서는 신뢰와 존중이 줄어들었다. 당신의 거짓말이 아무리 악의가 없다 하더라도, 당신의 신뢰성과 진실성은 위태로워진다. 비록 그것을 알고 있는 사람이 당신뿐이더라도 말이다. 거짓말의 목적이 무엇이든, 과연 그것이 당신의 평판을 손상할 가치가 있는가? 최근 우연히 이 주제를 아주 잘 요약한, 기업가 라이언 프라이타스 Ryan Freitas의 말을 보게 되었다. "당신의 평판은 당신의 월급보다 더 중요하고, 당신의 진실성은 당신의 직업보다 더 가치가 있다."

3. 누군가의 감정을 다치지 않게 하려고 거짓말을 하는가?

이런 상황에서라면 거짓말이 용인될 수 있고, 심지어 바람직할 수도 있을 것이다. 다른 질문을 하나 더 해보자. 그 거짓말로 해를 입는 사람이 있는가? 직장 동료의 새로운 헤어스타일이 꼬챙이에 꽂힌 무 같다고 생각하지만, 솔직히 말하는 대신 멋지다고 칭찬한다고 해서 손해를 보는 사람은 없다. 게다가 그런 헤어스타일도 자주 보고 익숙해지면 확실히 더 좋아하게 될 것이다.

이 외에 고려해야 할 다른 질문들도 있다. 여기에도 솔직하게 답해보자.

· 내가 상대방의 입장에 놓인다면 진실을 말하고 싶을까, 아니면 상냥한 거짓말을 하고 싶을까?
· 진실과 사려 깊은 거짓말, 또는 침묵 중에서 어떤 반응이 친절에 가장 많은 도움이 될까?

여동생 킴Kim과 나는 어린 시절 엄마가 '진실을 말한 것'에 여전히 동정을 표한다(그 편이 심리 상담보다는 싸다). 엄마가 킴에게 그녀의 입이 너무 커서 웃으면 이와 잇몸이 훤히 다 보인다고 말한 탓에, 그녀는 수십 년간 미소 짓거나 웃을 때 진심 어린 기쁨을 드러내지 못한 채 입을 가려야만 했다. 엄마는 내게는 내 코가 조금이라도 더 커지면 언제든 성형 수술을 해주겠다고 말했다. 엄마가 그렇게 말할 때까지, 나는 내 큰 코가 완벽하지 않다는 생각을 전혀 하지 못했다. 다행스럽게도, 나의 남편은 내 쭉 뻗은 매부리코가 아름답다고 생각한다.

내 친구 낸시Nancy는 할머니가 돌아가시던 주에 가족을 도와주었던 호스피스 간병인 중 한 명이 '사랑의 거짓말'이라는 표현을 사용했다고 말했다. 거짓말이 동정심의 마음으로 누군가의 고통을 덜어주기 위해서 동원되는 경우처럼, 꼭 필요한 때가 있음을 인정하는 표현이다. 이러한 면에서 보면, 매우 가치 있고 중요한 특성인 정직도 절대적일 수는 없다.

진실을 말할지 숨길지 결정할 때 고려해야 할 다른 사항은 당신이 결과에 영향을 미칠 수 있는지 여부다.

동료가 이미 머리를 잘랐거나 배우자가 이미 요란한 하와이언 셔츠를 사서 입었다면, 솔직한 의견을 말한들 아무런 도움이 되지 못한다. 하지만 동료가 자신의 헤어스타일이 급진주의자처럼 보이지는 않을지, 또 배우자가 자신이 커다란 앵무새 그림이 있는 연노란색 셔츠를 입으면 어때 보일지 미리 묻는다면, 당신이 듣기 좋게 돌려 말한 진실을 듣고 다른 결정을 내릴 수 있을지도 모른다.

우리는 오타를 지적하거나, 수프에 있는 커민[14]의 양을 불평하거나 낯선 사람의 잘못된 발음을 고쳐주는 사람이 될 필요가 없다. 누군가 내 조언을 구하면서 지지나 찬사를 원하는 경우가 아니라면(그때는 원하는 대로 말해줄 테지만), 기꺼이 내 솔직한 생각을 말할 것이다. 나는 나이가 들수록 더 조용해진다. 다른 사람의 결점과 실패는 굳이 지적하지 않아도 되기 때문이다.

나 자신도 여전히 실수하고 배우기를 계속하고 있다.

---

14 미나리과의 식물이나 그 씨앗으로, 씨앗은 양념으로 사용함

💙 실천하는 친절

사람들이 당신에게 '너를 위해서'라고 말하면서 상처 주는 말을 했던 때가 있는가? 아직도 그런 비난을 가슴에 품고서 그것이 모기처럼 당신을 물어뜯게 내버려 두고 있는가? 다음에 불친절한 내면의 목소리를 듣거든, 단호하게 그 충고가 필요치 않으며 다시는 같은 말을 하지 말라고 말해보라. 누군가의 '진실' 때문에 당신이 늘 하고 싶던 무엇인가를 하지 못하고 있었다면, 당장 다시 시도해보도록 하자. 당신이 그것을 썩 잘하지 못한다 한들 무엇이 중요한가? 요점은 한계를 정해놓은 마음가짐을 극복하고 재미있게 도전하는 것이다.

당신이 거짓말을 했을 때는 무엇인가를 얻으려던 의도였는가, 아니면 실수를 인정하지 않으려던 의도였는가? 머릿속으로 같은 상황에서 진실을 말하는 장면을 떠올려보자. 기분이 어떤가? 다음에 비슷한 상황에 놓이면, 진실을 말할 수 있겠는가?

기다림이 최고의
배려가 될 때

들리지 않는 모든 소리에 귀를 기울이며, 아무것도 안 하고 그냥 시간을 보내면서도 남의 시선을 개의치 않는 것의 가치를 과소평가하지 마라.

곰돌이 푸Winnie the Pooh

친절에 대한 조사를 하면서, 아무것도 하지 않기로 택하는 것이 가장 친절한 선택일 때가 있다는 사실을 꽤 여러 번 깨닫고는 깜짝 놀랐다. 아무것도 하지 않는 것은 우리가 가장 친절한 사람에 관해 떠올리는 이미지, 즉 가는 길마다 적극적으로 선행의 자취를 남기는 모습과는 모순된다.

우리 대부분은 절대 발신되지 말았어야 할 이메일을 받고 감정이 상하고 분노가 치밀어 올랐던 적이 있거나, 적어도 그런 상황을 목격한 적이 있을 것이다. 그것이 바로 이메일의 문제 중 하나다. 발신인이 무엇을 의도했는지, 우리의 답장이 어떻게 해석될지, 그 의사소통의 궁극적인 목적이 무엇인지 미처 생각하기도 전에, 발끈한 순간 즉시 답장을 하고 싶은 마음이 굴뚝같다는 점이다.

멈추고 자제하는 친절

당신은 옳거나 정의로워지고 싶은가, 아니면 평화를 유지하고 싶은가? 가끔은 두 가지를 동시에 다 할 수는 없어서 당신에게 어느 쪽이 더 중요한지 결정해야 한다.

솔직히 인정하건대, 살아오면서 옳거나 정의로운 것이 평화를 유지하거나 친절한 것보다 더 중요하게 느껴졌던 때가 있었다. 하지만 이제는 옳은 것이 그다지 중요해 보이지 않는다. 고전 영화 「하비Harvey」에서 지미 스튜어트Jimmy Stewart가 완벽하게 연기한 주인공 엘우드 P. 다우드Elwood P. Dowd의 대사가 떠오른다. "오래전에 우리 어머니가 내게 말씀하셨지. '엘우드, 이 세상을 살려면 엄청나게 똑똑하든지 엄청나게 즐거워야 한단다.' 나는 오랫동안 똑똑하게 살았어. 그래서 이제는 사람들에게 즐겁게 살라고 권해."

이 대사는 앞서 언급한 멈춤의 힘을 상기시킨다. 당신이 하려는 행동이 정말로 원하는 결과를 가져다줄지 바로 판단하고 움직이기보다 충분히 미루어두면, 결국 모두에게 가장 좋은 결과가 돌아온다. 무릎반사knee-jerk처럼 자동으로 튀어나오는 반응은 종종 우리를 얼간이jerk처럼 보이게 할 수 있다. 이 간단한 사실을 우리는 자주 인식하지 못한다. 잠깐 멈추면, 그 멈춤 상태를 영원히 유지한 채로 아무것도 하지 않고, 아무것도 말하면 안 된다고 생각하는지도 모른다.

달라이 라마는 "침묵은 때로 최고의 대답이다"라는 현명한 말을 남겼다. 하지만 특히 언어적 상호작용에서는 이 말을 실천하기 그리 쉽지 않다. 조롱하는 언사나 빈정대는 대꾸, 어색하게 건네는 농담은 그 말이 얼마나 불쾌하게 들릴지 미처 깨닫기도 전에 입 밖으로 튀어나와 버리기 일쑤다. 나는 혀를 깨물며 하고픈 말을 참는 법을 익히고 있지만, 그게 항상 쉽지만은 않다.

비록 내 말이 불쾌하게 들리지는 않더라도 전혀 도움이 되지 않는 경우도 있다. 예를 들어, 사무실에서 어떤 이가 자기 딴에는 대단하다고 생각한 아이디어를 꺼냈는데, 결과적으로 그것이 실행이 불가능하거나 현명하지 못한 아이디어로 드러났다고 해보자. 상사가 그 말을 어떻게 전달하는지에 따라 그가 계속 좋은 아이디어를 탐색할 수도 있고, 사기가 꺾이고 망신당했다는 기분을 느낄 수도 있다. 가끔은 아무것도 하지 않거나 말하지 않는 것이 올바른 일이다. 그것이 그들 스스로 결함을 발견하게 하거나, 겉보기에 실행 불가능한 일을 가능하게 만드는 방법을 찾아내도록 하는 일이 될 수도 있다. 가장 좋은 방법은 그것이 스스로 오류를 깨닫기를 바라면서 함께 그 문제를 논의하거나, 신중하게 그 오류를 지적해주는 것이다. 어느 쪽이든, "안 돼, 그건 절대 될 리가 없어!"라고 말하는 성급한 반응은 최고의 선택이 될 수 없다.

로타리클럽 사람들이 행동이나 말을 하기 전에 물었던 네 가지 질문을 기억하는가? 이쯤에서 다시 한번 살펴보자.

· 그것은 사실인가?
· 그것은 관련된 모두에게 공정한가?
· 그것은 호의와 친절을 베푸는 일인가?
· 그것은 관련된 모두에게 이로운가?

이 중 하나라도 대답이 '노'라면, 말하거나 행동하지 마라. 너무나 유익한 이 충고를 다시 한번 새겨보자.

현명하고 친절한 육아

나는 부모가 아니라서 육아에 관해서는 아는 바가 거의 없다(이 말은 데이비드 마멧David Mamet의 영화에 나오는 유명한 대사이기도 하다). 하지만 내게는 매우 훌륭한 부모라고 생각되는 친구들이 몇 명 있다. 그들을 지켜본 결과, 친절이라는 이름으로 아무것도 하지 않는 것은 부모들이 꼭 배워야 할 위대한 지혜처럼 보였다. 부모로서 때로는 고통스럽겠지만, 아이들이 자라면서 스스로 교훈을 배우도록 내버려 둬야 하는 순간들이 있다. 엄마나 아빠가 항상 개입하여 장애물을 치워주거나 문제를 해결해준다면, 아이는 결코 독립을 배울 수 없다. 자녀들이 배워야 할 교훈이 고통이나 괴로움을 동반할 것을 알면서도, 부모로서 아무것도 하지 않기는 몹시 어려울 것이다. 더군다나 구원의 손길을 청하는 아이들은, 아무것도 하지 않기로 한 부모의 선택이 전적으로 옳다고 생각하지는 않을 것이다. 하지만 부모들은 고통은 일시적이지만, 교훈은 평생 계속될 것임을 안다.

이런 부모들은 개입하여 문제를 해결하거나 고통을 피하도록 도와야 할 때도 있음을 알고, 그때가 오면 그렇게 한다. 그들은 어떻게 그 차이를 알고 있을까? 그런 분별력과 지혜를 보노라면 나는 경외심을 느낀다.

좋은 부모는 이렇게 언제 개입하고 언제 하지 말아야 할지 분별하는 지혜를 가지고 있다. 좋은 리더와 좋은 매니저가 되려면 팀원을 대할 때 바로 이런 지혜를 가져야 한다.

가끔은 우리의 친절이 몹시 절실할 때, 아무것도 하지 않는 것이 친절이라고 자신에게 말하며 게으름을 부리고 싶어질지 모른다. 그래서 친절해지려면 남에게 마음을 쓰면서도 정직해야 한다. 우리가 주의를 기울인다면 무엇이 옳은지 알 것이고, 그에 따라 반응하거나 반응하지 않을 것이다. 친절이 항상 쉽다면, 우리는 세상에서 지금보다 훨씬 많은 친절을 경험했을 것이다. 하지만 그렇지 않으므로 우리는 마음이 시키는 대로 최선의 판단을 사용해 선택해야 한다.

우리는 친절이 올바른 행동을 하거나, 적당한 말을 건네거나, 딱 알맞은 순간에 도움의 손길을 내미는 행동이라고 생각하는 경향이 있다. 그러나 친절은 절제와 행동하지 않음을 의미할 수도 있음을 기억하자.

 실천하는 친절

당신의 과거를 돌이켜보라. 행하지 않거나 말하지 않는 편이 나았을 무언가를 행하거나 말한 적이 있는가? 멈춤의 힘을 연습할 기회가 있었는가? 이제 말하거나 행동하기 전에 멈춤을 시도해볼 기회를 찾아라. 부모가 당신을 '구원'하거나 개입하여 돕기보다 아무것도 하지 않기로 선택했던 때가 있는가? 당시에 그것을 어떻게 생각했는가? 그때 그것이 올바른 일이라고 생각하지 않았다면, 지금은 어떻게 생각하는가? 부모이거나 부모가 될 예정이라면, 당신이 전적으로 개입하여 자녀를 도와줘야 할 때와 아무것도 하지 않아야 할 때가 언제인지 생각해보자.

CHAPTER 11

더 친절한 세상 만들기

변화냐, 진화냐?
5퍼센트의 계획

수년간 쏟아부었던 우리의 노력이 아무런 결실을 보지 못하는 듯 보일지라도, 어느 날 그 노력만큼의 빛이 홍수처럼 밀려와 영혼을 가득 채울 것이다.

시몬 베유Simone Weil

길 잃은 고양이에게 '집사'로 선택받은 적이 있는가? 처음에는 녀석이 몇 주 동안 현관 앞을 서성거렸을 테고, 그걸 본 당신이 약간의 물과 함께 소량의 참치를 내어줬을 것이다. 그러다 당신은 어느새 저녁 식탁에서 가져온 치킨 마렝고[15]를 손으로 먹이면서, 침실에 놓인 가장 좋은 의자 위에 녀석의 잠자리를 마련해주게 되었을 것이다.

그렇게 친절도 당신에게 살금살금 다가온다. 처음에는 작은 일로 시작하지만, 금세 그것은 당신의 삶에 자리를 잡은 습관적인 관행이 된다.

나는 점진적인 변화를 굳게 믿는 사람이다. 어쩌면 내가 그리된 데에는 한 번에 대단한 변화를 이루려던 시도가 결코 성공한 적이 없기 때문인지도 모른다. 운동이든, 글쓰기든, 사무실을 깨끗하게 유지하는 일이든, 한 번의 도약으로 0에서 10까지 뛰려던 내 시도는 늘 실패로 끝났다.

좋은 의도로 시작한 일이 실패해 몇 년간 좌절한 끝에, 나는 작게 시작하면(예를 들어 15분간 운동하기, 1시간 반 동안 글쓰기, 책장의 한 칸만 청소하기

---

15   송아지 고기나 닭고기에 밀가루를 입혀서 튀긴 뒤 토마토소스와 허브로 익힌 요리

등) 그로 인해 느껴지는 좋은 기분이 그 행동을 강화한다는 사실을 깨달았다. 그러면 곧 새로운 습관이 깊이 배어든다.

친절도 똑같이 작용한다. "지금부터 나는 친절한 사람이 될 거야"라는 말 한마디로, 주변을 의식하지 못하고 자기 자신에게만 몰두해 있던 사람에서 테레사 수녀처럼 동정심 넘치는 사람으로 바뀔 수는 없다. 우리는 자신의 친절이 거절당하거나 의도와는 다르게 '잘못될까 봐' 두려워한다. 이 외에도 수년간 쌓아온 부주의와 자기중심주의라는 장애물이 있다. 하지만 우리는 노력을 기울여 매일 작은 친절을 하나씩 실천할 수 있고, 그러다 보면 얼마 후에는 하루에 두 가지 친절을 베풀거나 더 규모가 크고 조직적인 친절한 행동에 가담할 수도 있을 것이다. 그것이 얼마나 기분 좋은 일인지 깨닫게 되면, 더 많은 친절을 베풀고 싶어진다. 그러면 곧 친절을 베풀 기회가 있기를 바라며, 모든 만남에 접근하게 될 것이다.

앞에서도 말했듯이 세상에 작은 친절이라는 것은 없다. 따뜻한 미소, 다정한 말 한마디, 남을 위해 잡아준 문, 또는 함께 들어준 짐, 이 모든 것은 친절을 베푸는 사람에게도 받는 사람에게도 또 다른 친절과 선행을 베풀도록 영향을 준다. 하나의 친절한 행동이 얼마나 멀리 반향을 일으킬 수 있는지 정확히 측정할 방법이 없는 것이 안타까울 뿐이다.

한편으로 우리는 보복하지 않고 모욕을 흡수하거나, 가혹한 말을 듣고도 되받아치지 않음으로써 불친절의 반향을 멈출 수 있다. 이 작지만 어려운 행동이 불친절의 급속한 확산을 늦추는 데 도움을 줄 것이다. 상대가 자신의 분수를 파악할 수 있도록 해줄 기발한 독설을 날리고 싶어 목이 근질거릴 때는 그렇게 하기 어렵기도 하다. 그럴 때는 탐구 정신으로 접근해서, 무엇이 상대를 그렇게 행동하도록 만들었는지 호기심을 가져보라. 어떤 마음의 부담을 지고 있기에 상대가 그토록 성마르게 행동하면서 내면의 다스 베이더Darth Vader[16]를 끄집어냈는지 물으면 도움이 될 것이다. 애써 이해하려고까지 할 필요는 없다. 우리가 알 수 없는 어떤 일이 있을지도 모른다고 생각해주기만 하면 충분하다.

피아노와 골프를 잘 치는 데 연습이 필요한 것과 마찬가지로 친절에도 연습이 필요하다. 능숙해질 정도로 연습할 한 가지 방법은 우리 자신과 남들에게 5퍼센트만 더 친절해지겠다는 의지를 다지는 것이다. 5퍼센트면 충분하지만, 2퍼센트나 10퍼센트도 괜찮다. 많지는 않더라도 그 차이를 우리가 인지할 정도면 족하다. 그 작고 점증적인 변화가 뿌리를 내려 꽃을 피우게 하자. 꾸준히 연습하면, 친절은 의도적이면서도 본능적인 반응이 된다. 그리고 바로 그때 마법이 일어난다.

잠시 생각해보라. 당신이 딱 5퍼센트만 더 친절해진다면 무엇을 달리하겠는가? 당신 자신과 남들에게 그리고 지구에게 말이다.

나는 이 글의 첫머리를 열었던 프랑스 철학자 시몬 베유의 말을 매우 좋아한다. "수년간 쏟아부었던 우리의 노력이 아무런 결실을 보지 못하는 듯 보일지라도, 어느 날 그 노력만큼의 빛이 홍수처럼 밀려와 영혼을 가득 채울 것이다." 이 문구를 보니, 내가 변화를 가져오려 시간을 들이고 결과에 확신을 갖고 기다린다면 언젠가는 내가 바라는 일이 분명히 일어날 것이라는 생각이 든다. 그뿐 아니라 그 강렬함이 나를 깜짝 놀라게 할 것이라고 기대하게 된다.

우리 집에 머무르려고 찾아오는 길 잃은 고양이에게 곁을 주듯이 친절

---

16 영화 「스타워즈Star Wars」의 주요 악역

이 우리 삶 속에 조금씩 스며들게 하자. 친절을 잘 먹이고 잠자리를 마련해주어라. 그러면 당신이 미처 깨닫기도 전에, 빛이 당신의 영혼을 가득 채울 것이다.

 실천하는 친절

살면서 자신이 변화나 능력 발전을 이룬 분야가 있는가? 그 변화나 발전이 매일 조금씩 이루어져서, 특별히 애쓰지 않았는데 대단한 일이 일어났음을 문득 깨달았던 적이 있는가? 당신이 모욕당하거나 공격받았을 때 보복하거나 맞받아치지 않기로 선택하여, 그 결과 갈등이 끝났던 적이 있는가? 당신의 삶에서 마주하는 가족, 친구, 심지어 낯선 이에게 딱 5퍼센트만 더 친절해진다고 하면, 무엇을 다르게 하겠는가? 자신에게 5퍼센트 더 친절해지기 위해 오늘 무엇을 하겠는가?

우리가 아이들에게
가장 많이 원하는 것

아이들이 잔인하고 비정한 세상에 용감하게 맞설 수 있도록 강인하게 키우는 것은 우리의 일이 아니다. 조금 덜 잔인하고 덜 비정한 세상을 만들도록 아이들을 키우는 것이 우리의 일이다.
L. R. 노스트L.R. Knost

　우리 엄마는 딸들에게 가장 많이 원하는 것이 우리의 행복이라고 자주 말씀하셨다. 엄마는 우리가 스스로 행복해지는 방법을 알아내기를 원했던 것 같다. 엄마는 행복이라는 것을 거의 성취하지 못했으므로, 우리에게 그 방법을 알려줄 수 없었기 때문이다.

　엄마가 자주 행복에 대해 말을 했기에, 나는 자라면서 행복이 무엇인지 곰곰이 생각하는 시간을 가지게 되었다. 나는 결코 행복을 부나 재산 축적과 동일시하지 않았다. 나는 행복이란 그 자체가 목표가 아니라, 존경하고 좋아하는 사람들과 함께 좋아하는 일을 하면서 생기는 부산물이라는 꽤 강한 신념을 지니고 있었다. 마찬가지로 대학생활과 직장생활은, 좋은 사람들과 함께 새로운 아이디어를 탐험하고, 도전에 직면하고, 문제를 해결하고, 만족스러운 결과를 만들어내면서 세상을 조금이라도 개선할 때 행복이 따라온다는 사실을 내게 가르쳐주었다.

　친절하게 1년 살아보기를 하는 동안 경험한 행복은 무엇이 즐거움을 가져다주는지 내게 분명히 보여줬다. 내게 행복으로 가는 가장 빠른 길은 친절이다(여러 연구 결과를 보면 이는 다른 사람들에게도 동일하게 적용될 것이다). 친절을 경험할 때, 나는 행복하다. 그것은 정말로 매우 간단한 사실이다. 친절을 베풀면, 나는 저절로 기분이 좋아진다. 내가 친절을 받는 쪽이라면 당연히 기분이 좋아지고 친절을 목격하거나, 심지어 친절에 관한 글을 읽기만 해도 기분이 좋아진다.

상당히 많은 연구가 이것이 사실임을 입증하고 있다. 특히 최근에는 친절과 행복을 연관 짓는 연구가 무수히 많다. 연구원 캐스린 E. 뷰캐넌Kathryn E. Buchanan과 아나트 바르디Anat Bardi는 《사회 심리학 저널Journal of Social Psychology》에 발표한 연구에서, 친절한 행동을 하면 삶의 만족도가 증가한다고 결론 내렸다. 하버드대학교 연구원들이 감독한 '사회적 자본 공유에 관한 표준 설문조사Social Capital Community Benchmark Survey'에 따르면, 시간이나 돈을 기부한 사람들이 그렇지 않은 사람들보다 42퍼센트 더 행복하게 느낀다고 한다.

마찬가지로 캘리포니아대학교 리버사이드캠퍼스의 심리학 교수 소냐 류보머스키Sonja Lyubomirsky는 친절한 행동이 행복을 증진한다는 사실을 입증했다. 그녀는 연구를 인용해 말한다. "9~11세 아이들에게 몇 주간 친절한 행동을 하라고 시키자, 아이들은 시간이 지나면서 더 행복하게 느꼈을 뿐 아니라 친구들 사이에서 인기도 더 많아졌습니다." 그녀의 다른 연구 프로젝트에서는 직원들에게 무작위로 선택된 동료들에게 너그럽게 대하라고 요구한 결과, 행복과 동료애가 증가하고 최적의 유대관계를 보인 것 이외에 우울증까지 줄었다고 한다. 그 결과는 너그러움을 베푼 사람은 물론이고 받은 사람과 목격하기만 한 사람에게도 해당됐다. 다시 한번, 친절의 힘은 끝이 없음을 실감한다.

자신에게 친절한 것도 마찬가지 효과를 불러온다. 『해피니스 트랙The

Happiness Track』의 저자이자 심리학자인 에마 세팔라 박사는 "연구 결과는 자기 비난은 근본적으로 자기 태만이지만, 자기 동정심(자신을 이해하고 유념하며 친구를 대할 때와 같은 친절로 대하는 마음)은 회복 탄력성과 생산성과 행복을 훨씬 높여준다는 것을 보여줍니다"라고 말한다. 그래서 남들에게 친절해지라고 아이들을 가르칠 때, 우리는 또한 자신에 대해서도 동정심을 느끼라고 가르쳐야 한다.

우리 엄마가 그때 이 모든 것을 알았더라면 좋았을 것이다. 하지만 이것은 우리 각자가 스스로 발견해야 하는 것임을 나는 알고 있다.

얼마 전에《토론토 스타Toronto Star》[17]의 요청을 받아 포럼 리서치Forum Research[18]가 수행한 연구논문이 요약된 기사를 읽었다. 그들은 부모들과 조부모들에게 자녀와 손주에게 심어주고 싶은 가장 중요한 가치를 물었다. 뿌듯하게도 사람들이 선택한 최고의 가치는 친절이었는데, 응답자의 30퍼센트가 친절을 첫 번째로 꼽았다. 두 번째는 올바른 직업윤리였고, 이는 25퍼센트를 차지했다. 목록의 훨씬 아래쪽에 포부(8퍼센트), 리더십(7퍼센트), 호기심(5퍼센트), 용기(5퍼센트)와 팀워크(4퍼센트)가 있었다.

이런 가치들은 혼자서는 존재하지 않는다는 점에서 이 조사의 질문에는 다소 문제가 있다. 친절에는 용기가 필요하고, 또한 호기심도 필요하다. 올바른 직업윤리는 리더십 및 팀워크와 관련되어 있다. 이렇게 서로 관련된 가치 중에서 하나를 선택하라고 하는 것은 그릇된 인상을 심어줄 수 있다. 하지만 나는 사람들이 친절의 중요성을 인식하고 있음을 확인해

---

17 캐나다에서 가장 발행 부수가 많은 일간신문
18 캐나다의 시장 조사 및 여론 조사 기업

서 기뻤다. 부모들과 조부모들이 다음 세대가 친절하기를 바라는 데서 그치지 않고 스스로 모범을 보이기를 바란다.

친절한 아이로 기르는 방법

자녀들이 친절을 배우기를 바라는 어른들은 친절의 가르침이 가정에서 시작한다는 것을 깨달아야 한다. 아이들은 부모와 조부모가 서로와 친구들, 아이들, 낯선 사람들, 동물들과 지구를 어떻게 대하는지 보고 자란다. 미국 작가 제임스 볼드윈James Baldwin은 "아이들은 어른들 말을 그다지 귀담아듣지 않지만, 어른들의 행동은 틀림없이 따라 한다"라고 말했다. 아이들은 꾸준히 실천하지 않는 가치는 아무 가치도 아니라는 것을 인식할 만큼 똑똑하기도 하다.

친절은 쉬울 때뿐만 아니라 늘 분명히 드러나야 한다. 아이들은 다른 운전자들이 도로 위의 미치광이처럼 행동할 때도 운전석에 앉은 자기 부모는 친절하다는 것을 보아야만 한다. 아이들은 열성팬으로 붐비는 스포츠 경기장에서 홈팀이 어이없이 완패를 당할 때도 친절을 보아야 한다. 부모들이 견해가 180도 다른 사람과 이야기할 때는 물론이고, 집처럼 사적인 공간에서 까다로운 이웃, 직장 동료, 또는 친척 이야기를 할 때도 아이들은 친절을 볼 수 있어야 한다.

하버드대학교에서 '배려 공유 프로젝트Making Caring Common project'를 지휘한 심리학자 리처드 웨이스보드Richard Weissbourd는 친절을 소중하게 여기도록 아이들을 기르는 다섯 가지 방법을 제시했다.

1. 배려가 우선순위라는 것을 보여준다

어른들은 자신의 행동이 자녀들에게 보내는 메시지와 일치하는지 확인할 필요가 있다. 어른들은 말한 대로 실천해야 한다.

2. 남을 배려하며 기꺼이 돕는 것을 연습하고 감사를 표현할 기회를 준다

친절은 전력을 다해 남을 돕고, 그 경험에서 만족감을 반복적으로 느끼며 강화되는 학습된 행동이다. 감사하는 습관을 익힌 아이들은 행복하고 건강할 뿐만 아니라 남을 더 잘 돕고 너그러우며, 남에게 동정심을 더 잘 보이고, 더 잘 용서한다.

3. 자신의 관점과 배려의 범위를 넓히도록 돕는다

연구는 이것을 '줌 인zooming in'과 '줌 아웃zooming out'으로 묘사한다. 이것은 친구들과 가족의 범위 안에서 친절을 베풀 기회를 인식하는 법을 배운 뒤, 나아가 낯선 사람이나 공동체, 심지어 더 넓은 세계적 규모로 자신의 친절을 확장해나가는 것을 의미한다.

4. 강력한 도덕적 롤 모델을 제공한다

여기에서 연구원들은 부모가 자신의 실수를 인정하고 아이들의 말에 귀를 기울여서, 아이들이 세상을 이해하고 공감 능력을 발달시키도록 도와야 한다고 강조한다.

5. 부정적인 감정을 관리하도록 돕는다

분노, 수치심, 부러움과 같은 감정은 피할 수 없지만, 해로운 방식으로 표현될 수도 있고 유익하고 건설적인 방식으로 표현될 수도 있다. 대화, 독서, 게임, 함께 영화 보기 등을 통해 아이들이 유년기와 청소년기의 정상적인 반응인 '감정의 롤러코스터'를 잘 헤쳐나가도록 도울 수 있다.

아이들이 친절을 목격하고 경험하도록 돕고, 그런 다음 친절에 관해 함께 얘기하는 것은 가장 강력한 육아의 기술 중 하나라고 할 수 있다. 그것은 친절하고 행복한 아이들을 키우는 공식으로, 결국 그 아이들이 친절하고 행복한 어른이 될 것이다. 세상은 지금 그런 아이들이 필요하고, 나중에도 틀림없이 그런 어른이 필요할 것이다.

 실천하는 친절

당신이 자라면서 부모님과 선생님들에게 받았던 메시지는 무엇이었는가? 항상 1등이 되라고 격려받았는가, 팀플레이를 잘하는 사람이 되라고 격려받았는가? 똑똑해지거나 영리해지거나 성공하라고 격려받았는가, 아니면 행복해지거나 튼튼해지거나 친절해지라고 격려받았는가? 친절이 장려되었다면, 꾸준히 본보기를 보인 사람이 있었는가? 당신은 자녀들에게 친절한 삶을 살아가는 롤 모델인가? 자녀들과 친절에 관해 이야기하기를 습관으로 삼되, 항상 경청이 중요하다는 사실을 명심해야 한다. 아이들이 친절과 관련된 자기 생각과 경험을 말하도록 한다면, 당신은 많은 것을 배우게 될 것이다.

모든 생명은 보호받을
권리가 있다

인류는 생명의 거미줄을 엮지 않았고, 아직은 그 안에 있는 하나의 실에 불과하다. 우리가 생명의 거미줄에 하는 일은 무엇이든 우리 자신에게 돌아온다. 모든 것이 함께 묶여 있고, 모든 것이 연결되어 있다.

시애틀 추장Chief Seattle

내 친절은 대개 인간들 사이의 상호관계에 초점이 맞춰져 있지만, 친절한 삶은 하나의 종種 이상을 아우른다. 친절은 우리가 지구를 공유하는 동물들과 지구 자체에까지 확장되어야 한다.

지구를 존중하고 보호해야 할 중요성, 또는 궁극적으로 우리 모두와 다음 모든 세대에게 이로울 지속가능성의 노력에 관해서는 나보다 훨씬 자격이 있는 사람들이 많다. 하지만 나는 우리가 각자 친절을 요구하고 친절한 삶에 전념해야 하며, 비인간적인 상호작용이 무엇을 의미하는지 스스로 고민해봐야 한다고 생각한다.

정치인들과 정책 입안자들을 포함해, 우리의 행성이 위험에 빠져 있음을 보여주는 엄청난 증거들을 부인하는 사람들이 많다. 어떤 피해와 대가 없이 지구의 자원을 끝없이 이용할 수 있다고 믿는 사람들도 많다. 우리가 지구에 입히고 있는 피해를 인식하면서도, 자신에게 축적되는 단기간의 이익을 위해 그것을 기꺼이 못 본 체하는 사람들도 있다.

그렇다면 친절한 반응이란 무엇인가? 그들을 바보라고 부르거나 모래에 고개를 묻은 타조라고 놀리는 것인가? 그런 반응은 갈등을 부추길 뿐이다. 환경적 혹은 정치적 문제에 관해 반대되는 입장을 취할 때, 또는 다른 견해를 보이는 사람들을 공격하거나 그들에게 공격받을 때, 우리는 완강히 버티면서 결국 양극화를 심화시킨다. 여전히 중립적인 태도를 보이는 사람들은 극단적인 입장을 취하는 사람들을 동료를 지치게 하는 광신도라 여기며, 어느 쪽도 공개적으로 지지하지 않는다.

우리에게는 무엇보다 정중한 대화가 필요하다. 문제를 탐구하고, 증거를 평가하고, 선택할 대안과 그 결과를 조사하고, 반대 의견을 존중하는 대화 말이다. 그 대화에서는 서로가 좋은 의도를 지녔다고 추정해야 한다. 참가자가 비난과 과장을 하고 오만함을 보이거나, 토론 자체가 권위에 짓눌려 허용되지 않는다면 어떤 대화도 효과가 없을 것이다.

나는 6학년 과학 시간에 레이첼 카슨Rachel Carson의 획기적인 저서『침묵의 봄Silent Spring』에 관해 토론을 하며, 처음으로 지구의 연약함을 인식하게 되었다. 몇 년 후인 1970년에, 대기 오염, 살충제 사용, 수질 문제, 멸종 위기종 등에 관해 증가하는 우려에 대처하고자 최초로 '지구의 날Earth Day'이 지정되었다. 거의 50년이 지났건만, 우리는 똑같은 우려에 직면하고 있다. 어떤 문제들은 개선되었지만, 많은 문제들이 더 복잡하고 더 심각해졌다. 세계 인구는 1970년 당시 37억 명이었지만, 오늘날에는 거의 두 배가 되었다. 게다가 우리는 사면초가에 몰린 이 지구에서 늘 조심스럽게 행동하지만은 않는다.

최초의 '지구의 날'은 미국환경보호청United States Environmental Protection Agency의 창설과 '깨끗한 공기, 깨끗한 물과 멸종 위기종을 위한 법the Clean Air, Clean Water, and Endangered Species Acts'의 통과로 이어졌다. 그 법

은 많은 것을 이루었지만, 아직 해야 할 일은 무수히 많다.

개인적인 차원에서는, 수백만 명의 사람들이 1970년 이후로 습관을 바꾸었다. 재활용을 하고, 살충제 사용을 피하며, 그 대신 퇴비를 주게 되었다. 그런 노력이 변화를 만들어내고 있다. 하지만 기업 차원의 오염이 아직도 일어나고 있고, 많은 정책 입안자들이 여전히 그 문제를 부인하고 있으며, 많은 인간들이 환경 문제에 관심조차 두지 않고 있다. 이런 것을 보면 맥이 빠지기도 한다. 어떤 과학자들은 우리가 계속 환경 문제가 우리 문제가 아닌 척하거나 인간의 활동이 지구를 해치지 않는다고 주장한다면, 곧 돌이킬 수 없는 한계점에 도달할 것이라고 경고한다.

궁극적인 불친절은 지구를 무시하는 것이다. 근시안적인 관점으로 지구에 회복할 수 없을 정도의 손상을 입히며, 무수한 다른 종을 포함해 인류 전체까지 위험에 빠뜨리는 일인 것이다. 우리가 다음 세대들을 위해 해야 하는 일이 있다면, 그것은 지구의 건강과 장기적인 생존 능력을 지키는 데 전념하는 것이다.

그 해결책의 일부를 적어도 친절에서 발견할 수 있다. 반대 의견이 있음을 인정하고, 비난과 과장과 정치적 가식 없이 대안을 찾는 데 동의하는 것이다. 우리 어른들이 할 수 없다면, 아이들의 캠페인이 되게 하자. 이 문제에 관해서라면, 아이들은 어른보다 훨씬 이성적이고 너그럽다. 아이들이야말로 우리가 지금 내리는 결정 때문에 고통을 받거나 이익을 얻을 장본인이다. 이들 말고 어른들의 행동이 가져올 결과에 관해 어른들을 더 잘 교육할 사람이 누가 있겠는가?

친절을 지구까지 확대한다고 해서 어떤 과감한 행동을 취하거나 우리 삶에 엄청난 변화를 일으킬 필요는 없다. 대개 그것은(대부분의 다른 경우와 마찬가지로) 관심을 기울이는 문제다. 우리를 보호하고 보살펴주는 지구를 우리가 보호하고 보살피기 위해 각자 무엇을 할 수 있을까?

여기에 생활 속에서 실천할 수 있는 몇 가지 방법을 소개한다.

- 자원봉사 프로젝트에 신청해보자. 개울을 청소하거나, 나무를 심거나, 공원을 아름답게 꾸미는 일도 좋다.
- 쓰레기 처리 회사에 문의하여 재활용할 수 있는 물품들을 확인하고, 그것들을 가장 잘 재활용하는 방법을 확실히 알아두어라. 처리 규정은 자주 바뀐다.
- 야외에서 시간을 보내라. 해변을 따라 걷거나 등산을 해도 좋고, 공원에 가서 눈에 띄는 쓰레기를 주워도 좋다. 아니면, 그냥 뒷마당에서 자연을 즐겨라.
- 백화점이나 쇼핑몰의 종이 카탈로그를 받아보고 있다면, 구독을 취소하도록 한다. 그것이 나무를 살리는 길이고, 필요 없는 물건들을 사라고 아우성치는 카탈로그에 파묻히지 않는 길이다.
- 직장에서 이메일이나 불필요한 보고서를 인쇄하기 전에 한 번 더 생각해보라.
- 쇼핑할 때 재사용할 수 있는 봉투를 가지고 다니자.
- 채소나 허브를 심고, 나무 한두 그루도 심어라.
- 아직 퇴비를 사용하고 있지 않다면 퇴비 사용에 관해 알아보자.
- 텃밭 살충제 사용을 줄이거나 없애라.
- 근처의 지역 농산물 시장에서 쇼핑을 한다.
- 자신이 강하게 끌리는 환경 단체에 기부를 한다.

- 샤워를 짧게 하는 등 수자원을 절약할 방법을 찾는다.
- 가능하면 운전하는 대신에 자전거를 타거나 걷거나 대중교통을 이용한다.

이것들을 모두 실천할 필요는 없다. 먼저 한두 가지만 골라서 도전하고 습관이 되면 다른 두어 가지를 더 선택해 실천해보자. 작든 크든, 우리가 하거나 하지 않기로 선택한 것들이 변화의 시작이 된다.

친절을 지구에까지 확대하는 것은 친절을 우리의 친구, 가족, 우리 자신에게 확대하는 것과 같다. 친절은 다른 동기 없이, 즉 보상에 대한 어떤 기대 없이 주는 것이지만, 지구에 제공하는 친절은 우리에게 열 배로 돌아온다. 깨끗하고 건강에 좋은 공기, 맑고 신선한 물, 우람한 나무들이 만드는 그늘, 풍부한 음식 등으로 돌아오는 것이다. 친절과 관련된 다른 많은 것들처럼, 우리는 그것을 유념하기만 하면 된다.

동물을 어떻게 대하는지는 친절의 또 다른 척도다. 가끔은 다른 인간에게 친절하기보다 동물에게 친절한 것이 더 쉬워 보일 때가 있다. 우리 지역 신문에서, 엄마 오리와 새끼 오리들이 4차선 도로를 건너 안전한 곳에 다다를 때까지 양쪽 차선의 차들이 모두 멈춰 서 있었다는 기사를 읽은 적이 있다. 운전자들이 차에서 나와 교통을 통제하며 오리 행렬을 보호하는 동안 통근자들은 인내심 있게, 심지어 즐거워하며 그 광경을 바라보았다. 사람들은 경적을 울리거나 소리를 지르지 않았다. 그들은 새들이 완전히 길을 건넌 뒤에, 모두가 자신이 목격한 친절에 홀린 듯 미소를 지으면서 그 현장에서 멀어졌을 것이다.

사람들 때문에 교통 체증이 생겼다면, 운전자들이 인내심 있게 기다렸을까? 아마 그렇지 않았을 것이다. 경적과 고함이 가득하다가, 마침내 차가 서서히 움직이기 시작할 무렵에는 틀림없이 이를 악물었을 것이다.

인간은 '바보 같은' 동물이 아니니 자신의 행동에 책임을 져야 하는 것이 사실이다. 오리는 그냥 오리일 뿐이고, 게다가 귀엽다. 귀여움은 종종 성급함, 비난, 심지어 짜증도 이긴다. 인간이 만든 교통 체증은 보통 어리석음과 부주의의 결과거나, 아니면 그냥 너무 많은 사람과 차량이 한 장소에 있기 때문이다. 인간의 자업자득인데도, 우리는 인내심을 버리고 비난을 더하면서 불친절의 덫에 빠진다.

동물에게 친절을 베푸는 것은 덜 위험하다. 동물들이 우리의 노력을 거부한다 해도, 우리의 자존감이 위태로워지지는 않는다. 오히려 우리는 동물들이 두렵거나 기분이 상해서 그럴지도 모른다고 이해한다. 우리의 동물 친구들이 주는 제한 없는 사랑은 인간 친구에 거의 비할 수가 없고, 확실히 덜 복잡하고 오해의 소지도 덜하다.

하지만 불행하게도 동물에게 잔인한 사람들이 있고, 심지어 그런 잔인함에서 즐거움을 느끼는 이들도 있다. 우리는 그들이 동물에게 가하는 잔혹한 행위에 대해 들을 때 분노한다. 친구 하나는 최근에 어떤 운전자가 일부러 방향을 바꾸어 갓길에 있는 토끼를 차로 치는 광경을 보았다고 한다. 도대체 사람이 어떻게 그런 일을 할 수 있을까? 나로서는 도저히 이해할 수가 없다.

동물에게 잔인하면서 인간에게 친절한 사람이 있을지 모르지만, 나는 아직 그런 사람을 본 적이 없다. 임마누엘 칸트Immanuel Kant도 나와 생각이 같았는지 이렇게 말했다. "동물에게 잔인한 사람은 인간을 대할 때도 냉정하다. 우리는 동물을 어떻게 대하는지 보면 그 사람의 심성을 판단할 수 있다."

내 친구 하나가 예전에 했던 말에 따르면, 어떤 남자가 두 번 만날 가치가 있는지 판단하려면 그가 자기 개를 어떻게 대하는지 보면 된다고 한다. 그 친구는 그 기준으로 판단해서 한 번도 실패한 적이 없다.

우리는 동물에게 지금보다 더 친절해질 수 있다. 어떤 이들에게는 동물에게 베푸는 친절이 채식주의자나 비건vegan[19]이 되는 일이나, 모피나 동물 가죽으로 만들어진 옷을 입지 않는 일까지 확장될 것이다. 우리는 각자 스스로 동물에게 베푸는 친절이 무엇을 의미하는지 결정해야 한다. 생명의 거미줄 위의 우리 위치를 생각하고, 신중한 조사를 바탕으로 결정을 내리는 것이 친절한 행동이 될 것이다. 우리는 우리 자신을 위해 이런 결정을 내려야 한다.

내가 생각하는 동물에 대한 친절은 다음과 같다.

1. 인도적으로 길러진 농축산물 구매하기

나는 '미국 인도주의 인증American Humane Certified' 제품처럼 인도적으로 길러진 계란, 육류와 유제품을 찾아 구매한다. 이런 소비 습관은 농장 동물들의 복지를 확보하는 데 도움이 된다. 개인적으로 나는 아직 채식주의자가 될 준비가 되어 있지는 않지만, 내 육식 위주의 식습관이 지구와 그 위의 생물들에게 어떤 영향을 미치는지 정말로 유념하려 한다.

---

19 고기는 물론이고 유제품과 달걀도 먹지 않는 엄격한 채식주의자

2. 야생동물과 가축 보호하기

야생동물을 보존하려는 노력에 대해 배우고, 아이들과 함께 공원, 공인된 동물원, 수족관 등을 방문해서 야생동물을 보호할 필요성을 가르쳐라. 이것은 단순한 문제가 아니라, 사회경제적인 동시에 문화적인 매우 복잡한 문제다. 교육은 이 문제 해결의 노력을 시작할 아주 좋은 출발점이다. 반려동물을 친절하게 대해야 하고, 존중하고 보호해야 한다는 것을 당신의 말과 행동으로 모범을 보이며 가르쳐주어라.

3.. 동물 보호소에서 입양하기

당신이 반려동물을 찾고 있다면, 동물 보호소 입양에 대해 고려해보라. 그러면 매년 버려지고 마는 6백만~8백만 마리 동물 중 하나의 목숨을 구할 수 있다. 일단 보호소에 방문하면 동물들이 너무 귀여워서 한 마리 이상을 원하게 될지도 모른다.

당신에게 아이가 있다면, 동물 보호소는 아이들에게 사람과 동물의 연결을 더 깊이 있게 이해시킬 최적의 장소가 될 것이다. 우리의 삶을 매우 풍요롭게 하면서도 우리에게 거의 아무 보답을 바라지 않는 생명들을 보살피며, 그들과 유대를 쌓는 것은 풍부한 즐거움을 가져다준다. 잠시 시간을 내 당신의 개나 고양이를 껴안거나, 마당 나무에 앉은 새나 공원에 있는 다람쥐에게 고마운 마음을 갖도록 하자. 그들이 없다면 우리 세상이 얼마나 텅 비어 보이겠는가!

실천하는 친절

자연에서 가장 좋아하는 장소를 산책하면서, 지구에 베푸는 친절이 당신에게 무엇을 의미하는지 생각해보라. 앞서 언급한 몇 가지 제안을 다시 보고 거기에 당신만의 아이디어를 덧붙여보라. 지구를 보호하는 변화를 이끌어내기 위해 이번 주에 당신은 무엇에 헌신할 수 있는가? 일단 그 연습이 습관이 되거나 쉬워지면, 다른 것을 더해보자. 특히 당신이 동물과(반려동물이든, 야생동물이든, 아니면 음식으로 소비하는 동물이든) 어떻게 상호작용하고 있는지를 유념해야 한다. 당신이 육류나 생선을 먹는다면, 그것들이 책임감 있고 인도적으로 길러진 것인지 확인해보자. 또한 북미 원주민과 다른 문화에서 교훈을 얻어 당신의 삶을 존재하게 해준 생명들에게 감사를 표하자. 이는 아이들과 나누기에 아주 좋은 대화 소재다. 다만 대화를 할 때에는 아이들의 말을 더 많이 들어주어라. 당신은 아이들의 지혜에 깜짝 놀라고 감동할 것이다. 우리는 미래에 지구와 지구의 관리를 아이들에게 넘겨줘야 한다는 사실을 기억하자.

당신의 삶에
친절을 불러올 전략

세상이 차가워 보인다면, 당신이 불을 피워서 따뜻하게 하라.

루시 라콤Lucy Larcom

친절한 삶을 살기로 선택하려면 우리 삶에서 다양한 방식으로 활동가가 되어야 한다. 내키지 않을 때조차도 솔선수범하여 친절을 베풀어야 하고, 불친절과 부당함을 볼 때 소리를 높여야 한다. 또 친절해질 기회를 찾아야 하고, 친절을 목격할 때 그것을 인식해야 한다. 오래된 속담과는 반대로 친절은 기다리는 자에게 반드시 돌아오는 복이 아니므로, 적극적으로 친절을 추구해야 한다.

삶에 더 많은 친절을 들여올 방법은 다양하다. 브랜디스대학의 연구원인 줄리아나 브레인스Juliana Breins 박사는 UC버클리의 《대의 과학 센터 Greater Good Science Center》잡지에 「당신의 삶에 더 많은 친절을 가져올 세 가지 전략Three Strategies for Bringing More Kindness into Your Life」이라는 제목의 글을 기고했다.

브레인스는 세 가지 넓은 범주 아래 열 가지 핵심적인 친절 연습법을 설명했는데, 그 실천이 친절과 너그러움을 향상하고 전반적인 삶의 만족감을 끌어올려 준다고 연구 결과는 말한다.

첫 번째 범주: 친절의 느낌 연마하기

친절 연습의 첫 번째 범주는 친절의 느낌을 연마하는 방법을 다룬다. 연구 결과에 따르면, 열거된 각각의 방법은 전혀 힘들지 않으면서도, 친절을 베풀고 동정심을 느끼고자 하는 우리의 욕망을 끌어올리는 데 효과가 있다.

1. 연결된 느낌 연습하기

다른 사람과 경험을 공유하거나 깊은 대화를 나누면서, 강하게 연결되어 있다는 느낌을 받았을 때를 떠올려보라. 연구 결과는 이 간단한 연습이 남들에 대한 관심을 끌어올리고, 너그러운 행동을 하려는 의지를 자극한다고 말한다. 브레인스는 이 결과에 대해 "남들과 연결되어 있다는 느낌은 소속감이라는 근본적인 심리학적 욕구를 충족시킵니다. 이 욕구가 충족되지 않을 때, 사람들은 남들을 보살피기보다 자신의 욕구에 더 초점을 맞추게 됩니다"라고 설명한다.

2. 지지받는 느낌 연습하기

친절의 느낌을 연마하는 간단한 다른 방법으로는 지지받는 느낌 연습하기가 있다. 이 연습은 당신이 남들에게 위로받거나 남들의 지지를 받았던 때를 생각하고, 당신을 지지했던 사람들의 행동과 그 속성을 생각하는 것으로 이루어진다. 연구 결과는 이 연습이 우리의 동정심을 증가시키고, 도움이 필요하거나 고통받는 사람을 기꺼이 도우려는 마음도 증가시킨다는 것을 보여준다. 이 연습은 '애착 안정감'을 불어넣을 뿐 아니라, 우리가 내면에서 밖으로 드러내고 싶은 속성이 무엇인지 상기시킨다.

3. 의식적인 산책하기

의식적인 산책이란 우리가 보다 위대한 것들과 연결되어 있다고 느끼게 하는 장소를 거니는 것이다. 바다나 숲도 좋고, 광대하고 우리의 관점을 바꾸게 하는 곳이라면 어디든 좋다. 의식적인 산책은 각자 목적지가 다를지도 모른다. 긴 산행길이 될 수도 있고, 뒷문에서 몇 발짝 걸어 나가는 산보가 될 수도 있다.

4. 동정심 명상 연습하기

이것은 종종 '자애 명상'이라고도 불린다. 이 연습은 호흡을 자신을 비롯해 사랑하는 이들, 지인들과 낯선 이들, 심지어 우리가 좋아하지 않는 이들에게까지(우리는 앞에서도 이것에 관해 얘기한 적이 있다) 친절을 베푸는 느낌과 결합한 것이다. 브레인스는 동정심 명상을 2주만 해도 행동이 더 너그러워지고, 동정심과 감정적 반응을 관장하는 뇌 부위가 변화하기도 한다고 말한다. 동정심 명상에 관한 가이드는 온라인에서 쉽게 찾아볼 수 있다.

두 번째 범주: 친절에서 얻는 행복 늘리기

다음 전략은 자신의 삶에서 친절을 더 의도적으로 연습해서, 친절을 습관으로 바꾸는 방법을 다룬다. 당신이 행하는 친절과 너그러운 행동의 횟수를 늘리고 싶다면, 이 증명된 연습법을 시도해보라.

1. 무작위로 친절 베풀기

이런 행동은 보통 간단하고 즉흥적인 경우가 많다. 예를 들어, 낯선 사람의 커피 값 대신 내주기, 다른 사람이 주차권을 끊지 않도록 주차 미터기에 돈 넣어두기, 헌혈하기 등이다. 이 연습은 하루에 다섯 가지 무작위적인 행동을 하고, 그 경험을 글로 쓰라고 권한다. 브레인스는 친절을 무작위로 베풀면 기분이 좋아지는 것은 물론이고 자존감도 높아진다고 말한다.

2. 주는 행위를 기분 좋게 만들기

압박이나 의무감에 의해 베푸는 것과 스스로 원해서 베푸는 것은 차이가 있다. 전자는 기분이 좋지 않고 심지어 분노로 이어질지도 모르지만, 후자는 정말로 기분이 좋고 개인적인 만족감이 증가한다. 부정적인 감정을 피하려면 우리는 스스로 베풀지 말지를 선택할 수 있어야 한다. 우리가 기부하라고 요구를 받든지, 남들에게 기부하라고 요구하든지 간에 거절이 허용되어야 하는 것이다. 베푸는 것을 기분 좋게 만드는 다른 방법으로는 당신의 친절을 받는 사람과 유대감을 맺는 것이다. 예를 들어, 노숙자에게 몇 달러를 쥐어주고는 그냥 서둘러 가버리지 말고, 잠시 시간을 내 눈을 맞추고 친절하게 몇 마디를 건네보라. 이런 친절은 실천하기 쉽기도 하고, 주는 쪽과 받는 쪽 모두 기분이 좋아지게 한다. 다른 방법은 당신의 너그러움이 미치는 영향을 깨닫는 것이 있다. 당신이 어떤 단체에 시간이나 돈을 기부했다면, 시간을 내 사람들이 당신의 너그러움에 어떤 긍정적인 영향을 받았는지 알아보자.

세 번째 범주: 남들에게 친절 격려하기

다음 연습법들은 남들이 친절의 가치를 보고 친절한 행동에 참여하게 돕는 방법을 포함한다.

1. 소속감 상기시키기

이 방법은 우리 주변을 둘러보고 친절과 소속감의 중요성을 상기시킬 방법을 찾는 것이다. 함께 일하는 사람들의 사진을 찍어 책상 앞에 붙여놓아도 좋고, 사무실 게시판에 그동안 일하면서 도왔던 사람들에게 받은 감사 편지를 게시해도 좋다. 또 이사회 안건 맨 위에 영감을 주는 인용문을 적어놓아도 좋다. 당신이 일하는 장소를 둘러보며 팀의 소속감이나 임무를 공유하고 되새길 공간을 찾아보자.

2. 고통받는 사람들의 사진 붙이기

우리가 선뜻 친절을 선택하지 못하게 막는 강력한 무력감을 극복하기 위해서는 가끔 자극이 필요하다. 도움이 절실한 사람들의 사진이나 사연을 공유하는 것은 종종 행동과 참여의 불씨를 지펴, 사람들이 발 벗고 나서 돕도록 동기부여를 한다. 사진 한 장이나 사연 하나가 얼굴 없는 수많은 자료보다 더 많은 사람이 행동하게 더 강력한 동기를 부여한다. 인간 사회에서 버려져 우리 안에 갇힌 유기견이나 유기묘의 사진 한 장이 유기동물의 통계를 인용하는 보고서보다 그런 동물의 입양을 훨씬 효과적으로 활성화한다.

3. 정체성 공유하기

이 연습은 지역적, 문화적 경계를 넘어 공통된 인류애라는 감각을 구축할 방법을 찾기 위한 것이다. 아이들을 향한 공통된 사랑이든, 스포츠를 향한 상호 간의 열정이든, 우리는 공유된 친밀감을 발달시키며 두려움과 불신을 극복할 수 있다. 곰곰이 생각해보면, 우리와 맞지 않아 보이는 사람들에게서도 차이점보다는 비슷한 점이 더 많음을 깨닫게 될 것이다.

4. 아이들에게 친절 장려하기

우리가 어린 세대에게 친절이 스며들게 할 수 있다면, 세상을 바꿀 수 있다. 친절과 너그러움을 향한 아이들의 타고난 성향을 육성하는 전략에는, 친절이 그 자체로 보상이라는 사실을 깨닫도록 외부적인 보상을 피하는 방안도 포함된다. 그 밖에 아이들이 자신을 친절하다고 인식할 수 있도록 성격을 칭찬하는 것도 이 연습의 일환이다. 또 비판이 필요할 때는 아이들의 성격이 아닌 행동을 비판하고, 우리 스스로 친절의 모범을 보여야 한다.

친절을 촉진하는 이 전략과 행동 목록을 다시 훑어보면서 나는 이 중에 어려운 것이 하나도 없고, 다만 연습이 필요할 뿐이라는 사실에 깜짝 놀랐다. 사람들 앞에서 말하기, 탁구, 피아노 연주 등 우리가 잘하고 싶은 다른 것들처럼, 우리는 연습을 통해 친절을 잘 배우고 베풀 수 있다. 지금 우리 시대에 친절을 연습하는 것보다 더 가치 있는 일은 없는 것 같다.

당신은 어떻게 생각하는가?

> ♥ **실천하는 친절**
>
> 당신의 의식적인 산책은 무엇이며, 어디에서 하는가? 앞서 언급한 연습 중 몇 개를 직접 시도한 뒤, 가족과 함께 하거나 업무에 포함시켜보자. 모든 것을 한 번에 실천하려고 자신을 압박하지 말고 이번 주에 하나, 다음 주에 다른 하나, 그다음 주에 또 다른 하나를 선택해보자. 지금 당장은 의식적인 산책을 계획하거나 당신이 연결되거나 지지받았다고 느꼈던 때를 떠올려보자. 또는 자애 명상 연습에 대

해 알아보는 것도 좋다. 친절은 자신에게 친절한 데서부터 시작하지만, 때로는 그것이 가장 힘든 일임을 기억해야 한다.

CHAPTER 12

매일 친절하게 살기

지갑 대신
마음을 열어라

당신의 호의를 절대 갚을 수 없는 사람에게 무언가를 베풀지 않았다면, 당신은 완벽한 하루를 살았다고 할 수 없다.

존 우든John Wooden

친절의 가장 큰 요소는 '주는 것'이다. 아마 시간이나 돈을 주는 경우가 많을 것이다. 돌려받겠다는 생각 없이 베푸는 마음이 친절한 삶으로 가는 필수 요소인 것은 틀림없다. 그러나 우리에게는 시간이나 돈이 없을 때가 있다. 그럴 때는 우리가 너그러워지거나 친절해질 수 없다는 뜻일까?

그 반대다. 우리는 항상 친절해질 수 있다. 시간이나 돈을 투자할 필요 없이 친절해질 방법은 무수히 많다. 하지만 노력까지 필요 없는 것은 아니다. 머릿속에 떠오르는 방법이 몇 가지 있는데, 어떤 방법은 따로 설명이 필요 없을 정도로 쉽다.

· 눈을 맞추고 미소를 지으며 "안녕하세요"라고 인사할 수 있다.
· "감사합니다" 또는 "죄송합니다"라고 말할 수 있다.
· 무거운 짐을 나르는 사람을 볼 때 문을 잡아주거나 도와줄 수 있다.
· 다른 차가 내 차선에 합류하도록 끼워줄 수 있다.
· 다른 사람들이 자리를 비운 친구의 험담을 할 때, 그 친구에 관해 좋은 말을 할 수 있다.

· 자기가 먹은 접시가 아니더라도 더러운 접시를 식기세척기에 넣고, 접시가 닦이고 나면 다시 꺼내놓을 수 있다.
· 자신의 불완전함을 인정하고 다른 이의 약점을 눈감아줄 수 있다.

시간이 거의 걸리지 않고 비용이 전혀 들지 않는 친절의 다른 표현 방식은 그 의미를 더 깊이 탐구하게 한다.

다음을 보고 자신에게 맞는 방식을 선택해 매일 실천해보도록 하자.

1. 우리는 달리 줄 것이 없더라도 늘 상대를 믿어줄 수는 있다

정보 부족으로 상황을 추정할 때는 최악의 경우를 추측하지 말고, 낙관적이고 긍정적인 쪽으로 생각해보라. 누군가의 좋은 의도를 추정하면, 삶이 더 즐거워지고 보람될 것이다.

2. 우리는 화나 분노를 놓아버릴 수 있다

우리는 용서할 수 있다. 남들을 향해 화와 분노를, 자신을 향해 후회와 비난을 품고 있으면 아무에게도 도움이 되지 않는다. 친절은 실수와 모욕과 상처로부터 배울 때 베풀게 되는 것이다. 이것은 곧 용서하고 새로운 이야기를 향해 마음을 여는 일이기 때문이다.

3. 우리는 틀린 음을 찾기보다 음악을 즐길 수 있다

앞서 오타 등 남들의 실수를 찾는 데 삶을 허비하며 '잡았다!' 놀이를 하는 사람들에 관해 이야기한 바 있다. 우리의 직업이 도서 편집자나 임상 진단 전문의, 회계 감사관, 건축물 준공 검사자 외 그 비슷한 것인 경우에는 그런 일이 본업일 수 있겠지만, 그렇다고 실수를 찾는 것이 우리의 개인적인 임무일 필요는 없다. 그러므로 일하지 않는 시간에는 실수,

오류, 틀린 것을 찾는 습관을 놓아버리는 연습을 해야 한다. 놓아버리는 법을 배우는 것은 친절의(어쩌면 삶의) 가장 큰 교훈 중 하나다. 우리가 배울 수 있는 것 중 단연 으뜸은 언제 말해야 하고 언제 말할 필요가 없는지 아는 것이다.

4. 친절한 말은 강력한 영향을 미치고 항상 환영받는다

우리는 훌륭한 서비스, 통찰력, 잘 쓰인 보고서, 또는 방을 밝히는 환한 미소 등에 관해 사람들을 칭찬할 수 있다. 친절한 말을 찾기 힘든 경우는 드물다.

5. 우리는 주의를 기울일 수 있고, 알아차린 모든 것에 감사를 표할 수 있다

우리 삶에 주의를 기울이는 것은 계속 친절한 삶을 사는 비결 중 하나다. 우리가 주변에 일어나는 일을 알아차리지 못한다면, 친절의 기회를 놓치거나 남들이 우리에게 베푸는 친절을 놓치기 쉽다. 친절을 표현할 기회는 주변 어디에나 있지만, 주의를 기울이지 않으면 또한 못 보고 지나치기 쉽다.

물론 우리에게 마음만이 아니라 지갑까지 열라고 요구하는 친절도 있고, 우리의 의도만이 아니라 시간까지 헌신하라고 요구하는 친절도 많다. 사실 둘 중 하나만 요구하는 경우가 드물다. 그러나 우리의 마음이 열려 있다면, 친절을 선택할 때 가장 선한 자아를 보일 수 있음을 인식하면서 우리가 할 수 있는 일을 할 것이다.

실천하는 친절

다음 며칠간, 당신이 친절을 베풀 수 있는 모든 기회를 알아차리고 가능할 때마다 실천해보자. 또한, 남들로부터 얻는 반응(보답하는 미소든, 친절한 말이든, 감사 인사든 간에)도 인식하도록 한다. 모욕인 줄 알면서도 못 들은 체하거나, 가족이나 동료에게 비판적인 말을 하지 않기로 다짐할 때의 기분은 어떤가? 작은 것들이 큰 변화를 만들 수 있다. 친절에 전념하고 있음을 표현하기 위해, 당신이 다음에 실천할 수 있는 작은 행동은 무엇인가?

친절을 선택해야 하는
열두 가지 이유

친절은 지혜보다 중요하고, 이를 인식하는 것이 지혜의 시작이다.

시어도어 아이작 루빈Theodore Issac Rubin

친절을 우리 삶의 핵심 요소로 만들기로 마음먹었다고 해서 그 중요한 자질이 저절로 생기는 것은 아니다. 우리가 관심을 두기로 한 많은 다른 것들처럼 결심은 시작에 불과해서, 능숙해지려면 연습이 필요하다. 피아노를 잘 치고 싶다면 연습을 해야 하고, 작가가 되고 싶다면 규칙적으로 글을 써야 하며, 골프에서 기준타수를 치고 싶다면 스윙을 완벽하게 유지해야 한다. 이와 마찬가지로 친절해지려면, 친절을 규칙적으로 사용해서 당신의 친절 근육을 강화해야 한다. 그러다 보면 결과적으로 친절이 자연스럽게 우러나오고, 심지어 가끔은 노력하지 않아도 친절해지게 될 것이다. 그렇게만 된다면 더할 나위가 없다.

우리가 무엇인가를 연습한다면, 당연히 어떤 이유가 있게 마련이다. 당신이 글쓰기를 연습한다면 아마 자기 작품이 출판되기를 원하거나, 남을 즐겁게 하고 싶거나, 영감을 줄 이야기를 통해 자신을 표현하고 싶어서일 것이다. 당신이 피아노를 연습한다면, 음악과 가까워져서 재즈 밴드의 일원이 되고 싶거나, 친구들을 즐겁게 해주고 싶어서일 것이다. 골프를 연습한다면, 당신은 어쩌면 남들이 힘들어서 금방 포기하는 일을 끝까지 물고 늘어지는 괴짜일지도 모른다.

친절에 관해서라면, 사실 그것이 올바른 일임을 아는 것만으로도 충분하다. 하지만 친절을 선택하고, 그것이 우리 반사 신경에 뿌리박힐 때까지 연습해야 할 타당한 이유는 정말로 많다. 우리는 이미 앞에서 그 이유를 논했다. 그럼에도 이 책의 마지막을 향해 가고 있으니, 여기서 그 이유가 무엇인지 다시 되새겨보기로 하자.

1. 건강에 좋다

친절이 건강에 미치는 이익에 관한 연구는 무수히 많다. 다수의 연구 결과가 일상적으로 친절한 사람들에게서 만성적인 통증과 스트레스, 불면증이 줄고, 행복, 낙관론과 자존감은 증가한다는 것을 보여준다. 더 구체적으로 살펴보면 다음과 같다.

2. 몸의 면역 체계에 긍정적인 영향을 미친다

친절은 뇌에서 세로토닌의 분비를 증가시키기도 한다. 세로토닌은 몸에서 생성되는 화학 물질로서, 마음을 진정시키고 불안감을 줄이는 효과가 있다.

3. 심장에 좋다

친절은 감정적인 따스함을 만들어내는데, 그로 인해 뇌와 몸에서 옥시토신이라는 호르몬이 생성된다. 그 결과 혈관에서 산화질소가 배출되어, 혈관을 확장하고 혈압을 낮춰주어 심장을 보호하는 역할을 한다. 옥시토신은 심혈관계에서 활성산소와 염증을 낮춰 심장병 발병의 가능성을 감소하는 역할도 한다.

4. 노화를 늦춘다

활성산소와 염증 수치가 낮아지면 인체 노화도 늦춰진다. 마찬가지로 동정심은 미주신경의 활동과 연관이 있어서, 역시 심장 박동을 조절하고 체내에서 염증 수치를 조절한다.

5. 우리를 행복하게 한다

친절은 뇌에서 도파민 수치를 높여 우리 몸에서 천연 마약과 같은 기능을 한다. 친절은 행복감을 상당히 증가시켜주고 우울증을 감소시키는 것으로 드러났다.

6. 인간관계를 개선한다

인간의 관계 맺음은 실제로 진화와 유전과 관련된 성향이며, 친절은 우리가 새로운 관계를 구축하고 기존의 관계를 보강하거나 개선하도록 돕는다. 남들과 유대관계를 맺고 그 관계를 잘 유지하고 싶다면 친절이 비결이다.

7. 전염성이 있다

홍역과 독감이 나쁜 면으로 전염성이 있듯이, 친절은 좋은 면으로 전염성이 있다. 친절은 더 많은 친절을 낳는다. 우리는 친절을 베풂으로써 남들이 친절한 행동을 하도록 영감을 준다. 그 파장 효과는 우리가 인식할 수 없는 수준으로 퍼져나간다. 우리가 친절을 베풀든, 친절을 받든, 그냥 친절을 목격하든 결과는 같다. 친절은 언제나 더 많은 친절로 가는 촉매제의 역할을 한다.

8. 사회적 불안감을 경감한다

연구 결과는 친절한 행동에 참여하는 것이 사회적 불안과 사회적 회피의 수준을 줄인다고 말한다. 친절한 행동을 하는 개인은 사회적 상호작용을 할 때 불편함과 불안감의 수준이 줄어든다고 말했고, 그룹 활동에 더 많이 참여할 수 있었다고 한다. 이렇게 우리는 친절을 통해서 자신감을 발전시킬 수 있다.

9. 충분히 휴식하고 많이 자기 위한 좋은 구실이 된다

수면은 우리가 더 친절해지는 데 도움이 된다고 밝혀졌다. 따라서 잠을 충분히 자는 것은 자신과 지구를 향해 친절을 베푸는 방법이 된다. 이제 오후 낮잠을 자는 데 다른 변명은 필요 없다. 피곤할 때 친절을 베풀면, 토막잠을 자거나 자바 커피를 한 모금 마시는 것만큼 기력이 회복된다는 것도 잊지 말자.

10. 더 큰 삶의 만족도와 연결된다

규칙적으로 너그러움을 베풀고 친절한 행동을 하는 사람들은 자신의 삶에 더 높은 만족도를 보인다.

11. 직장을 더 생산적이고 즐거운 곳으로 만들고, 많은 수익을 창출하게 한다

친절한 근무 환경은 직원들이 소속감을 느끼게 한다. 따라서 사기가 진작되고, 충성심과 연대감이 쌓이고, 결근율이 줄고, 수익이 오른다. 위협과 공포로 이기라던 구닥다리 책들은 모두 잊어라. 친절이 바로 더 나은 사업 모델이다.

12. 삶에 도움이 된다

친절은 우리가 부정보다는 긍정을 지향하도록 이끌고, 우리가 만나는 사람들에게서 최고의 면을 찾도록 하며, 풍부함을 포용하도록 한다. 우리는 충분히 가졌고 우리 모습으로 이미 충분하다. 우리는 친절을 베풀 때, 최고의 자아로 삶을 살아가게 된다. 또한 친절한 행위는 세상이 우리가 바라는 대로 변화하도록 돕는다.

우리가 친절을 베푸는 데는 사실 이유가 필요치 않다. 친절은 우리가 누구이고 무엇인지 가장 잘 표현하는 방법이기 때문이다. 하지만 무수한 마감과 의무에 직면하면, 지름길을 찾아다니느라 친절을 베풀 기회를 간과하기 쉽다. 그러니 친절을 베풀 그럴싸한 이유가 정말로 많다는 사실을 자신에게 상기시킨다고 해서, 결코 해가 되지는 않는다. 매일 친절을 연습할 이유도 마찬가지다.

 실천하는 친절

앞서 나열한 이유 중에서 특히 당신의 마음을 울리는 것이 있는가? 예를 들어, 친절이 건강에 미치는 효과나 인간관계 개선 효과, 또는 사업 성공 촉진효과는 어떤가? 당신은 친절을 선택할 최고의 이유가 무엇이라고 생각하는가? 친절해지는 것뿐 아니라, 친절 자체가 어떻게 당신의 삶을 바꾸고 있는지도 인식해야 한다 (변화는 종종 너무 점진적으로 다가오기 때문에 어느 날 갑자기 엄청난 변화가 일어났음을 알아차릴 때까지 아무런 낌새도 느끼지 못할 수 있다). 스스로 자주 떠올리기 위해 할 수 있는 일을 생각해보라. 친절을 향한 당신의 전념을 이야기하고, 그 여정에 같이 참여하자고 요청할 친구나 가족, 사업상 동료를 찾아보자.

프로젝트를
마치고 난 뒤

이것은 모두 주의를 기울이고, 현재 매 순간에 깨어 있고, 커다란 보상을 기대하지 않는 일에 관한 문제다. 이 세상의 마법은 낮은 목소리와 작은 친절 안에서 일어나는 것 같다.

찰스 드 린트Charles de Lint

나는 친절하게 1년 살아보기 프로젝트 기간 내내 너무 많은 교훈을 얻었고, 여전히 거의 매일 그 교훈들과 마주치고 있다. 어떤 교훈은 크고 뚜렷하지만 어떤 교훈은 감지하기 어렵게 숨어 있어서, 내 어깨를 두드리거나 내 귀에 속삭이는 것처럼 조용히 깨달음의 순간을 선사할 때도 있다. 하지만 덜 분명한 교훈을 더 많이 들여다볼수록, 작은 친절이 없듯 친절이 주는 교훈에도 덜 중요한 것은 존재하지 않는다는 사실을 깨닫는다.

우리는 친절이 얼마나 멀리 퍼져나갈지 결코 알지 못한다. 우리의 미소를 본 버스 운전사가 승객들에게 친절한 인사말을 건네고, 그 뒤 승객들은 그 기사를 만나지 않았더라면 하지 않았을 친절을 베풀게 될 수 있다. 그런 친절과 거기에 더해진 또 다른 친절이 상처 입은 마음을 치유하고, 누군가를 절망의 구렁텅이에서 건져내며, 심지어 목숨을 구할 수도 있지 않을까?

그렇다. 작은 친절이란 없다. 마찬가지로 친절의 교훈은 작아 보일 수 있지만, 때로 상상할 수 없을 만큼 멀리 뻗어나간다.

그 조용한 깨달음의 교훈을 요약하면 다음과 같다.

· 친절한 것과 착한 것은 같지 않다.

· 친절해지려면 인내심이 필요하고, 인내심을 보이려면 친절이 필요하다.

· 호기심은 우리를 친절로 이끌 수 있다. 우리가 불친절 뒤에 놓인 상대방의 사정을 알아본다면, 종종 상대방을 이해하는 경지까지 도달할 것이다.

· 친절은 갑작스러운 변화가 아니라 진화다. 삶에서 가장 좋은 것들의 대부분이 그러하듯, 친절한 삶을 발전시키는 것은 점진적인 과정이다. 친절은 그곳으로 향하는 길 자체가 목적지다.

· 친절을 받아들일 수 있는 것은 친절을 베푸는 것만큼이나 중요하다.

· 친절은 자신으로부터 시작한다. 친절한 삶은 자신에게 친절한 데서부터 시작한다. 스스로 자신의 친절을 받을 자격이 없다고 생각한다면, 어떻게 꾸준히 남들에게 친절해질 수 있겠는가?

· 가끔 친절한 행동이란 아무것도 하지 않는 것이며, 그것은 늘 쉽지만은 않다.

· 선택적 친절이란 없다. 당신에게 친절하지만, 가게 종업원에게 친절하지 않은 사람은 친절한 사람이 아니다.

· 친절과 감사는 밀접한 관련이 있다.

· 우리는 자신을 너무 심각하게(중대하게) 받아들이지 않으면서 친절을 심각하게(역시 중대하게) 받아들일 수 있다.

· 우리가 잘하고 싶은 다른 모든 것들처럼, 친절에도 연습이 필요하다.

· 우리는 아이들에게 잔소리를 하는 것이 아니라, 본보기를 보임으로써 친절을 가르쳐야 한다.

- 우리가 더 친절해질수록, 더 많은 친절을 경험하게 된다.
- 친절한 사람들도 종종 옹졸함, 시기, 분노나 성급함을 느끼지만, 그들은 자신의 충동을 잘 억누르고 친절을 베풀 줄 안다.
- 친절을 표현할 방법이 보이지 않는다면, 더 자세히 들여다보거나 자신의 시야를 넓혀야 한다.

이 모든 작은 깨달음의 순간들은 친절한 삶을 위한 레시피를 이룬다. 비록 연습이 필수적이긴 하지만 대단히 어려운 것은 하나도 없다. 이런 점들을 우리 마음속에 담고 늘 인식한다면 우리는 동정심과 유대감의 축제를 즐길 수 있을뿐더러 세상을 바꿀 수도 있을 것이다.

친절이 주는 가장 큰 교훈

친절에 관해 내가 배운 여러 교훈이 조용한 속삭임으로 다가왔지만, 머리 위로 툭 떨어지거나(그것도 여러 번) 나무 꼭대기에서 내게 고함치는 듯한 것들도 있었다. 이 '유레카'와 같은 교훈은 친절하게 사는 것이 무엇을 의미하는지뿐만 아니라, 친절한 삶이 어떤 변화를 만들어낼 수 있는지 매일 상기시켜준다.

여기 친절에 관해 내가 배운 가장 큰 교훈이 있다.

1. 주의를 기울이게 한다

친절과 관련한 유념의 역할은 실로 거대한 깨달음이었다. 그저 주의를 기울여, 친절의 사례들이 그러하듯 친절을 베풀 기회도 어디든지 있다는 것을 깨닫기만 하면 된다. 우리는 너무나 자주 무의식적으로 행동한다. 우리 주변의 사람들과 환경을 의식하지 못하고, 말 한마디, 미소 하나, 친절한 행동 하나가 만드는 차이를 인식하지 못한다. "주의를 기울여라"라는 간단한 말은 좋은 삶을 살기 위한 보편적인 비결 중 하나다. 친절과 관련된 많은 다른 것들처럼, 주의를 기울이기는 간단하지만 쉽지는 않다. 주의를 기울여 '친절해지면서' 현재에 충실해진다면, 언제 우리의 선물(친절한 말 한마디, 도와주겠다고 내미는 손 등)이 필요한지 인식하게 될 것이다.

2. 멈춤을 실천하게 한다

나는 멈춤의 힘을 후버 댐의 위력에 비유해왔다. 멈춤은 그만큼 강력하다. 어떤 상황에 즉각적으로 대답하거나 행동하는 대신, 잠깐 시간을 두고 멈춰보라. 내 반응이 무엇을 활성화하기를 바라고, 그 이유가 무엇인지 생각하는 것은 변화를 만드는 원동력이 된다. 그 짧은 멈춤의 순간에, 반응을 완전히 바꿔서 전혀 응답하지 않게 될지도 모른다. 그런 멈춤은 항상 나를 더 좋은 곳으로 인도해왔다.

3. 비난을 놓아버리게 한다

우리는 사람들이 사려 깊지 못하게 행동하면서 서로를 비난하는 모습을 쉽게 본다. 특히 혼잡한 도로와 고속도로, 또는 시장과 공항처럼 사람들로 붐비는 공간을 헤치면서 길을 찾아다닐 때 더욱더 그러하다. 그런 환경에서는 낯선 사람들이 그저 우리 길을 막거나 속도를 늦추려고 거기 있는 것처럼 보이기도 한다. 우리는 그들의 난폭운전을 비난하고, 그들이 주변을 신경 쓰지 않고 길을 막고 있다고 비난하며, 가끔은 그저 지구라는 행성에서 너무 많은 공간을 차지하고 있다는 이유로 비난하기도 한다. 우리는 낯선 사람들에게 그리고 종종 친구들과 사랑하는 사람들에게도(특히 우리가 피곤하거나 체력이 고갈됐을 때) 비난을 퍼붓는다. 반면에 우리는 자신이 비슷한 행동을 했을 때는 아무렇지도 않게 여기는 경향이 있다. 남들이 침묵하거나 단어를 잘못 선택했을 때도 그것을 악의나 분노 때문이라고 생각하지 말고, 좋은 의도가 있었을 것이라고 추측해보자. 이를테면, 자신에게 이렇게 말하는 것이다. "그녀가 정말로 그런 뜻으로 말하지는 않았을 거라고 확신해." 최악보다는 최선을 믿는 것이 낫지 않을까? 판단을 유보하는 것은 힘들지만, 그것은 친절한 행동을 할 때 밟아야 할 첫 단계다.

4. 친절은 끝이 없다

친절은 계속 밖으로 퍼져나가서 우리가 결코 알지 못하는 방식으로 삶에 도움을 준다. 가끔 당신은 벼랑 끝에 매달린 듯 위기를 맞은 사람이 막 떨어지거나 극단적인 선택을 하기 직전일 때, 예상치 못했던 친절이(행위든 말이든) 다가와 그 고통을 줄여주고 더 긍정적인 대안을 보여주었다는 이야기를 들은 적이 있을 것이다. 우리가 베푼 친절은 아무리 작더라도 파급 효과를 일으켜 결국 세상을 바꿀 수 있을지 모른다. 우리가 최선을 다해 친절의 잔물결을 퍼트리면서, 스스로 변화를 일으키고 있다고 믿을 훌륭한 이유가 아니겠는가.

5. 친절한 것은 옳은 것보다 중요하다

이는 변화를 일으키는 또 하나의 깨달음이다. 우리들은 대개 똑똑해지라고 교육받으며 길러졌고, 똑똑한 것에 보상을 받으며 자랐다. 그래서 친절함보다 똑똑함을 가치 있게 여기는 경향이 있고, 옳은 것을 다른 무엇보다도 가치 있게 여긴다. 우리가 친절하면서 똑똑할 수 없거나 친절하면서 옳을 수 없는 것은 아니지만, 둘 중의 하나를 선택해야 하는 경우에는 친절을 선택하는 것이 또한 평화로 가는 길이다.

6. 우리는 우리가 생각하는 대로 된다

사람은 자신이 관심을 갖는 것으로 스스로를 채우고, 결국 그에 맞는 유형의 인간이 된다. 또한 우리는 찾는 것을 보통 발견하게 된다. 우리가 삶의 조각난 파편과 남들의 실수를 좇는 데 시간을 쓴다면, 그 일을 점점 더 잘하게 될 것이다. 하지만 항상 '잡았다!' 놀이를 한다면 만족이 어디에 있으며, 누가 우리와 시간을 보내고 싶어 하겠는가? 그러나 그 에너지를 옳고 좋은 것을 찾는 데 투자하고, 우리가 만나는 사람들의 특별한 자질을 인식하는 데 쓴다면, 삶이 모든 면에서 더 풍부해질 것이다. 선과 친절함을 찾는다면 우리는 그것들을 찾게 되기 마련이다.

7. 친절에는 용기가 필요하다

두려움은 우리가 친절을 베풀지 못하는 가장 큰 이유일 것이다. 우리는 거절당하고 비난받을까 봐, 또는 상처받을까 봐 두려워한다. 우리는 탐험하지 않은 영역을 모험하기 두려워하며, 나약하거나 서툴게 보일까 봐 걱정한다. 가끔 이런 두려움 때문에 우리는 아무것도 하지 못한다. 하지만 두려움에 직면할 때 용기를 끌어모아 더 활용한다면 두려움이 우리에게 미치는 힘은 점점 미약해질 것이다. 용기는 우리가 사용할수록 더 커진다.

8. 우리는 항상 친절을 선택할 수 있다

우리는 자신의 인식과 반응에 모두 통제력이 있어서 스스로를 평화로 이끄는 길을 선택할 수 있다. 그러려면 연습이 필요하지만, 우리는 그런 연습을 해내는 능력도 갖추고 있다.

9. 친절은 최종 목적지가 아니라 여정이다

친절은 내가 한 해만 채택했다가 잊어도 되는 덕목이 아니다. 내가 할 일의 첫 번째 우선순위는 친절이다. 바로 그런 이유로 내가 이 글을 쓰고 있고, 그래서 '친절하게 1년 살아보기' 프로젝트는 '친절하게 평생 살기' 계획이 되었다. 가끔 실수도 있고 비틀거리기도 하겠지만, 그러고 나면 나는 매번 다시 궤도에 올라 낙천적인 마음으로 곁에 있는 많은 사람과 함께 앞으로 계속 나아갈 것이다. 나는 당신도 그중 한 명이 되었으면 좋겠다.

이것들이 친절이 주는 교훈의 전부가 아닌 것은 분명하다. 하지만 친절하게 살려고 노력하며 1년을 보내는 동안, 이것들은 한결같이 다시 떠오르는 논제였다. 삶에서 가장 중요한 교훈은 우리가 배우고 또 배우고, 조금 더 배우는 것들인 듯하다. 나는 이런 교훈을 계속 배우기를 바란다. 친절에는 아직도 내가 배워야 할 교훈이 많다.

💙 **실천하는 친절**

이 통찰력 있는 교훈 중 어느 것이 당신의 마음을 울리는가? 당신은 삶의 어디에서 그것들을 보았으며, 어떻게 그것들과 계속 연결될 것인가? 당신은 주의를 기울이고, 용기를 끌어모으고, 판단을 유보하며, 친절을 선택할 준비가 되었는가? 매일 자신이 세상을 바꿀 힘을 지니고 있음을 상기하라. 그 힘을 행사할 때마다 당신은 자신의 가장 좋은 것을 내놓고 있는 것이다. 그것은 곧 세상의 가장 좋은 것이기도 하다. 시간을 들여 친절과 관련해 당신이 느꼈던 깨달음의 순간을 목록으로 만들어보라. 2주간 그 목록을 지니고 다니면서 낮 동안에 주기적으로 확인해보자. 당신 눈앞에 있는 이 자극제가 기회가 생겼을 때 친절을 선택하는 데 도움이 되는지, 친절을 목격할 때 그것을 인식하는 데 도움이 되는지 살펴보는 것이다. 자신을 계속 채찍질한다면, 친절 연습은 삶을 바꾸는 습관이 될 것이다.

끝나지 않을 계절을 맞아 : 친절 성명서

> 친절한 행동은 아무리 소소하더라도 결코 헛되지 않다.
>
> 이솝Aesop

이제 여러분이 '친절'이라는 꼬리표를 자신의 것으로 만들었기를 바란다. 아마 당신은 모든 상황에서 항상 친절해질 수는 없고, 여전히 친절을 베풀 기회를 알아차리지 못할 것이다. 괜찮다. 완벽이 우리의 목표는 아니다. 그런데도 친절을 실천한다면, 당신은 친절한 행동을 할 때마다, 또 상대방의 불친절에 화를 내지 않기로 할 때마다, 더 친절한 세상을 만들고 있는 것이다. 당신은 삶을 위해 헌신하고 있으니, 그보다 큰 목적은 있을 수 없다.

친절을 자신의 것으로 만들 때 당신은 남들이 아직 인식하지 못한 힘, 즉 슈퍼파워를 갖게 된다. 그 힘을 행사하기 위해서는 망토나 타이스가 필요 없고, 그저 주의를 기울이기만 하면 된다.

이 책을 읽으면서 당신은 친절을 베풀고 받는 데, 심지어 친절을 가로막는 불친절을 멈추는 데 도움이 될 다양한 연장을 큰 공구 상자를 가득 채울 만큼 모았을 것이다. 최고의 결과를 내기 위해 각각의 도구를 언제 사용할지 알고, 연습만이 그 도구와 당신을 잘 준비시킬 것이라는 사실도 알아야 한다. 친절에 헌신하기 위해서는(이것은 사실 세상에 헌신하는 일과 같다) 인내심, 호기심, 용기, 그 외 친절을 뒷받침하는 다른 많은 다른 자질이 필요하다.

공구 상자 비유가 와닿지 않는다면, 당신에게 와닿는 다른 비유를 찾아도 좋다. 친절의 기술을 필요할 때 다운받아 쓸 수 있는 앱으로 생각하는 것은 어떤가? 당신은 머릿속에서 감사, 유념, 멈춤 등 그 상황에 가장 적절한 항목은 무엇이든 쉽게 클릭할 수 있다.

내 경우에는, 가장 중요한 삶의 목적을 상기시키고 나를 이끌어줄 '친절 성명서'를 만드는 것이 친절의 길을 가는 데 큰 도움이 되었다. 이를 가져다가 자신의 성명서로 활용해도 좋고, 자유롭게 응용해서 자신만의 친절 성명서로 만든다면 더 좋을 것이다.

친절 성명서

1. 주의를 기울여라

   의도가 관심의 방향을 정한다는 사실을 명심해야 한다. 선함과 친절함을 잘 구별하자.

2. 판단을 유보하라

   우리는 남들이 어떤 어려움에 직면하고 있는지 절대 알 수 없다. 일단 믿어주는 것이 우리가 줄 수 있는 가장 큰 선물이다.

3. 멈춰라

   즉시 응답하지 않아도 된다. 친절한 반응을 생각해보라. 종종 그것은 침묵일 때가 많다.

4. 정중하게 받아라

   친절은 주는 것과 더불어 받는 것을 의미한다. 남들이 주면서 느끼는 즐거움을 이해하고, 그들이 그 즐거움을 경험하도록 해주어야 한다.

---

5. 자신을 돌봐라

친절은 자신으로부터 시작한다. 자신에게 친절할 수 없다면, 남들에게 줄 것이 거의 없는 셈이다. 자신의 단점을 받아들이고, 실수를 용서하고, 자신의 경계를 지키면서 단순한 즐거움을 탐닉해보자.

6. 고마워하라

친절은 풍부함과 감사로부터 자라난다. 세상에는 늘 멀지 않은 곳에 감사할 것이 있다.

7. 모든 친절이 중요하다

우리의 미소나 친절한 말이 얼마나 멀리 파급 효과를 미칠지 결코 알 수 없다. 그러므로 그런 효과를 미칠 기회라면 모두 이용하도록 한다.

8. 평화를 선택하라

삶은 항상 쉽지만은 않고 항상 공평하지만은 않지만, 당신은 늘 평화를 선택할 수 있다.

9. 친절이 분명히 보이지 않는다면 더 자세히 본다

친절이 보이지 않는다면 직접 만들도록 한다.

10. 항상 친절을 선택하라

친절의 길을 간다면 절대 후회하지 않을 것이다.

감사의 글

나는 살면서 친절한 사람들을 매우 많이 알게 되었고, 친절이 흔하고 만연한 분야에서 경력을 쌓는 축복을 받았다. 30년 넘게 나의 친구이자 사업 파트너가 되어준 린 멜비Lynn Melby와 그의 아내 조이Joye는 지금껏 지구상에 살았던 이들 중 가장 친절한 사람들일 것이다. 역시나 친절한 사업 파트너인 패티 앤더슨Patty Anderson과 데이나 머피-러브Dana Murphy-Love도 수년간 만나온 많은 팀원과 마찬가지로 내게는 선물과 같은 존재다.

내가 함께 일해온 동료들과 비영리 자원봉사 단체 지도자들은 세상을 개선하기 위해 자신의 시간과 재능과 재물을 기여하는 일의 가치를 끊임없이 몸소 보여주었고, 나는 그들의 친절함으로부터 많은 교훈을 매일 배웠다.

글쓰기는 종종 고독한 노력이지만, 늘 나를 뒷받침해주고 격려해주는 사람들이 있다. 재능 있는 친구이자 글쓰기 파트너인 크리스틴 레더스Kristen Leathers는 꾸준히 내게 활기를 불어넣고 영감을 주었다. 나의 베타 리더가 되기를 자처한 낸시 페르버Nancy Faerber는 더 나아가 소중한 친구가 되어주었다. 나는 그녀의 현명하고 통찰력 있는 피드백으로부터 아주 많이 배운다. 마찬가지로 출판에 관해 노하우가 있는 옛 친구 제리 크로프트Jerry Croft는 딱 알맞은 시기에 내게 와주었다(내가 항상 그의 충고에 귀 기울이지는 않았지만 말이다). 글쓰기 캠프 동료였던 캐럴 미들턴Carol Middleton, 카티 베델Kathi Bethell, 리사 뉴컴Lisa Newcomb은 변함없는 격려와 지지를 보내주었고, 글쓰기에 관한 지혜를 아끼지 않고 공유해주었다. 캠프 동료 여러분, 조만간 연락할게요. 그리고 한 턱 내겠습니다!

처음부터 나는 블로그를 통해 현명하고 멋진 사람들을 만날 수 있었다. 블로그를 방문하신 분들, 특히 시간을 내 댓글을 남기고 참여하며 내가 더 비판적으로 생각하고 탐구하도록 격려해주신 모든 분들께 감사드린다. 블로그를 운영하는 다른 분들의 친절하고 기발한 관점 덕분에 끊임없이 영감을 얻으며 참 즐거웠다. 소셜 미디어가 종종 불친절한 온라인 세상에서, 블로그 커뮤니티는 반가운 예외였다. 크리스틴 오필라Christine Opiela는 내가 워드프레스word press를 옷을 다리는 새로운 방식이라고 생각할 만큼 블로그에 무지했을 때, 블로그를 개설하도록 도와주었다. 그녀는 여전히 기술에 관련된 모든 문제에서 멘토이자 친구다.

'쉬 라이츠 프레스She Writes Press'의 브룩 워너Brooke Warner와 함께 일한 것은 엄청난 영광이었다. 내 책의 출간 여정이 쉬 라이츠 프레스까지 이어져서 더없이 기쁘다. 브룩 외에도, 프로젝트 매니저인 케이트 레빈Cait Levin과 매의 눈과 작가의 귀가 되어 편집에 힘쓴 역동적인 편집 듀오 제니퍼 케이븐Jennifer Caven과 케이티 카루아나Katie Caruana에게 감사를 전한다. 표지와 속지 디자인을 맡은 미미 바크Mimi Bark와 타비타 라Tabitha Lahr에게도 감사드린다.

홍보대행사인 'JKS커뮤니케이션스JKS Communications'와 함께 일하며 많이 배우고 깨우쳤으며 굉장히 재미있었다. 에인겔 바배즌Angelle Barbazon, 머리사 디커Marissa Decuir와 JKS팀의 창의력과 끈기, 친절함은 내게 끊임없이 감동을 주었다.

나이를 먹고 조금 더 현명해지자, 수십 년간 알았던 친구들뿐 아니라 최근에 내 삶에 들어온 친구들을 비롯해 이메일을 통해 알게 된 친구들까지, 멀든 가깝든 그들이 어떤 보물인지 훨씬 더 분명히 깨닫게 되었다. 매우 친절하고 비범한 레이철 레멘Rachel Remen은 잘 사는 비결은 "좋은 친구들과 함께 대답할 수 없는 질문의 답을 찾는 것"이라고 말했다. 그 말에 전적으로 동의한다. 친구들아, 내게 그런 친구가 되어줘서 고마워.

친절은 가정에서부터 시작한다고 흔히들 말한다. 말을 사랑하라고 가르쳐주시고, 친절의 중요성을 알려주신 내 부모님께 감사의 인사를 전한다. 두 분은 돌아가신 지 오래지만, 재능 있는 여동생 킴이 계속 나를 격려하면서 놀라게 해준다. 그리고 내 사랑 빌Bill, 당신을 만난 건 내 인생 최대의 행운이었어요. 나를 매일 웃게 해줘야 한다고 살짝 흘려 말했던 결혼 서약을 항상 진지하게 여겨줘서 고마워요. 아직은 그 약속이 잘 지켜지고 있어요!

옮긴이 허선영

전남대학교 경영대학을 졸업하고 학원에서 영어를 가르치다가 영어를 우리말로 옮기는 데 관심이 생겼다. 이후 글밥아카데미를 수료하고 바른번역 소속 번역가로 활동하고 있다. 역서로는 『오톨린과 보랏빛 여우』, 『겟 스마트』, 『DRIFT 드리프트 Vol.4: 스톡홀름』, 『비주얼 공부법』, 『나는 시크릿으로 인생을 바꿨다』, 『각성』(전자책)이 있다.

카인드

초판 1쇄 인쇄 2021년 7월 20일
초판 1쇄 발행 2021년 7월 29일

지은이 도나 캐머런
옮긴이 허선영
펴낸이 김선준

기획편집 임나리
편집2팀 배윤주
디자인 김세민
마케팅 조아란 신동빈 이은정 유채원 유준상
경영지원 송현주

펴낸곳 ㈜콘텐츠그룹 포레스트 **출판등록** 2021년 4월 16일 제2021-000079호
주소 서울시 영등포구 국제금융로2길 37 에스트레뉴 1304호
전화 02) 332-5855 **팩스** 02) 332-5856
홈페이지 www.forestbooks.co.kr **이메일** forest@forestbooks.co.kr
종이 ㈜월드페이퍼 **출력·인쇄·후가공·제본** 더블비

ISBN 979-11-91347-32-6 (03190)